AF522741

MICHAEL LEHOFER

MIT MIR SEIN

Selbstliebe als Basis für Begegnung und Beziehung

braumüller

Bibliografische Information der Deutschen Nationalbibliothek
Die Deutsche Nationalbibliothek verzeichnet diese Publikation in der Deutschen Nationalbibliografie; detaillierte bibliografische Daten sind im Internet über http://dnb.d-nb.de abrufbar.

12. Auflage 2021

Servitengasse 5, A-1090 Wien
www.braumueller.at

Druck: FINIDR, s.r.o., Lípová 1965, 737 01 Český Těšín
ISBN 978-3-99100-205-5

Inhalt

Selbstliebe verändert

Zu Anfang ... 11
Selbstwertschätzung ist die Grundlage von Selbstliebe... 18
Loben ist nicht Wertschätzen ... 22
Selbstwert ist die Grundlage für Lebendigkeit ... 25
Selbstliebe vermindert den Selbsthass ... 31
Das Ja zu sich ist die einzig wirksame Abgrenzung ... 35
Egoismus und Narzissmus sind fehlende Selbstliebe ... 39
Begegnungen sind persönliche Berührungen ... 44
Jede Begegnung ist ein Akt von Liebe ... 47
Liebe ist kein Gefühl ... 50
Die Liebe ist unveränderbar ... 53
Die Liebe ist bedingungslos ... 55
Selbstliebe ist die Empfindung der totalen Nähe zu sich selbst ... 57

Ermutigungen zur Selbstliebe

Ermutigung, auf die Exits im Leben zu verzichten ... 66
Ermutigung zur Ordnung ... 70
Ermutigung zur Angstfreiheit ... 73
Ermutigung zum Alleinsein ... 78
Ermutigung, unserem Körper zu entsprechen ... 82
Ermutigung zur Erotik des Lebens ... 86
Ermutigung zur Selbstverantwortung ... 89
Ermutigung zur Vergegenwärtigung ... 92

Ermutigung, auf die Selbstverteidigung zu verzichten.... 95
Ermutigung zur artgerechten Selbsthaltung..................99
Ermutigung, sich zuzumuten 102
Ermutigung zur Beziehungsklärung mit sich selbst.......105
Ermutigung, nicht zu fördern und nicht zu hemmen... 108
Ermutigung zur Demut.. 111
Ermutigung zu einem intuitiven Leben 113
Ermutigung, vertrauensvoll zu leben 116
Ermutigung zum Verzicht 119
Ermutigung zur Schönheit 123
Ermutigung zur Verlässlichkeit............................. 126
Ermutigung, sich selbst in Ruhe zu lassen 130
Ermutigung zur Gelassenheit 133
Ermutigung nachzugeben.....................................136
Ermutigung, in der Zeit zu sein..............................139
Ermutigung, undicht zu sein 142
Ermutigung, jeden Tag sein Leben neu zu beginnen.....145
Ermutigung zur Feinfühligkeit.............................. 147
Ermutigung zur Reinheit.....................................150
Ermutigung, weich zu bleiben 153

Der Weg zur Selbstliebe

Wir sollen den Nächsten lieben wie uns selbst.............162
Liebe ist ein anarchisches Empfinden 165
Leben und Lieben unterscheiden sich
nur durch einen Buchstaben 167

SELBSTLIEBE

VERÄNDERT

Zu Anfang

Die Idee zu diesem Buch entstand aus der Einsicht, dass alle Beziehungen nur an mangelnder Selbstliebe scheitern. Diese Einsicht habe ich angesichts meiner eigenen, aber auch angesichts der Beziehungen meiner Freunde und meiner Patienten gewonnen. Kein Mensch verbringt so viel Zeit mit uns wie wir selbst. Daher ist es nicht ganz unbedeutend, welches Verhältnis wir mit uns selbst haben. Es wäre sogar wünschenswert, wenn wir uns selbst gut aushalten und genießen könnten. Leider ist das eher selten der Fall. Die meisten Menschen kommen mit sich selbst nicht gut aus und wissen erstaunlicherweise oft nicht, wie schlecht sie sich mit sich selbst verstehen. Gewöhnlich sind sie mit ihren sonstigen Beziehungen beschäftigt, in denen sie häufig Probleme haben. Das verwundert nicht – sind wir doch frustriert, wenn wir keine gute Beziehung zu uns selbst haben. Daher wollen wir in diesen Beziehungen das Glück und die Zufriedenheit finden, die wir in der Beziehung zu uns selbst nicht finden können. Unser Gegenüber soll uns das bescheren, was wir uns selbst nicht schenken können. Jeder ist damit überfordert, ja, muss damit überfordert sein. Wir halten uns selbst nicht aus. Trotzdem erwarten wir, dass uns die anderen aushalten. Wie kann man mit einem Menschen auskommen, der sich selbst nicht erträgt? Wie soll man einen Menschen genießen können, der sich selbst nicht genießen kann?

Viele glauben, dass eine Beziehung mehr können muss, als dass man einander aushält. Ich aber habe in meinem Leben gelernt, dass es etwas Wunderbares ist, wenn man einen Menschen neben sich hat, der einen ohne Abwehrbewegungen aushält, ohne Wenn und Aber! Wir sollten also die Beziehung zu uns selbst als Herausforderung sehen. Wir müssen die Herausforderung annehmen, uns aushalten, genießen, ja lieben zu lernen. Etwas dazulernen bedeutet jedoch, sich zu verändern. Jede Veränderung funktioniert allerdings nur, wenn wir anerkennen, dass sich selbst zu verändern überhaupt möglich ist. Aber glauben wir das wirklich? Eher nicht, auch wenn wir anderes behaupten.

Es klingt eigenartig, aber die Veränderungsbereitschaft ist tatsächlich ein Schlüssel zur Liebe zu sich selbst. Liebe hat immer etwas damit zu tun, sich auf etwas einzulassen. Und sich auf etwas einlassen heißt, sich zu verändern. Manchmal wird es besonders deutlich, dass wir uns nicht einlassen wollen. Wir wollen uns nicht verändern, auch weil wir uns vermeintlich nicht verändern können – wenn man sich beispielsweise in einer Partnerschaft über zwei Jahrzehnte immer wieder über den gleichen misslichen Charakterzug des anderen ärgern kann und nicht lernt, dass man den anderen auf diese Weise nicht ändern können wird oder dass er nicht veränderbar ist. Also wieso ärgern wir uns in einem solchen Fall? Wir ärgern uns, weil wir uns selbst als Naturereignis empfinden, das sich nicht verändern kann. Daher muss sich die Umwelt verändern. Die erlebt sich aber möglicherweise auch als Naturereignis.

Besonders deutlich wird das, wenn man wie ich – in der Rolle des Psychiaters und Psychotherapeuten – beginnt, das Selbstbild der Patienten zu verstehen. Es gibt Menschen, die sind schön, erfolgreich, sexy und alles, was man sich wünschen kann, aber haben das Selbstbild eines Vollversagers. – Warum?

Weil sie es so gewohnt sind. Weil sie glauben, sie selbst seien ein Naturereignis.

Wenn es nämlich darum geht, sich zu ändern, rechtfertigen wir uns, legitimieren wir bei uns selbst noch so eigenartige, unsinnige oder leidenserzeugende Erlebens- und Verhaltensweisen. Wir müssen zugeben, dass wir uns ungern verändern. Trotzdem trifft man immer wieder Menschen, die von sich glauben, dass sie sich gerne verändern. Doch bei den meisten von ihnen stellt sich heraus, dass sie sich verändern wollen, um das, was ihnen wichtig ist, stabil zu halten. Sie verändern sich, um sich und das, was ihnen wirklich wichtig ist, ja nicht verändern zu müssen. In der Regel halten wir es für das Richtige, von anderen Veränderung einzufordern, um selbst so bleiben zu können, wie wir sind. Auch die Veränderung steht also häufig im Dienst der Nichtveränderung. Ich nehme sogar an: immer; zumindest ab dem sogenannten Erwachsensein, jenem Zustand, in dem wir uns innerlich entscheiden, dass wir in der Entwicklung fertig sind.

Die Verfestigung unserer Selbstvorstellung hat mit dem Wunsch zu überleben zu tun. Wir glauben, dass wir selbst diese Vorstellung sind. Dabei ist es nur eine Vorstellung. Wenn sie in Gefahr ist, verteidigen wir sie daher, als ginge es um unser Leben. Diesem Irrtum opfern wir sehr viel Energie. Wir glauben, dass die Selbstvorstellung mit dem, was wir als Ich empfinden, ident wäre. Wie alle Lebewesen auf der Welt wollen wir zuallererst überleben, als Individuum und als Art, wobei man anmerken muss, dass sich die Sehnsucht, als Art zu überleben, eigenartigerweise auf Gemeinschaften wie zum Beispiel Nationalitäten eingeschränkt hat. Daher führen Menschen Kriege gegeneinander.

Wir nehmen meist die Herausforderung, die das Ich darstellt, nicht an. Wir fürchten, dass wir uns dadurch selbst zu sehr infrage stellen könnten. Wir fürchten, wir könnten die Selbstvorstellung, die wir für unser Ich halten, in Gefahr bringen. Wir nehmen zwar vielleicht – scheinbar – die Herausforderung unseres Lebens an. Wir streben den Erfolg an. Wir wollen unsere Ziele verwirklichen. Wir wollen die Vorstellungen, die wir vom Leben haben, unbedingt erreichen. Wir übernehmen Pflichten, vielleicht sogar Verantwortungen, aber keine Selbstverantwortung. Denn das würde bedeuten, sich selbst infrage zu stellen.

Viele Menschen klagen etwa über chronischen Stress, den sie angeblich haben. Aber was ist das? Überforderung? Warum sind wir überfordert? Letztlich, weil wir es nicht für möglich halten, uns zu verändern. Faktum ist, dass kein Mensch chronischen Stress aushalten müsste. Wir müssten auf den Stress nur adäquat reagieren, indem wir Selbstverantwortung übernehmen und den Selbstanspruch reduzieren. Wir könnten uns etwa eine andere Arbeitsstelle suchen oder zumindest in der Arbeit etwas verändern oder aber versuchen, vielleicht überhöhte Ansprüche an uns selbst zu beeinflussen. Wenn das nicht möglich ist, was selten der Fall sein wird, könnten wir das Selbsterleben bei der stresserzeugenden Aufgabe reduzieren, indem wir das Unvermeidbare entspannt angehen. Angespanntheit macht den Stress giftig, weil wir dadurch das Leben zu ernst nehmen. Wir tun so, als ob es immer um das Überleben ginge. Indem wir das Leben überernst nehmen, nehmen wir uns selbst leider ganz und gar nicht ernst.

Jeder von uns weiß hoffentlich, dass wir uns in der Einschätzung anderer irren können. Man kann immer neue Seiten an einem anderen entdecken – wenn man es zulässt, wohlgemerkt. Am schwierigsten ist es aber, sich einzugestehen, dass man sich selbst noch nicht wirklich kennenlernen konnte, trotz der vielen gemeinsamen Jahre. Wir verstehen nicht, dass das Ich eine Herausforderung darstellt. Vielleicht ist es die größte Herausforderung unseres Lebens, der wir uns stellen sollten. Sie besteht sicherlich darin, dass wir durch die Starrheit unseres Ichs den Anforderungen des Lebens nicht gerecht werden, nicht gerecht werden können. Das Konzept des eigenen Ichs hindert mich daran, mir selbst zu begegnen.

Wenn wir uns behandeln, als ob wir ein Naturereignis wären, haben wir keine Chance, uns der Herausforderung unseres eigenen Ichs zu stellen, und erklären uns zum Opfer unseres eigenen Lebens. Das erzeugt nicht nur Leid und Frustration, sondern ist auch eine fundamentale Fehleinschätzung. Es ist wichtig zu verstehen, dass die Herausforderung, die das eigene Ich darstellt, immer zu bewältigen ist. Man muss sich ihr nur stellen – viele tun dies ihr ganzes Leben lang nicht. Sie haben eine Wehmut im Herzen, wenn sie imstande sind, sich das einzugestehen.

Es gibt so viele Menschen, die immer wieder das Gefühl haben, falsch zu leben, nicht ihr richtiges Leben zu leben, noch nicht wirklich mit dem Leben angefangen zu haben. Wir wachen aus einer Trance auf, wenn wir die Herausforderung des eigenen Ichs annehmen. Wir erwachen zum Leben. Wir küssen uns quasi zärtlich in die Lebendigkeit, zu der wir berufen sind. Wir sehen dann ein, dass wir selbst, neben anderen, die große Liebe unseres Lebens sind.

Diese Herausforderung bedarf großen Ernstes, denn sie bedeutet nicht zuletzt, alte Muster zu überwinden, Überlebensmuster, die uns schützen sollen. Dieser Akt macht natürlich Angst, bedarf also großen Mutes. Und trotzdem: Wir müssen – endlich – ernst machen mit der Beziehung zu uns selbst. Für Halbherzigkeit gibt es keinen Platz. Der größte Ernst ist allerdings der, bei dem man am Schluss auch wieder darüber lachen kann. Alles für das Wichtigste im Leben tun und dann darüber lachen: Mit einem größeren Ernst kann man nichts betreiben. Warum soll man am Ende über das Ernste lachen? Die Einsicht in die Relativität, die alle Angelegenheiten in der Welt haben, sollte uns dazu bringen. Es ist doch alles relativ auf der Welt – außer der Liebe. Der Liebe entspricht ein Ja, eine Bejahung der Existenz, des Daseins, dem kein Nein gegenübersteht. Die Liebe ist ein Ja ohne Polarität, ein Paradoxon. Das Leben ist ein Spiel. Ein Spiel macht nur Spaß, wenn man es ganz ernst spielt, immer wissend, dass es doch nur ein Spiel ist. Das wiederum weiß jedes Kind. Welches Kind will schon mit jemandem spielen, der das Spiel nicht ernst nimmt oder nicht anerkennen kann, dass das Spiel nur ein Spiel ist? Jedem Spiel liegt ein implizites dialektisches Verständnis von gleichzeitigem Ernst und Unernst zugrunde.

Es hat keinen Sinn, sich der Herausforderung des Lebens zu stellen und sich dabei zu vergessen. Umgekehrt ist es so, dass die Bewältigung der Herausforderung, die man für sich selbst ist, gleichsam schon die Grundlage, vielleicht sogar mehr als das, zur Lebensbewältigung darstellt. Wir müssen uns also einerseits oft vielen Herausforderungen im Leben stellen, vermeiden jedoch andererseits die eigentliche, die zentrale, die wichtigste Herausforderung, die wir uns selber sind. Wir vermeiden sie, weil wir glauben, uns ständig stabilisieren zu müssen, und weil wir uns selbst als ein unveränderbares Naturereignis vorstellen. Wenn wir uns nicht uns selbst stellen, werden wir uns unser ganzes Leben lang im Weg stehen, und das ganze sogenannte Lebensglück, der Lebenserfolg, das Schöne im Leben wird uns zwar sichtbar, aber leider nicht spürbar werden.

Veränderung stabilisiert uns, ganz entgegen dem, was wir vermuten. Sie ist kein Selbstzweck, sondern sollte ausschließlich dazu dienen, der Selbstentfremdung zu entkommen. Die

Selbstentfremdung entsteht durch den Versuch, sich zu erhalten. Veränderung dient dazu, sich zu entsprechen. Wir müssen nur einmal damit beginnen, unsere eigene Veränderung ehrlich nicht nur für möglich zu halten, sondern sie zu begrüßen. Dann steht zu unserer großen Verwunderung der eigenen Verwandlung nichts im Wege. Das Leben ist – so gesehen – ein Wunder, und wir selbst sind die Zauberer.

Selbstwertschätzung ist die Grundlage von Selbstliebe

Die eigene Wertschätzung stellt die Grundlage der Selbstliebe dar. Warum tun wir uns eigentlich so schwer damit, uns selbst wertzuschätzen? Dort, wo ich aufgewachsen bin, gilt es als unfein, sich selbst zu loben. Eigenlob stinkt, sagt man. Dementsprechend schwer tun sich meine Patienten, wenn ich ihnen vorschlage, sie sollten sich selbst wertschätzen. Meine Aufforderung, drei oder gar sechs eigene Eigenschaften aufzuzählen, die sie als positiv erleben, wird geradezu als sadistisch erlebt. Interessanterweise wird es immer leichter, je mehr Eigenschaften ausgesprochen sind: Die vierunddreißigste positive Eigenschaft geht überraschenderweise viel leichter von den Lippen als die dritte. Dies werte ich als Hinweis darauf, dass es ein inneres Verbot gibt, sich selbst zu loben. Das Verbotene fällt von Mal zu Mal leichter, je häufiger wir es übertreten haben. So kann man sich an das Betrügen, Stehlen, sogar an das Morden gewöhnen. Wenn man anfängt, seinen Mann, seine Frau zu betrügen, geht das beim zweiten und dritten Mal schon deutlich einfacher. Und mit der Zeit verschwindet das schlechte Gewissen fast ganz. Das ist auch der Grund, warum potenziell korrupte Politiker mit einer gewissen Zeit, ohne es zu spüren, den Bogen überspannen und sich so selbst in Gefahr bringen. Daher ist es besser, etwas, das wir nicht tun sollten, aber irgendwie tun wollen, ganz sein zu lassen, als es ein wenig zu tun.

Wir haben also ein inneres Verbot, uns selbst wertzuschätzen. Wenn wir diese Regel übertreten, plagt uns das Gewissen. Das darfst du nicht, sagt die strenge innere Stimme. Welchen Sinn könnte ein derartiges Verbot haben? Warum dürfen wir uns nicht selbst wertschätzen? Wir müssen uns von Kindheit an der Gemeinschaft anpassen. Wir sollen uns vom frühkindlichen Egoisten zum sozial kompatiblen Mitmenschen entwickeln. Diese Anpassung nennt man Sozialisation. Sie ist die Legitimation der sogenannten Erziehung und die Entwicklung des Gemeinschaftsgefühls, allerdings nur im besten Sinne.

Wir dressieren uns gegenseitig zu Gemeinschaftswesen. Leider verstehen viele darunter, dass der andere so werden soll, wie es dem Dresseur passt. Das erzeugt Verletzung und Hass und macht uns zu psychisch behinderten Wesen. Der Machtkampf der Kindheit setzt sich das ganze Leben lang fort: Kannst du mich dressieren oder dressiere ich dich? Wir sehen ihn in unseren privaten und beruflichen Beziehungen. Die destruktiven und sinnlosen gegenseitigen Erziehungsversuche hören nie auf. Ist das nicht verrückt, beschämend?

Viele Beziehungen sind von einem Machtkampf geprägt. Es geht immer nur darum, was einem der andere schuldet. So kann keine Beziehung glücklich werden. Glückliche Beziehungen funktionieren nach dem gegenseitigen Motto: Was kann ich für dich tun, statt: Was sollst/musst du fur mich tun.

Was sich leider noch nicht herumgesprochen hat, ist die Tatsache, dass Erziehung ein Begegnungsakt ist und dass sie auf gegenseitiger Veränderung beruht. In der traurigen Realität soll der Erzogene dem Erziehenden nie über den Kopf wachsen. Eigentlich wäre der Sinn der Erziehung, dass der Schüler den Lehrer übertreffen möge.

Anpassung ist natürlich per se nichts Schlechtes, aber sie wird zur Entfremdung, wenn damit nicht gleichzeitig eine Selbstbestärkung verbunden ist. Selbstbestärkung passiert bei einer Erziehung, die sich als Begegnung begreift. Das Resultat eines solchen Erziehungsprozesses ist allerdings, dass die Anpassung zeitlebens ein freiwilliger Akt bleibt. Anpassung und Freiheit sind in diesem Fall kein Widerspruch, ganz im Gegenteil. Es ist eine bestechende, wenn auch eine diabolische Idee, Menschen zu zähmen und gleichzeitig ihren Hunger nach Selbstbestätigung systematisch nie zu stillen. Sie werden daher der Verheißung danach nachrennen, sagen wir, wie der Hund der Wurst. Ein tragikomischer Gedanke ist das – nicht wahr –, dass wir alle Hunde wären, die der Wurst unserer persönlichen Verheißungen nachjagen. Ich erinnere mich an Hunderennen in Irland, bei denen die Windhunde sinnlos im Kreis den Kunsthasen nachdüsen. Keiner von ihnen hat jemals einen Hasen erwischt, auch die Sieger nicht. – Wie wir Menschen! Auch bei den Erfolgreichsten von uns erfüllen sich die Verheißungen, denen wir nachhetzen, nicht. Das, wonach wir streben, ist nämlich nicht das, worum es uns wirklich geht. Wir streben nach Bewunderung und sehnen uns nach Bindung, wir streben nach Erfolg und sehnen uns nach Selbstwirksamkeit. Das Resultat von Abhängigkeit und mangelnder Freiheit ist ebendiese fatale Verwechslung zwischen tatsächlichem Streben und eigentlichem Sehnen.

Nicht außer Acht zu lassen ist, dass wir uns anpassen wollen. Wir wollen dazugehören, ein Teil der Gemeinschaft sein. Wir wollen also auch dressiert werden, sogar einseitig. Wir wollen das schönste Pferd im Zirkus sein und vergessen dabei, dass es auch schön wäre, inmitten der eigenen Herde über die Savanne zu galoppieren. Erhalten wir uns trotz aller Anpassung die Sehnsucht nach der Freiheit! Das ist kein Widerspruch.

Es fällt uns also nicht leicht, uns selbst wertzuschätzen. Die Wertschätzung der eigenen Person ist ein Akt, bei dem wir unsere eigene Identität stärken. Sie ist eine Möglichkeit der Nachreifung angesichts eines misslungenen, einseitigen Reifungsprozesses. Sie ermöglicht letztlich Beziehungen auf Augenhöhe und ein Wiederfinden der uns allen angeborenen Liebe zu uns selbst. Wir müssen sie nur üben, wenn wir sie beherrschen wollen.

Loben ist nicht Wertschätzen

Lob und Wertschätzung sind für viele Synonyma. Aus meiner Erfahrung weiß ich, dass sie etwas ganz Unterschiedliches auslösen. Lob hat meist etwas Manipulatives, etwas Suggestives, etwas Steuerndes. Viele Menschen sind daher zu Recht skeptisch gegenüber Lob. Denn Lob ist immer auch eine Bewertung. Daher stellt sich der Lobende auch immer über den Gelobten. Es wird ja allgemein angemerkt, dass zu wenig gelobt wird. Faktum ist, dass einem das Lob anderer sehr unangenehm sein kann. Manchmal ist dieses unangenehme Gefühl allerdings auf die mangelnde Selbstakzeptanz zurückzuführen. Das ist dann etwas anderes. Das einzig Positive am Lob scheint zu sein, dass man dadurch von einem Mächtigen, von einem Vorgesetzten informiert wird, in seinem Sinne zu handeln. Zudem muss einem Vorgesetzten die Bewertung zugestanden werden. In diesem Fall hat Bewertung etwas Strukturimmanentes, nichts Abwertendes.

Demnach müssten wir uns bei Lob häufig unangenehm berührt fühlen. Aber heimlich sehnen wir uns nach Aufwertung, wir gieren geradezu danach. „Dein Lob beschämt mich, denn heimlich habe ich darum gebettelt." Das sagt Tagore, der weise Dichter aus Indien. Es scheint leider manchmal ganz in unserem Sinne, von anderen gesteuert, manipuliert zu werden. Die Gier nach Aufwertung lässt uns übersehen, dass wir gerade entwürdigt werden. Das ist typisch. Gier macht stumpf, und wir nehmen wichtige Phänomene nicht wahr oder wollen sie nicht wahrhaben. Wie viele Menschen übersehen Lieblosigkeiten von Partnern, weil sie gierig danach sind, eine gute Ehe zu führen? Wie riskant ist die Gier für unser Leben?

Die Manipulation, von der wir sprechen, basiert aber nicht nur auf der Grundlage von Gier. Wir sehnen uns sogar geradezu danach, wir wollen uns von anderen abhängig machen. Aber warum? Weil wir das Gefühl haben, ohne den anderen nichts zu sein. Hitler hat sich das Selbstwertdefizit der Deutschen nach dem Ersten Weltkrieg zunutze gemacht. Alle, die sich nach Autoritäten sehnen, sehnen sich in Wahrheit nach der eigenen Abhängigkeit. Das gilt im Großen wie im Kleinen.

Wenn ich an jene Situationen in meinem Leben denke, in denen ich mich abhängig gemacht habe, in denen ich meine Manipulatoren in mein Leben eingeladen habe, statt sie zu verjagen, dann spüre ich, um ehrlich zu sein, Scham. Scham kann allerdings auch stärken. Sie schafft, wenn man sie lässt, Bewusstsein, Selbstbewusstsein. Scham ist das Gefühl, das uns total auf uns fokussiert. Sie ist nichts Schlechtes. Leider schämen wir uns jedoch gewöhnlich zur falschen Zeit am falschen Ort. Aber das ist eine andere Sache.

Die Wertschätzung hingegen, im Unterschied zu Lob, beleuchtet den, der wertgeschätzt wird. Sie lässt den Wertgeschätzten im richtigen Licht erscheinen und will nichts weiter bewirken, außer dass der, der sie erfährt, versteht, wie schön, wie groß, wie wichtig, wie wunderbar er ist. Wertschätzung macht den Wertgeschätzten allerdings nicht schöner, größer, wichtiger oder wunderbarer, als er ist. Sie tut nichts anderes, als den Wert zu schätzen. Der Wertgeschätzte versteht endlich, wer er wirklich ist. Wertschätzen bedeutet spiegeln. Im Spiegel sehen wir uns dann bereinigt von den Verzerrungen unserer Ängste. Wertschätzungen sind nicht zuletzt deshalb so wichtig, weil wir uns unseres Wertes nicht sicher sind, ja nicht sicher sein können. Sie führen unsere Wahrnehmungen zur Wahrheit. Das gilt interessanterweise auch für die Beziehung, die wir zu uns selbst haben. Denn Wertschätzungen machen eine warme, offene Atmosphäre. Dort, wo wertgeschätzt wird, hält man sich gerne auf. Im Unterschied zu bewertenden Situationen, die verneinen, sind diese bejahend. Wertschätzung ist der goldene Weg, uns mit unserer eigenen Wirklichkeit vertraut zu machen, vielleicht auch überhaupt erst zu versöhnen. Wir können also nicht genug Wertschätzung bekommen, weder von uns selbst noch von anderen.

Selbstwert ist die Grundlage für Lebendigkeit

Unsere mangelnde Wertschätzung uns selbst gegenüber spiegelt den geringen Selbstwert. Das ist kein banales, vielmehr ein existenzielles Problem. Warum versuchen wir ständig, unseren Selbstwert zu erhöhen und haben dabei so wenig Erfolg, auch wenn wir erfolgreich sind? Als Erfolg wird gewöhnlich verstanden, dass das eintritt, was wir uns wünschen. Erfolg ist also eine Zustimmung zum eigenen Ego. Das Ego trägt aber nichts zum wahren Selbstwert bei, obwohl es so aussehen kann. Der aufgeblähte, sogenannte Selbstwert des Narzissten ist so verletzlich, dass er sich im Falle der geringsten Bedrohung desselben aggressiv verteidigen muss.

Wenn wir es nicht schaffen, zu einer liebevollen, positiven Sicht von uns selbst zu gelangen, dann verwundert es nicht, wenn wir uns schwer tun, uns selbst wertzuschätzen. Und wenn wir uns nicht wertschätzen können, haben wir ein geringes Selbstwertgefühl. Das ist ein Teufelskreis. Es ist allerdings nicht unbedingt so, dass nur sich selbst wertschätzen zu höherem subjektiven Selbstwert führt. Unser mangelndes Selbstwertgefühl ist hingegen wirklich sehr schlimm, macht es doch Menschen zu Opfern von Manipulation. Dies geschieht, weil sie so bedürftig sind. Die Bedürftigkeit ist quasi das Türschild, durch das die Manipulatoren wissen, bei welcher Tür sie ungehindert hineinspazieren können, ohne dass Widerstand zu erwarten ist.

Der Selbstwert ist für uns deshalb so wichtig, weil wir nicht anders können, als uns existenziell danach zu sehnen, wenn wir zu wenig davon haben. Ohne es zu wissen, ist der schwache Selbstwert für viele, nein, für alle Menschen lebensbestimmend. Wenn Menschen miteinander reden, dann lediglich über zwei Themengebiete: zum einen über die Lebensbewältigung im Praktischen, zum anderen über die Lebensbewältigung im Mentalen. Im Praktischen etwa, welcher Arzt der beste für bestimmte körperliche Beschwerden sein könnte oder wie man ein technisches Problem löst. Im Mentalen, wie man sich am besten im Leben behaupten kann, eben in dem, was man zu sein glaubt. Es wird kaum über etwas anderes geredet, wenn man es auf die Metaebene der Gespräche herabbricht. Selbst wenn Menschen über Banalitäten sprechen, geht es ihnen im Grunde um das eine oder das andere. Das bedeutet, wirklich jedes Gespräch dreht sich um die Frage: Bin ich oder bin ich nicht?

Stets sind wir mit der existenziellen Dimension des eigenen Seins beschäftigt, meist ohne es zu wissen. Der schwache Selbstwert vermittelt einem, dass man im Theater des Lebens ohne gültige Eintrittskarte sitzt. Das macht nervös. Man könnte jederzeit kontrolliert werden, als blinder Passagier auf der Lebensreise entlarvt und hinauskomplementiert werden. Der schwache Selbstwert führt dazu, dass wir existenziell auf dünnem Eis wandeln. Das reale Ergebnis unserer frühen Lebenserfahrungen ist meist das selbstwertschwache, manipulierbare Selbst.

Wie oft im Leben habe ich beispielsweise in Beziehungen verharrt, die mir weder gutgetan haben, noch in denen ich etwas für mich lernen konnte. Ich war schlicht nicht imstande, mich von der anfänglichen Verheißung zur Selbstwerterhöhung, wie immer sie aussah, zu emanzipieren. So habe ich in meinem Leben manchmal Strohhalme ergriffen, mit denen ich untergehen musste. Ich weiß, ich bin nicht der Einzige. Wir sind verführbar und leeren Verheißungen hoffnungslos ausgeliefert, wenn wir bedürftig sind.

Ein untrügliches Zeichen der Bedürftigkeit ist die Gier. Es gibt keine Gier ohne Bedürftigkeit. Warum sind so viele Menschen so gierig, obwohl in der heutigen Zeit das Angebot, Bedürfnisse zu befriedigen, so hoch ist wie noch nie? Gier ist kein Phänomen, das auf reiche Menschen beschränkt ist. Es fällt nur bei reichen Menschen eher auf, weil deren Gier so bizarr ist.

Das reale Ergebnis unserer frühen Lebenserfahrungen ist meist auch das manipulierende Selbst. Wir können mit unserer Bedürftigkeit auf zwei Arten umgehen: einerseits indem wir uns – in diesem Fall – naiverweise anderen anvertrauen. Wir vertrauen uns an, weil wir glauben, dass wir auf diese Weise endlich unsere quälende Bedürftigkeit loswerden können. Andererseits indem wir andere manipulativ in Abhängigkeit bringen, damit wir sicher auf sie als Ressource zurückgreifen können. Das nennt man Ausbeutung. Der „Vorteil" dabei ist, scheinbar Kontrolle über die Verheißungen des Lebens zu haben. Als Verheißung verstehe ich ein vermeintliches, letztlich leeres Versprechen des Lebens, Bedürftigkeiten, nicht Bedürfnisse, zu befriedigen. Alle Verheißungen, die uns an sich binden, also abhängig machen, wie etwa möglicherweise ein Geliebter oder eine Karrieremöglichkeit, zeichnen sich durch bestimmte ähnliche Phänomene aus: Wichtigkeit, Berühmtheit, Reichtum, körperliche oder soziale Attraktivität, Elitetum, das sexuelle Schlaraffenland und vieles andere mehr. Diese sollten immer zu Selbstwerterhöhung, zu Selbstbejahung führen. Fälschlicherweise hoffen wir, wenn wir nur diese Phänomene an uns beobachten würden, zum Beispiel wirklich wichtig zu sein, dass wir dann automatisch das

Ja zu uns selbst erworben hätten. Leider ist das Gegenteil der Fall. Je mehr wir beispielsweise über Wichtigsein zur Selbstbejahung kommen wollen, desto mehr zeigt sich, dass es so nicht funktioniert. In der Regel bekommen wir es zu allem Überfluss nicht einmal mit. Daher können einem alle Angeber leidtun. Sie bemühen sich so sehr und erreichen trotzdem nicht das, worum es ihnen eigentlich geht. Sie protzen, um sich in die Reihe jener zu stellen, die sie bewundern. Sie bewundern jene, die es vermeintlich geschafft haben, und hoffen, selbst bewundert zu werden. Aber keiner von denen, die sie nachäffen, kann sich selbst bejahen – zumindest nicht deshalb, weswegen sie bewundert und beneidet werden.

Ich bin überzeugt davon, dass der Mangel an Selbstbejahung das Resultat eines aggressiven Sozialisationsprozesses ist. Aggressiv ist Sozialisation dann, wenn der Sozialisierte dabei nicht frei bleibt. Wir müssen aber frei bleiben, wenn wir uns unbeschadet anpassen wollen. Der Mangel an Selbstbejahung ist in einer Prägung begründet, die in der ersten Zeit unseres Lebens stattfindet. Dabei wird uns vorgespielt, dass man nur so oder so sein müsste, um bejaht zu werden. Das Aggressive an einem derartigen Sozialisationsprozess ist die Erpressung, die damit verbunden ist. Diese Art von Sozialisation macht uns zu abhängigen Wesen, die ihrem Glück nachhängen, ohne es zu erreichen. Wir passen uns an in der Hoffnung auf eine Belohnung, welche nie eintrifft. Insofern ist das Leben eine Tragikomödie. Wir wollen brav den Bedingungen entsprechen, weil uns dann der Papa, die Mama, die internalisierten Eltern die Zuneigung versprechen. Man könnte statt Zuneigung auch Liebe sagen. Die internalisierten Eltern sind das Schema, das die realen Eltern bzw. die realen primären Bezugspersonen als Beziehungsspuren in uns hinterlassen haben. Sie überleben die realen Eltern in uns und pflanzen sich über Generationen fort.

Die Urszene sieht folgendermaßen aus: Die Mutter, der Vater machen ihre Zuneigung, die für uns existenziell wichtig ist, von bestimmtem Verhalten und Erleben abhängig und damit uns generell zu abhängigen Wesen. Der Papa, die Mama sind in der Kindheit und Jugend in der Regel mit uns, dann fortan – im späteren Leben – in uns. Wir projizieren dann in weiterer Folge die erlebten Eltern in Vorgesetzte, Freunde, Partner, Kinder. Wir reinszenieren also die internalisierten frühen Beziehungsmuster. Solchermaßen von anderen angenommen, weil wir ihren Vorstellungen entsprechen, hoffen, glauben wir – unbewusst –, uns selbst bejahen zu können. Doch das Gefühl des Angenommen-Werdens tritt auf diese Weise nie ein. Wir suchen emsig dort, wo wir nichts finden. Selbstbejahung ist nämlich ausschließlich ein Kind der Bedingungslosigkeit. Das Ja, das wir uns von anderen wünschen, so maßlos es auch scheinen mag, ist ein Ja ohne Vorbedingungen. Wenn wir dieses Ja, ein Ja ohne Wenn und Aber, in unserem Herzen wahrgenommen, erfahren haben, dann könnte es sein, dass wir beginnen, zu uns selbst Ja zu sagen. Der Mangel des Ja zu uns selbst wird also von uns selbst – vermeintlich – durch immense Anstrengungen, anerkannt zu werden, therapiert. Wir verwenden viel Energie für diesen Selbstheilungsversuch. Diese Therapie ist jedoch nicht wirksam, auch wenn sie erfolgreich ist. Sie wirkt zwar, bewirkt aber nicht die Heilung, die wir uns erwartet haben. So sehr wir anerkannt werden, das Ja kommt nicht. Es kommt deshalb nicht, weil es sich nicht zwingen lässt. Das Ja in uns entsteht, wenn wir zufällig Menschen begegnen, die uns das Ja bedingungslos schenken können. Auf dieser Grundlage können wir es dann selbst vervielfältigen. Es geht also darum, den Selbstwert zu finden und zum eigenen Ja zu sich selbst zu kommen. Dazu müssten wir den Mut haben, die Einladungen der leeren Selbstwertverheißungen des

Lebens auszuschlagen, sie zumindest nicht ernst zu nehmen. Stattdessen gilt es, die Wahrnehmung auf das bedingungslose Ja im Leben zu richten, das als Katalysator für das Ja, das man zu sich selbst sagen kann, dient. Dann ist man wirklich autonom und somit gleichzeitig beziehungsfähig. Das bedingungslose Ja können wir nur durch Liebe erhalten. Letztendlich geht es uns allen immer nur um Liebe – dem Postfräulein, dem Terroristen, dem Guru in Indien, dem „großen" Manager und der Mutter von acht Kindern. Wie würde die Welt aussehen, wenn wir uns diese Liebessehnsucht eingestehen könnten?

Selbstliebe vermindert den Selbsthass

Wir wissen heute, dass der Selbstwert und das Bindungsgefühl durch positive emotionale Spiegelung in der frühen Kindheit entstehen. Zumindest haben sie in der gegenseitigen Spiegelung die ontogenetische Basis, das heißt, die Basis in der eigenen Lebensgeschichte. Wenn wir als Person emotional beantwortet werden, dann entsteht ein Ja von uns zu uns selbst. Müssen wir beispielsweise weinen und uns begegnet ein Mensch, der Mitgefühl mit uns hat, sind wir nicht nur getröstet, sondern auch in unserer Persönlichkeit bestärkt. Solcherart entsteht über das liebende Ja eines anderen die Liebesfähigkeit zu uns selbst.

Viele glauben, man hat einen hohen Selbstwert, wenn man sich toll fühlt. Das ist aber Unsinn. Wir haben weder einen hohen Selbstwert, wenn wir uns toll fühlen, noch einen niedrigen, wenn wir uns schlecht fühlen. Sich toll zu fühlen, ist gleichermaßen ein Ausdruck eines niedrigen Selbstwertes, wie sich nicht toll zu fühlen. Die Ausnahme sind kurz andauernde Gefühlszustände, die nichts mit dem Selbstwert zu tun haben.

Der positive Selbstwert spiegelt sich nicht in über- oder unterschwänglichen Gefühlszuständen, sondern in einer existenziellen Sicherheit der Unverletzbarkeit. Das Ja zu uns selbst ist dann so fest in uns verankert, dass es keine denkbare Situation im Leben gibt, die dieses Ja erschüttern könnte. Insofern bleibt der eigene Selbstwert für uns alle eine Vision, die immer mehr Wirklichkeit werden darf, wenn wir es nur zulassen. Hätten wir also einen guten Selbstwert, würden wir uns nie mehr toll oder nicht so toll fühlen. Das sind Zustände, in die man nie kommt, wenn man sich des Wertes seiner selbst sicher ist. Das sich mehr oder weniger toll Fühlen stellt einen Versuch dar, auf der Gefühlsebene den Mangel an existenzieller Sicherheit zu kompensieren.

Mit dem Selbstwert steigt die Liebesfähigkeit. Eine bejahte Person ist immer eine selbstliebende Person. Voraussetzung ist, dass das Ja bei sich selbst ankommen kann. Das setzt bei dem, der spiegelt, Feinfühligkeit voraus. Feinfühlig können wir aber nur sein, wenn es uns in Beziehungen nicht um die Kompensation der eigenen Defizite geht, sondern wenn wir die Kapazität haben, dass es wirklich um den Menschen gehen kann, der uns gegenübersteht. Feinfühlig ist also nur jemand, der seine Sinne einem anderen zuwenden kann. Und das ist nur der Fall, wenn wir uns unserer selbst sicher sein können. Feinfühligkeit ist die einzige Möglichkeit, einem anderen Menschen wirklich ein Berührungsangebot zu machen.

Wenn also eine primäre Bezugsperson eines Kindes selbst ein Mensch ist, der nicht imstande ist, sich selbst zu lieben, bedeutet das das vorläufige Ende einer katastrophalen diabolischen Kaskade, die dazu führt, dass auch das Kind den Rucksack mangelnder Selbstliebe durchs Leben zu schleppen hat. Die Hauptaufgabe von Eltern wäre demnach, sich selbst lieben zu lernen, wenn sie ihre Kinder fördern wollen. Nur sich selbst liebende Elternteile können sich voll und ganz ihren Kindern zuwenden. Insofern wäre es nicht von Nachteil, wenn sich die Eltern auch gegenseitig lieben könnten, ist die Liebe eines anderen doch immer ein starker Katalysator für die Selbstliebe.

Wenn Selbstliebe allerdings nicht möglich ist, ist das Resultat einer solchen negativen Entwicklung der, wie ich ihn nenne, Selbsthasskomplex. Darunter sind tief liegende negative Überzeugungen zu verstehen, die bei jedem an uns gerichteten Nein des Lebens aktiviert werden können. Kündigung, Trennung, aber auch ganz kleine, sich zu Herzen genommene Benachteiligungen und Zurückweisungen können diese tiefe Kränkung aktivieren. Die mit dem Selbsthass verbundene Kränkung ist eine große Behinderung. Sie schränkt die Beziehungsfähigkeit, vor allem in engen Beziehungen, ein und macht aus dem Betroffenen einen problematischen Menschen, vor allem für sich selber. Der Selbsthass ist die Ursache, warum man als Therapeut den Eindruck gewinnt, dass in problematischen Beziehungen die Reaktionen der einzelnen Partner stets überzogen sind. Die Betroffenen reagieren nicht nur auf ihre Verletzungen, sondern auch auf die gleichzeitig aktivierten frühen Kränkungen. Die Aggressionen anderen gegenüber sind dementsprechend meist nichts anderes als projizierter Selbsthass. Das Einzige, was dagegen hilft, ist die Selbstliebe, die es zu aktivieren gilt. Dazu ist es hilfreich, Menschen zu treffen, die uns im Sinne einer Nachreifung ein Ja zur Verfügung stellen. Jedes Ja, das von Herzen kommt, schenkt anderen Leben – im Sinne von Lebendigkeit.

Es ist mitunter – gelinde gesagt – nicht leicht, einen Menschen zu bejahen, der zu sich selbst Nein sagt. Menschen, die uns tatsächlich ein Ja gegen den Sturm des eigenen Nein schenken, gebührt daher unser größter Respekt und unsere Dankbarkeit. Sie schenken uns auf ihre Weise, vielleicht ohne es zu wissen, bedingungslose Liebe. Diese bedingungslose Liebe von einem anderen zu bekommen, eröffnet uns die Chance, uns selbst zu lieben. Und irgendwann können wir es vielleicht von selbst; anfangs wahrscheinlich noch nicht in allen Situationen, aber mit der Erfahrung und der Übung werden wir immer stärker.

Das Ja zu sich ist die einzig wirksame Abgrenzung

Wenn wir von Ja und Nein zu uns selbst sprechen, müssen wir auch das Ja und Nein zu anderen im Auge haben. Wie funktioniert Abgrenzung, ohne Schaden zu nehmen? Wie kann man sich überhaupt abgrenzen?

Wenn wir das Ja am Anfang des Lebens als Grundvoraussetzung, später im Leben als Unterstützung dafür benötigen, dass wir uns selbst wertschätzen, letztlich selbst lieben können, dann ist es vielleicht keine schlechte Idee, danach Ausschau zu halten. Für uns selbst geht es also darum, die Wahrnehmung des bedingungslosen Ja des Lebens zu üben, welches allerorten zu entdecken ist. Wir möchten doch alle vorbehaltlos berührt werden. Das ist tatsächlich nichts Besonderes, ein Alltagsphänomen, wenn wir ein Auge dafür haben.

Stattdessen können wir unsere Bemühungen, die soziale Reputation im Leben zu erhöhen, durchaus einschränken. Ich freue mich natürlich, wenn ich von wichtigen Leuten zu ihresgleichen gezählt, von ihnen anerkannt werde. Wenn es mich jedoch Energie kostet, zu verarbeiten, in meiner vermeintlichen Wichtigkeit einmal übergangen, nicht berücksichtigt worden zu sein, dann ist es geradezu ein echter Schaden, wenn es mir etwas ausmacht, in solcher Weise nicht wichtig zu sein.

Vielmehr geht es um das Ja zu uns. Wie gesagt, die Grundlage dafür ist die Erfahrung des bedingungslosen Ja von anderen. Auch wenn man das in den frühen Lebensjahren nicht unbedingt erleben konnte, lässt sich durch Herzoffenheit einiges nachholen. Wir sind doch alle Beschenkte. Das Leben als solches ist ein Geschenk, die Tatsache, dass wir auf der Welt sein dürfen. Die Vögel zwitschern nur für uns, der Schnee fällt nur für uns. Die Stille der Nacht ist ein Orchesterkonzert nur zu unseren Ehren. Der eine Mensch, der uns den Vortritt lässt, respektiert unsere Würde. Das Lächeln der Verkäuferin, die Möglichkeit, für andere da zu sein, sind doch Geschenke des Lebens. Der Geruch in der Nase, das hilflose, suchende Ansprechen eines anderen, ein Essen, wenn man Hunger hat. Es braucht nicht viel, außer das eigene Herz zu öffnen. Wenn wir solchermaßen offenen Herzens durch die Welt gehen, werden wir nicht mehr glauben müssen, dass wir dies und jenes haben müssen, um glücklich sein zu können. Dann werden wir verstehen, was der Prinz Siddhartha, der Buddha, vor 2.600 Jahren gemeint hat, dass es nämlich keinen Weg zum Glücklichsein gibt, sondern das Glücklichsein selbst der Weg zum Glück ist.

Die Welt sagt den ganzen Tag Ja zu uns. Aber wie oft habe ich das Ja des Lebens übersehen? Wir bilden uns ein, das Leben ist dann in Ordnung, wenn es den Bedingungen entspricht, die wir für ein glückliches Leben unabdingbar finden. Wenn das Wetter schön ist, ist der Urlaub schön. Solcherart entging mir in meinem Leben eine Fülle lebensspendender Ja. Das Ja ist der Sauerstoff für unseren Seelenfrieden. Wir dürfen nicht vergessen, diesen Sauerstoff einzuatmen, nur deshalb, weil er nicht in der Weise an uns herangetragen wird, wie wir es erwarten.

Das ist das alte Drama der Menschheit, dass wir die Neigung haben, unsere eigene Erlösung zu versäumen, weil wir uns auf ein Bild von ihr versteifen. Freilich gibt es auch ein

Nein im Leben, einen Mangel an Ja, der nur schwer zu ertragen ist, in Extremfällen überhaupt nicht. Dies ist auf längere Sicht auch nicht gesund. Was kann man in einer solchen Situation tun?

Wenn man zum Beispiel in einer monogamen Liebesbeziehung lebt, dann ist es nicht einfach, auf Dauer ein Nein des anderen zu tolerieren. Das Nein kann sich darin äußern, dass die geistige, die emotionale, die körperliche Kommunikation vermieden wird, oder darin, dass die Energie, die einem eigentlich zusteht, in eine andere Beziehung investiert wird. Das ist sehr verletzend. Grundsätzlich ist ein Nein umso schwerer erträglich, je mehr man sich auf den anderen eingelassen hat. Aber gerade dann kann man besonders schwer von dem lassen, worauf man sich eingelassen hat und dadurch – paradoxerweise – vom Nein. In einer solchen Situation ist es notwendig, persönlich Nein zum Nein des Lebens zu sagen. Dazu muss man aber lernen, über alle Schatten zu springen und trotz des massiven Nein Ja zu sich zu sagen. Leider steht einem dabei der Selbsthass im Weg. Das authentische Nein zum Nein zu sich selbst ist ausschließlich aus der Quelle des eigenen Ja zu sich möglich.

Es ist schwer, sich von jemandem zu trennen, der einen nicht mehr liebt. Um dies durchziehen zu können, bedarf es einer funktionierenden Verbindung zu sich selbst. Man könnte sagen, die Trennung, die wir in uns vollzogen haben, dass wir eben keine echte Nähe zu uns selbst entwickelt haben, verhindert die notwendige Trennung zum anderen. Daher ist es notwendig, sich vor der Trennung mit sich selbst zu versöhnen. Sonst wird die Trennung nicht gelingen.

In manchen Psychotherapien wird eingeübt, sich abzugrenzen. Meiner Ansicht nach hilft das nicht, sondern macht nur unglücklich. Die Abgrenzung erzeugt nämlich eine Trennung zwischen uns und der Welt. Das ist der Schrecken des Nein. Darum können so viele Menschen so schwer Nein sagen. Es gibt eine einzige Methode, dies zu lernen, ohne gleichzeitig die bedrohliche Trennung zur Welt zu erzeugen. Es ist ein großes Geheimnis, dass die Kraft des Nein aus dem Ja zu sich selbst gespeist wird. Wir sollten daher die Quelle des Ja des Lebens immer beachten und nie versiegen lassen. Dann sind wir gegenüber dem unvermeidbaren Nein des Lebens gewappnet, das all das Leiden subsumiert, das wir im Laufe unseres Lebens erfahren. Mit dem Ja zu uns selbst können wir jedes Nein in einer Art Metamorphose zum Ja wandeln. Nehmen wir daher das Ja des Lebens mit jedem Atemzug auf.

Egoismus und Narzissmus sind fehlende Selbstliebe

Viele Menschen glauben, dass Egoismus und Narzissmus die Folge von Selbstliebe seien. Dabei haben sie aber mit wahrer Selbstliebe nichts zu tun, ganz im Gegenteil. Die Zustimmung zu sich selbst hat einen schlechten Ruf. Sie gilt als selbstgerecht, egoistisch, narzisstisch. Sie ist jedoch nicht Ausdruck dieser durchaus unsympathischen Charaktereigenschaften. Vielmehr ist der Mangel an Zustimmung zu sich selbst die Ursache von Egoismus und Narzissmus.

Betrachten wir einmal den Egoismus: Ein Egoist ist ein Mensch, der andere radikal dazu benutzt, seine eigenen Ziele zu unterstützen. Egoisten sind arme Menschen, weil sie ihre Bedürftigkeit nach Selbstbejahung in ihrem eigenen Leben inszenieren müssen. Daher erkennt man sie nicht zuletzt an der Härte ihres Wesens, an der mangelnden Herzenswärme und am kalten, leblosen Blick. All das ist Ausdruck dieser hemmungslosen Radikalität. Egoismus ist eine psychopathische Eigenschaft im Sinne mangelnden Mitgefühls für andere. So werden auch Nachteile von anderen, ohne mit der Wimper zu zucken, gierig in Kauf genommen, nur um zur eigenen Bejahung zu kommen. Man sieht also deutlich, dass es der Egoist notwendig hat, seine Bejahung unter allen Umständen von anderen zu erhalten. Des Weiteren wird unverkennbar klar, welch tragische Figuren Egoisten in Wahrheit sind. Sie kämpfen mit allen Mitteln um die Anerkennung ihrer Existenz von außen und das Ja der Welt. Sie realisieren nicht, dass es eigentlich darum geht, Ja zu sich selbst zu sagen – unabhängig von den Außenbedingungen.

Ich glaube, jedem von uns fallen zahlreiche Exemplare dieser Spezies ein. Nicht selten terrorisieren sie ihre Umgebung mit ihrer Bedürftigkeit. Wenn es irgendwie geht, sollten wir uns von ihnen fernhalten, außer wir haben Lust, ausgebeutet zu werden. Denn Egoisten sind Imperialisten, die andere dazu nutzen, ihnen ihr Ja ohne Gegenleistung zur Verfügung zu stellen. Ein Ja zu sich selbst stellt also keinesfalls Egoismus dar, sondern hat im Gegenteil mit Egoismus gar nichts gemein.

Ein Narzisst ist ein Egoist, der sich selbst verehrt und bewundert, weswegen er sonst niemanden wertschätzen kann. Man könnte sagen, er kann die Wertschätzung anderer Menschen nicht riskieren, liegt doch darin die Gefahr der Relativierung seiner Selbstverherrlichung. Da es ihm am echten Ja zu sich selbst mangelt, kann er keinen Blick abseits von sich riskieren, um sich bloß nicht mit der Brüchigkeit seiner Lebenskonstruktion zu konfrontieren. Wer würde schon hinter diesen brillanten, blendenden Persönlichkeiten einen selbstwertschwachen Angsthasen vermuten? Der krasse Gegensatz des demonstrativ gelebten Ja zu sich selbst und der eigentlichen inneren Wirklichkeit spiegelt sich auch hier erneut in einer unnachgiebigen Brutalität wider, sollte die Inszenierung der Selbstbewunderung in Gefahr sein.

Wir haben das Gefühl, wir sind nichts wert, wenn wir uns nicht selbst lieben können. Darin ist das zentrale Problem des mangelnden Selbstwertes begründet. Egoisten und Narzissten können allerdings den Mangel an Selbstwert, der meist dramatisch ist, vor sich und anderen verbergen. Lassen wir uns nicht täuschen. Wir brauchen uns also in unserem Bestreben nach Selbstliebe nicht sorgen, vielleicht Narzissten oder Egoisten zu werden. Sowohl Egoisten als auch Narzissten sind meilenweit von jeder Selbstliebe im eigentlichen Sinne entfernt. Das ist auch genau das Problem. Egoismus und Narzissmus sind letztendlich Seuchen der Menschheit, schwere epidemische Krankheiten menschlicher Kommunikation. Sie sind die Hauptursache von Unheil und Unfrieden.

Wirklich verblüffend ist, dass die Opfer von Egoisten und Narzissten ihren Tätern mehr gleichen, als man erwarten würde. Gemein ist ihnen die Art und Weise, wie sie das Ja von anderen erbeuten, indem sie sie ausbeuten, weil sie das Ja zu sich selbst nicht sagen können. Solche, nämlich egoistische bzw. narzisstische Menschen, üben allerdings eine magische Anziehungskraft auf jene aus, die ihren Selbstwertmangel nicht hinter der Maske des Egoismus oder Narzissmus verbergen können und denen nichts anderes übrig bleibt, als diesen mangels Kompensationsmöglichkeiten offenzulegen. Sie sind von der Neigung geprägt, Schuld auf sich zu nehmen, Verantwortung an sich zu reißen und nichts von sich zu halten, nicht zuletzt, um andere keinesfalls gegen sich aufzubringen. Solche Menschen sind gerade deswegen für Egoisten als Partner sehr attraktiv, passen sie doch zu ihnen wie der Schlüssel zum Schloss. Diese Paare findet man in Liebesangelegenheiten, aber auch in beruflichen oder quasi kameradschaftlichen Kontexten. Die Destruktivität solcher Beziehungen ist schmerzlich spürbar und steht in einem scheinbaren Widerspruch zu ihrer, man möchte fast sagen: katastrophalen Stabilität. Der eine delegiert Schuld zur Selbststabilisierung, der andere nimmt das Schuldgefühl zur Beziehungsstabilisierung auf sich, weil er vermutet, dass er ohne die Beziehung nicht leben könnte.

Letztlich geht es beiden um das Gleiche, um die Selbststabilisierung auf Kosten des bzw. durch den anderen.

Schuldgefühle weisen auf eine nicht beglichene Schuld hin. Solange man diese hat, ist man nicht frei voneinander. Schuldgefühle binden und treten daher auch dann auf, wenn wir einander gar nichts schulden, sondern schlicht voneinander nicht lassen können. So sind auf den ersten Blick unverständliche Schuldgefühle von Opfern erklärbar. Es gibt Menschen, die nie bereit sind, Selbstverantwortung zu übernehmen, und diese sofort, wenn eine persönliche Verantwortung im Raum steht, anderen zuschreiben. Umgekehrt gibt es auch die Verantwortungsstaubsauger, die jederzeit Verantwortung und Schuld übernehmen. Beide beuten den anderen aus. Sie missbrauchen ihn und verwenden ihn für die Selbststabilisierung.

Wir beuten einander aus, weil wir nicht imstande sind, Ja zu uns selbst zu sagen. Ohne diese Selbstbestätigung können wir vermeintlich nicht überleben. Wenn wir es nicht zu uns selbst sagen oder es bedingungslos bekommen können, glauben wir, es erzwingen zu müssen. Da gibt es zwei Methoden: die, wie ich sie nenne, psychopathische, mittels der man die Umgebung zum Ja zu sich manipuliert. Das ist die Tätermethode. Die andere, von mir als neurotisch bezeichnet, macht sich vom Ja anderer abhängig, partizipiert parasitär am vermeintlichen Ja anderer. Das ist die Opfermethode. Klar ist: Es gibt nicht den Täter und das Opfer, sondern zwei Täter, die bedauerlicherweise jeweils das Opfer ihrer Selbstwerdung, ihres scheiternden Versuchs sind, sie selbst zu werden.

Worauf ich hinaus will, ist, verständlich zu machen, dass wir ohne das Ja zu uns selbst nicht beziehungsfähig sind. Begegnungen werden durch Kommunikation zu Beziehungen. Kommunikation ist Interaktion. Der Wortsinn weist auf den Handlungscharakter zwischen den Beziehungspartnern hin.

Interaktion bedeutet, dass wir gegenseitig aufeinander zu handeln, was nicht möglich ist, wenn wir nicht Ja zu uns selbst sagen können. Dieses Beziehungsmuster kennen wir alle mehr oder minder aus eigener Anschauung. Auch wenn sich die Typologie nicht immer so deutlich zeigt, bleiben doch in den meisten Beziehungen Spuren davon wirksam.

Begegnungen sind persönliche Berührungen

Es gibt viele Arten von Beziehungen. Ich habe zum Beispiel eine Beziehung zum Magistrat der Stadt, in der ich wohne. Aber außer Zahlungen, etwa bezüglich der Grundsteuer, die hin und her gehen, habe ich in der Regel mit dieser Behörde nichts zu tun. Diese Beziehung würde ich im Normalfall als unpersönlich bezeichnen. Beziehungen im Privatbereich bestehen hingegen in erster Linie nicht auf der Basis formaler, sondern persönlicher Verbindungen und fußen im Unterschied zu den formalen auf Begegnungen. Beziehungen auf der persönlichen Ebene, die formal, also unpersönlich ablaufen, sind kränkend. Ein Mensch, der uns gegenübersteht, kann nie als das Amt identifiziert werden. Ein Beamter wird von uns immer als Mensch wahrgenommen, der Beamter ist, und nie als Beamter, der auch Mensch ist.

Ertappen wir uns nicht ab und zu selbst dabei, dass wir den Menschen hinter der Funktion vergessen? Wenn ich, um bei meinem Beispiel zu bleiben, mit einem Beamten des Magistrats zu tun habe, der seinen Job rein nach vorgegebenen, formalen Kriterien abwickelt und sich nicht gleichzeitig persönlich auf mich einlässt, ist das verletzend. Warum? Weil er mich auf diese Weise zu einem Objekt der Amtshandlung macht und ich keine Verbundenheit empfinde. Diese mangelnde Verbundenheit ist für mich, für uns alle katastrophal. Bindung ist das wichtigste Grundbedürfnis des Menschen. Das rührt daher, dass wir als Kinder aufgrund der Unreife unseres Gehirns nicht alleine lebensfähig sind. Schließlich gilt unser Gehirn erst etwa mit dem 20. Lebensjahr als ausgereift.

Eigenartig, dass sich dieses Bedürfnis nach Bindung auch auf derart neutrale Beziehungen bezieht wie die von mir zu einem Beamten. Aber kaum kommen wir mit einem Menschen in persönlichen Kontakt, fühlen wir uns unbehaglich, wenn sich dieser Kontakt als unpersönlich herausstellt und wir als Objekt behandelt werden; sei es von einem Beamten, einem Kellner (oder Gast), einem Chef oder Kollegen, von einem Liebhaber, einem Elternteil, einem Kind oder einem Ehemann. Wir brauchen die persönliche Kontaktaufnahme.

Umso wichtiger die Frage, was das Unbehagen ausmacht. Mittlerweile wissen wir, dass Bindung und Freiheit zu den Grundbedürfnissen des Menschen zählen. Freiheit ist das Bedürfnis nach Selbstwirksamkeit. Dieses Unbehagen führe ich darauf zurück, dass in unpersönlichen Beziehungen manche Grundbedürfnisse missachtet werden. Es weist auf den Mangel an Bindung hin. Wir werden in einem solchen Fall augenblicklich zum gefährdeten Opfer der Welt, da Bindung für uns den Inbegriff von Schutz darstellt. Das mögen wir nicht. Allerdings passiert das so oft, dass wir uns schon fast daran gewöhnt haben. Den Unterschied macht die Zuversicht, der andere würde durch die persönliche Beziehung das Eigene mitberücksichtigen. Das ist das, was wir brauchen und wollen.

Bei formalen Beziehungen spielt das Eigene keine Rolle. Es erzeugt das Gefühl des Ausgeliefertseins, welches auch dann äußerst unangenehm ist, wenn sich alles für uns zum Guten entwickelt. In einer Firma, in der man das Gefühl hat, nur der Spielball der Oberen zu sein, entsteht selbst dann Unbehagen, wenn man toll verdient und bei der letzten Kündigungswelle, in der die sogenannte Kopfzahl reduziert wurde, nicht betroffen war.

Bindung erzeugt Selbstwirksamkeit. Psychologen sprechen hier von Kontrollüberzeugungen, die gegeben sind, wenn ich glaube, meine Welt kontrollieren, das heißt, beeinflussen zu können. Daher könnte man Kontrollüberzeugungen mit Selbstwirksamkeit gleichsetzen. Wenn wir also Bindung und folglich Selbstwirksamkeit in einer Beziehung erleben, dann entsteht in dieser Beziehung augenblicklich ein behagliches Gefühl. Man denkt sich etwa: „Das ist ein angenehmer, ein netter Mensch", und das, obwohl man erst ein paar Worte miteinander gewechselt hat.

Jede Begegnung ist ein Akt von Liebe

Seit jeher bin ich davon überzeugt, dass Begegnung das Lebenselixier schlechthin darstellt. Begegnung heilt. Nicht zu begegnen, fühlt sich schlecht an, macht letztlich krank. Im Zustand der Begegnung ist alles o. k., auch wenn nichts in Ordnung ist. Das ist etwas, was wir im Leben immer wieder erleben können. Wenn Bindung und Selbstwirksamkeit in einer Beziehung entstehen, nennt man das eine Begegnung. Eine Begegnung ist eine Interaktion, in der man sich mental austauscht. So entsteht ein Teil des anderen in mir und ich entstehe im anderen. Es ist also die Lebendigkeit, die die Begegnung ausmacht. Das Wesen des Lebens ist der Wandel, die Metamorphose. Wir sind also lebendig, wenn wir uns dem Wandel stellen, und unlebendig, wenn wir uns dem Wandel entgegenstellen.

Ich bemesse den Begegnungscharakter einer Beziehung am Ausmaß der Energie, die sie mir schenkt. In manchen Begegnungen bin ich putzmunter, durch sie kommt Leben in mich, in anderen wiederum kämpfe ich mit Langeweile und Müdigkeit. Eine Begegnung findet statt, wenn man sich dem anderen gegenüber öffnet und zwar in der Bereitschaft, ein anderer zu werden. Wer von uns hätte nicht in seinem Leben von Begegnungen zu berichten, die ihn so anrührten, dass er sich augenblicklich und anhaltend anders als bisher empfand und weiter empfindet. Wir müssen uns anrühren lassen, wenn wir dem anderen begegnen wollen.

Die Begegnungsfähigkeit entspricht der Fähigkeit, persönlich in Beziehung zu treten. Ich habe zuvor von formalen und persönlichen Beziehungen gesprochen. Leider laufen viele Beziehungen formal ab, die persönlich sein müssten. Wie schmerzlich erleben wir Partnerschaften, wenn sie zu formalen Beziehungen verkommen sind. Wie verletzend sind Erfahrungen auf Arbeitsplätzen, bei denen man sich zum kontrollierten Erfüllungsgehilfen von Konzernstrategien degradiert fühlt. Warum vermeiden wir so häufig Begegnungen in persönlichen Beziehungen und fügen damit unendliches Leid zu? Wir können uns der Begegnung und dem damit verbundenen Risiko nicht aussetzen, wenn wir uns im Grunde nicht selbst bejahen, den Wert unseres Selbst nicht anerkennen können.

Es ist eigenartig, aber dann auch wieder logisch, dass wir nur dann riskieren können, ein anderer zu werden, wenn wir uns in uns und mit uns selbst sicher fühlen. Jene, die sich unsicher fühlen, ob sie es zeigen oder nicht, können dies nicht. Stattdessen streben sie nach Bestätigung in dem, was sie zu sein glauben. Ihre Beziehungen sind von Selbstbestätigung und Rechtfertigung geprägt. Die Gespräche, die sie führen, sind Monologe in Gegenwart eines anderen, sie haben appellativen Charakter. Für das Gegenüber sind sogenannte Dialoge mit Menschen, die monologisieren, sehr anstrengend. Sie ziehen einem die Energie aus dem Leib. Wir reagieren sehr sensibel auf den Mangel an Kommunikation. Ich persönlich werde sofort müde, wenn ein Mensch so tut, als würde er mit mir sprechen, jedoch eigentlich monologisiert.

Unsere Beziehungsfähigkeit hängt also, dort wo sie sogenannte persönliche Beziehungen betrifft, an der Kunst zur

Selbstbejahung und des Wissens um den eigenen Wert. Die Beziehungsunfähigkeit ist die Folge mangelnder Selbstbejahung. Und Selbstbejahung ist Ausdruck der Liebe zu uns selbst. Können wir uns nicht selbst bejahen, retten wir uns in formale Beziehungen, um die Gefahr der Selbstdestabilisierung in Begegnungen zu vermeiden. Damit verletzen wir andere und kommen nie auf unsere Rechnung. Es ist unumgänglich, sich selbst zu lieben. Ohne Selbstliebe sind wir begegnungsunfähig und versäumen unser eigenes Leben.

Liebe ist kein Gefühl

Liebe wird landläufig als Gefühl verstanden, vielleicht sogar als „Mutter" der Gefühle. Und doch ist sie kein Gefühl. Schon seit der Antike geht man davon aus, dass es verschiedene Arten von Liebe gibt und sich etwa die Nächstenliebe von der romantischen Liebe unterscheidet. Klingt nachvollziehbar, fühlen sich die verschiedenen Liebesarten doch unterschiedlich an. Doch das, was sich unterschiedlich anfühlt, sind die Gefühlszustände. Es gibt also zweifelsohne diverse Liebesgefühlszustände. Es sind verschiedene Gefühle – man könnte sagen – aktiviert, wenn man den Zustand der Nächstenliebe oder den der romantischen Liebe in sich spürt.

Wenn ich die bedingungslose Liebe zu meinen zwei Töchtern betrachte, muss ich zugeben, dass ich sie zweifelsohne schon öfters auf den Mond schießen wollte. Alle negativen Gefühle, außer Hass, habe ich in Bezug auf die beiden schon gespürt: Angst, Wut, Verzweiflung, Ärger, Aggression. Aber trotzdem ist mir die tiefe Verbundenheit, die ich stets zu ihnen empfinde, keinesfalls abhandengekommen. Diese Verbundenheit hat sich nie vermindert, aber auch nie vermehrt, wenn ich im Gegenteil überschwängliche Gefühle spürte. Zudem ist sie immer abrufbar, egal ob ich meine Töchter in der Nähe weiß oder ob sie gerade am anderen Ende der Welt weilen.

Wir verstehen also, was die Liebe jenseits der Gefühlszustände ausmacht. Sie ist die totale Verbundenheit. Warum total? Weil sie sich durch Gefühlszustände nicht relativiert. Gefühle kommen und gehen, verstärken sich und schwächen sich ab. Kein Gefühl bleibt das, was es ist. So vergeht (leider) jede Verliebtheit, aber auch (zum Glück) jede Trauer. Die Bewegung des ständigen Gefühlsflusses ist notwendig, weil die Gefühle unseren Ist-Zustand verdeutlichen. Die Verliebtheit macht uns beispielsweise klar, dass wir jemandem (jetzt) immer nahe sein wollen. Die Trauer, dass jemand oder etwas, das ein Teil von uns gewesen war, verloren gegangen ist.

Da wir mittels unserer Gefühle wie ein Seismograf ständig Zustände beschreiben, müssen sich diese dauernd ändern. Die Gefühle sind nämlich Zustände in der Beziehung zur Welt. Und die Welt um uns befindet sich in einem ständigen Wandel. Zusätzlich haben die Gefühle noch die Aufgabe der Verarbeitung. Man verarbeitet Veränderungen. Jede Verletzung ist zuvorderst eine Veränderung, eine ungewollte Veränderung. Dabei ist es egal, ob man die Veränderung will oder nicht: Veränderung braucht Verarbeitung. Man spricht von Trauerarbeit, könnte aber gleichermaßen von Ekelarbeit oder von Freudearbeit sprechen. Daher mindern und steigern sich die Gefühlsintensitäten, außer wir halten sie quasi künstlich aufrecht.

Die Liebe aber ist ein Unterton jenseits der Gefühlstönung, der da ist – oder auch nicht. Sie sagt etwas Wesentliches über uns aus, abgesehen von unserem Zustand. Die Liebe ist das Unveränderbare am Liebesgefühl. Sie ist das Empfinden der totalen Verbundenheit. Neurobiologisch repräsentiert sie sich durch ganz andere Aktivierungen im Gehirn als jene Regungen, die wir als Gefühle wahrnehmen. Die Verliebtheit ist die Illusion der totalen Verbundenheit. Sie ist ein Gefühl. Illusionen sind flüchtig. Die Liebe ist die Wirklichkeit der totalen Verbundenheit. Sie ist ein Empfinden.

Die Liebe ist unveränderbar

Gefühle und Empfindungen führen manchmal zu Verwechslungen, die fatal sein können. Die Liebe besteht aus der Empfindung der Liebe und den sie begleitenden Gefühlen. Wenn einer einmal eine sogenannte große Liebe gehabt hat und er von dieser verlassen wurde oder dieser Mensch gestorben ist, wird der Betroffene merken, dass die totale Verbundenheit noch immer unvermindert empfindbar ist. Manchmal ist die Verbundenheit in der realen Abwesenheit sogar stärker spürbar als in der Gegenwart des Menschen, mit dem man verbunden ist. Das begründet sich darin, dass die Gefühle gewöhnlich intensiver spürbar sind, wenn der andere da ist, als wenn er weg ist, und dadurch im Falle des Daseins die Empfindungen der Verbundenheit übertönen kann.

Ich erinnere mich an den berührenden Tod meiner Großmutter. Als sie dann gestorben war, war sie präsenter denn je. Ganz besonders spürbar war dies in den Minuten und Stunden nach ihrem Tod. In dem Moment, in dem wir einen geliebten Menschen ersehnen, ist er uns näher, als wenn er tatsächlich anwesend ist. Diese Präsenz des Abwesenden wird durch den Abschiedsschmerz respektive den Liebeskummer übertönt. Jeder Abschiedsschmerz ist ein Liebeskummer, der nur das Abwesende, nicht die Präsenz des abwesenden Geliebten betont. Die vergleichsweise aufdringlichen „lauten"

Gefühle übertönen in einem solchen Fall das unaufdringliche „leise“ Verbundenheitsgefühl. Daher ist Liebeskummer nur der vermeintliche Ausdruck von Liebe. Er lässt das Eigentliche der Liebe meist gar nicht spüren. Darum ist es nicht das richtige Wort, um diesen Zustand zu beschreiben. Es müsste eigentlich Deidentifikationsschmerz heißen. Dann wüssten wir auch gleich, worum es dabei wirklich geht.

Jede Liebe besteht also aus dieser totalen Verbundenheit sowie anderen Gefühlen und fühlt sich daher anders an. Die Liebe am Liebesgefühl ist jedoch das immer gleiche Empfinden, das Unveränderbare am Liebesgefühl. Da das Verbundensein ein immenses Bedürfnis für uns Menschen darstellt, bedeutet lieben immer auch innere Ruhe, Stille im Herzen. Dieses Empfinden des Ruhigwerdens zeigt einem selbst den Unterschied zwischen anderer Attraktivität wie etwa der Sexualität, natürlich potenziell auch etwas Schönes, und Liebe. Attraktivität allein macht uns ganz im Innersten unruhig, Liebe ruhig. Liebe hat eine verblüffende Beständigkeit. Als Alltagserfahrung, werden viele Menschen widersprechen, kommt und geht die Liebe. Jene, die das behaupten, betrachten nur die Obertöne der Liebe, die Gefühle. Der Unterton hingegen ist ein faszinierend gleichbleibendes Empfinden. Es ist eine verbindliche Nähe. Gefühle haben letztlich Aufforderungscharakter, sie sind nicht nur Unruhe, sie machen auch unruhig.

Die Liebe ist bedingungslos

Freude lässt uns tanzen und lachen, Trauer bringt uns zum Weinen, Ekel bereitet uns Abscheu. Empfindungen machen uns nichts. Als Empfindungen werden hier reine Wahrnehmungen verstanden, die wir noch nicht im Sinne unseres Egos in uns selbst institutionalisiert haben. So macht auch die Liebe nichts, ermöglicht uns aber selbst zu wachsen, zu gedeihen, uns zu entwickeln. Liebe drängt nicht, wie es die Gefühle tun. Sie ist Nähe. Liebe in diesem Sinn hat etwas überraschend Gleichgültiges. Das verstehen die christlichen Theologen seit 2.000 Jahren nicht, die darüber brüten, warum ein Gott der Liebe alles Leid zulassen kann. Sie wagen es nicht, als Antwort auf diese Frage die Existenz Gottes anzuzweifeln. Sie wagen es auch nicht, das Paradigma eines Gottes der Liebe anzuzweifeln. Die Alternative dazu, die auf der Hand liegt, dass ein Liebender nicht handelt, ja nicht handeln kann, wenn er liebt, ist für sie ebenfalls undenkbar. Dabei ist es naheliegend. Ein Liebender ist jedoch weder paralysiert noch apathisch, er ist einfach bei dem, den er liebt. Aber was sollen wir dann mit unseren Bittgebeten anfangen? Sie sollen schlicht zur Verbundenheit mit der kosmischen Energie in uns dienen. Durch Bittgebete gibt es in diesem Sinne keinen Gott als Gegenüber. An diesem Beispiel kann man sehen, dass Liebe die vermeintliche Distanz ignoriert.

Ich habe einmal in einem Liebesgedicht formuliert: Wenn wir uns noch / Näher kommen können / Oder trennen / War noch nichts / Zwischen uns.

Wir wissen doch alle, dass Liebe, die nicht bedingungslos ist, keine Liebe ist. Bedingungslos und inkonsequent, so sind unsere Liebeserfahrungen. Es konnte passieren, was wollte, die Liebe im Sinne der totalen Nähe nahm keinen Schaden. Doch die Liebe ist wachsam: Sie ist ein umhüllendes Ja, das uns ermutigt, zu uns selbst Ja zu sagen und dies ist der bedeutendste Wachstumsfaktor. Er macht uns beziehungsfähig. Die Beziehungsfähigkeit lässt uns im Leben wachsen. Wachsen heißt, sich entwickeln. Und wir entwickeln uns immer nur in die eigene Größe hinein. Das heißt: Wir können nie mehr werden, als wir eigentlich sind. Darin fördert uns die Liebe. Sie ist ein Wachstumsfaktor ins Eigentliche. Sie kennt keine Konsequenz, führt aber zu einem unspezifischen Wachstumsangebot, das wir annehmen können oder nicht.

Selbstliebe ist die Empfindung der totalen Nähe zu sich selbst

Die Liebe ist eine Empfindung. Nicht die Liebe als Ganzes, in die sich immer Gefühle einfärben, sondern das Wesentliche an ihr. Und um dieses Wesentliche geht es. Wie kann man also lieben? Aktiv kann man das wohl nicht, da eine Empfindung nichts aktiv Erzeugbares ist. Wenn wir aber lernen, empfindsamer zu werden, dann werden wir lernen zu lieben. Selbstliebe bedeutet also das Empfinden der totalen Nähe zu sich selbst. Es ist augenscheinlich, dass sich viele Menschen davor fürchten, sich selbst in dieser Weise zu begegnen. – Warum eigentlich? Was macht die Bedrohung, den Schrecken aus?

Mir scheint das Problem zu sein, dass viele Menschen ein Leben führen, dass sie sich zusammengezimmert haben aus einer Idee, wie Leben sein soll. Um ein ganz banales Beispiel zu nennen: Wenn sich jemand irgendwann vorgestellt hat, dass materieller Reichtum und/oder Macht zu Sicherheit und Freiheit führen, dann ist er fortan diesem Prinzip im Leben verpflichtet. Sicherheit ist uns allen sehr, sehr wichtig. Das liegt an unserer Sehnsucht nach Bindung. Freiheit ist uns ebenfalls sehr wichtig. Das liegt an unserer Sehnsucht nach Selbstwirksamkeit. Nur Bindung erzeugt Sicherheit, nur Selbstsicherheit erzeugt Freiheit. So gehören Bindung und Selbstwirksamkeit zu den Grundbedürfnissen des Menschen und wir können nicht genug von ihnen bekommen. Auch die Anziehungskraft von Macht und Geld ist so erklärbar. Dadurch kann das Streben nach materiellem Reichtum zum lebensbestimmenden Prinzip werden. Die Handlungen, die in diesem Sinne geschehen, beruhigen auf gewisse Art und Weise, weil man glaubt, durch diese zur Befriedigung seiner Grundbedürfnisse zu kommen. Das ist jedoch das Teuflische. Die Handlung als solche nimmt ein wenig den verheißenen Effekt vorweg und man durchschaut auf diese Weise über Jahre und Jahrzehnte nicht den Selbstbetrug. Durch das Raffen materieller Güter oder durch Machtpositionen kommt es nämlich keinesfalls zum gewünschten Effekt der Befriedigung der Grundbedürfnisse. Es kommt – im besten Fall – nur dazu, dass man reich oder mächtig ist. Dieser Umstand, dass man sich nämlich um etwas gekümmert hat, um das es eigentlich nie gegangen ist, ist sehr irritierend, wenn man ihn durch wahre Nähe zu sich erkennt.

Warum fühlen wir uns aber so bedroht, wenn wir uns selbst empfinden, die totale Nähe von uns zu uns selbst spüren? Die Antwort ist: Wir können uns dem Eigentlichen in uns nicht entziehen. Wenn wir uns selbst wahrhaft berühren, sind wir irritiert, weil uns schlagartig klar wird, dass wir so nicht werden weiterleben können. Irgendwo im tiefsten Inneren zumindest hat fast jeder das Gefühl, nicht ganz richtig, vielleicht sogar falsch zu leben. Diesem Gefühl stehen wir normalerweise hilflos gegenüber. Die Hilflosigkeit ist uns aber meist lieber als die Einsicht. Sich selbst zu lieben, heißt nämlich, einsichtig zu leben. Lieben ist ein radikaler Akt, sich selbst zu lieben, der radikalste, den wir uns vorstellen können.

Lieben ist ein Anschlag auf unsere Identität, auf das, was wir uns unter uns selbst vorstellen. Identität ist die Summe unserer Vorlieben: Sie ist das Wählerische in uns, der Mantel, der unsere Angst bedeckt. Andererseits ist das Wählerische selbst die Angst. Wenn es einen Nachteil bei der Kunst, sich selbst zu lieben, gibt, dann den, dass man nicht mehr die Wahl hat. Man tut das, was einem entspricht. Es gilt also, die eigenen Ängste auszuhalten, damit sie ihre alles bestimmende Rolle verlieren. Das macht Angst. Und diese gilt es auszuhalten.

Jeder, der den Mut dazu hat, wird mit Freiheit belohnt. Freiheit bedeutet frei sein von Angst. Es ist der Zustand, in dem es kein Richtig und kein Falsch gibt, in dem wir uns selbst nicht mehr verteidigen und rechtfertigen müssen. Es ist jener Zustand, in dem wir uns quasi von der Idee, die wir von uns selbst haben, emanzipiert haben, was einer großen Entlastung gleichkommt. Freiheit hängt, wie bereits erwähnt, mit Selbstwirksamkeit zusammen. Daher streben Menschen immer nach Möglichkeiten. Dieses Streben erzeugt jedoch Unfreiheit und ist meist mit Ängsten verbunden. Die wahre Freiheit, könnte man sagen, ist die ultimative Selbstwirksamkeit, die Freiheit von Ängsten und damit die Freiheit vom Streben. Die Hinwendung zu sich selbst, die Selbstliebe, führt dazu, dass wir unserem wahren Wesen entsprechen, und fordert von uns, die bisherige Vorstellung von uns selbst zu hinterfragen. Einer der wichtigsten Philosophen des 20. Jahrhunderts, Bertrand Russell, regte an, zum Frühstück jeweils die eigene Lieblingshypothese zu verwerfen. Lieblingshypothesen sind immer Konzepte, die Fundamente des vermeintlichen eigenen Selbst darstellen. Das, was wir damit überzeichnen, sind wir aber nicht. Selbstliebe führt dazu, sich nicht mehr mit sich selbst zu verwechseln und sich ständig neu zu erfinden. Um sich selbst lieben zu können, müssen wir durch die resistente Schicht der Gefühle zum eigentlichen Empfinden von uns selbst durchdringen. Da es uns aber nicht möglich ist, dies aktiv zu tun, können wir nur dazu beitragen, dass wir beim

Auf-uns-Schauen und Für-uns-da-Sein nicht von uns selbst gestört werden. Wir können die Störenfriede in uns selbst identifizieren und daran arbeiten, sie sein zu lassen. Was sich dann ergibt, ist Liebe zu sich selbst, jene Nähe, die uns erst beziehungsfähig sowie befreit und glücklich macht.

Ermutigungen zur Selbstliebe

Wenn wir uns selbst lieben wollen, müssen wir auf uns schauen, uns selbst achten. Wenn wir uns selbst wichtig sind, dann müssen wir keine Wichtigmacher sein und können uns die sinnlose Energie ersparen, die notwendig ist, um uns wichtig zu machen. Der achtsame Blick auf uns selbst, der kontinuierlich betrachtet, nicht abschätzig, immer wertschätzend, ist das Wesentliche. Die Selbstinszenierung unserer Gefühle verhindert hingegen den klaren Blick auf uns, der gegeben sein muss, um sich selbst lieben zu können. Sie ist Ausdruck unseres Egos und kann verhindern, dass wir dem Wesentlichen unseres Lebens begegnen.

Als ich noch ein Kind war, wurde mir oft gesagt, dass Gott immer ein Auge auf mich wirft. Das wäre bedrohlich, außer man glaubt an einen radikal liebenden Gott. Von einem solchen immer wahrgenommen zu werden, so stellte ich mir vor, muss etwas Wunderschönes sein. Ansonsten würde man ja ständig bewertet werden. Ich dachte also an einen liebenden Gott, der mich behütet und beschützt, der es nur gut mit mir meint. Heute weiß ich, dass der „göttliche" Blick nur aus mir selber kommen kann. Das hat nichts mit einer Gottesvorstellung zu tun. Aber die Tatsache, dass ich mich jenseits meiner Selbstvorstellungen selbst betrachten kann, hat schon etwas Spirituelles.

Was versteht man allerdings unter Spiritualität? Sie ist die Anerkennung des Zauberhaften im Leben. Religion im traditionellen Sinne ist damit nicht gemeint. Spiritualität ist die Einsicht, dass alles, was wir erleben, in sich mehr ist als das, was es ist. Alles hat einen Zauber, wenn wir uns nur ihm gegenüber öffnen. Was wäre das Leben ohne diesen Zauber? Fahl und leer und vor allem fad. Ein Lächeln, ein Moment der Stille, ein böser Blick, ein Schmerz, ein bestimmter Moment, wann und wo auch immer – bedeuten sie nicht immer mehr als das, was sie vermeintlich sind? Es gilt dieses Mehr im Leben zu berücksichtigen. Allen voran die Liebe: Sie ermöglicht uns ein Leben, das mehr ist als zu leben. Sie eröffnet Lebendigkeit, jenen Zustand, in dem wir alles ausloten, was das Leben in jedem Moment anbietet. Daher gibt es in diesem Zustand keinen Lebenshunger. Denn der Hunger ist gestillt. Der Lebenshunger ist nichts anderes als der Mangel an Liebe. Kein Mensch wird sich mit der eigenen Lebendigkeit auseinandersetzen, wenn er von dieser erfüllt ist. Was man hat, braucht man nicht zu suchen.

Ich habe mich des Öfteren gefragt, was den auffällig unbändigen Lebenshunger mancher Menschen, denen ich begegnet bin, ausmacht, und kam zu der Überzeugung, dass diese Menschen deswegen so hungrig sind, weil sie in ihrer Lebensgier nicht genießen können, was sie bereits haben, was sie ohnehin bekommen. Sie leben nicht in der Gegenwart, sondern in der Zukunft. Gier kann nie zu Sättigung führen. Man schlingt alles in sich hinein, ohne es gekostet zu haben.

Viele von uns, vielleicht auch wir selbst, leben in einer Art Trance, die die Wahrnehmung verhindert, dass wir das Leben versäumen. Es ist nicht einfach, den Blick auf uns selbst zu wahren, aus und in der Liebe zu sich selbst zu leben sowie die ganze Zärtlichkeit und Feinfühligkeit zu sich selbst unter groben Alltagsanforderungen zu bewahren. Es braucht sehr viel Aufmerksamkeit und großen Mut, sich sich selbst wirklich zuzumuten und auszusetzen. Und nur wem das gelingt, der kann Selbstliebe empfinden. Selbstliebe braucht Mut und Ermutigung.

Deshalb werde ich im zweiten Teil dieses Buches Ermutigungen beschreiben – Ermutigungen dazu, mit sich selbst in Berührung zu bleiben, koste es, was es wolle. Denn das eigene Heil und das eigene Glück kommen ausschließlich aus der Möglichkeit der tiefen Berührung mit dem eigenen Inneren, was uns erst die Begegnung mit der Welt eröffnet. Ansonsten taumeln wir durch die Welt, vermeintlich mit dem Überleben beschäftigt. Wir wollen überleben, indem wir uns selbst rekonstruieren, indem wir uns selbst verteidigen. Wenn wir uns aber selbst ernsthaft zu lieben beginnen, dann müssen wir nicht mehr ums Überleben kämpfen, sondern werden begreifen, dass wir bereits leben. Denn wenn das Überleben endet, beginnt das Leben.

Ermutigung, auf die Exits im Leben zu verzichten

Als Psychiater werde ich oft gefragt, wann Sucht beginnt. Natürlich gibt es wissenschaftliche Kriterien, die das mehr oder minder festlegen, sie sind aber keinesfalls dazu geeignet, die Frage nach dem Beginn von Sucht zu beantworten, sondern dienen vielmehr der Kommunikation von Psychologinnen, Psychiatern, Medizinern und sonstigem Fachpersonal. Wenn die wissenschaftlich definierten Kriterien erfüllt sind, gehen die Experten davon aus, dass ein Suchtverhalten gegeben ist. Der Beginn der Sucht ist jedoch jener Moment, in dem man etwas tut, um sich selbst zu entkommen. Wenn das funktioniert und man das öfter macht, dann ist man süchtig. Man gewöhnt sich also daran, sich selbst zu entkommen. Sucht entsteht durch Vermeidung der Konfrontation mit sich selbst. Sie besteht in der Vermeidung der eigenen Realität.

Wir haben alle unsere kleineren oder größeren Exits: im Auto das Radio aufdrehen, sich ein Feierabendbier gönnen, eine Zigarettenpause, sexuelle Aktivitäten, sich bei der geistigen Arbeit eine kleine Jause gestatten, sich angesichts von Unerfreulichkeiten ein (oder zwei) Stückchen Schokolade genehmigen oder auch Außenbeziehungen in einer Ehe, sich ständig mit materiellem Unsinn überfüttern, arbeiten bis zum

Burn-out. Jeder Mensch benötigt andere Exits. Eines ist ihnen aber allen gemein: Sie verleiten uns dazu, dass wir quasi ein Doppelleben führen: eines, in dem wir uns ständig etwas vormachen, und ein anderes, in dem wir nicht anders können, als auf dem Boden der Wirklichkeit aufzuschlagen. Doppelleben sind auch immer mit einer doppelten Buchführung verbunden. Man befindet sich in der Distanz zu sich, die einmal funktioniert und dann, wenn die Energie nachlässt oder die Umstände zu drängend sind, wieder zusammenbricht. Doppelleben sind mühsam.

Ich verurteile das erfreuliche Leben nicht, ganz im Gegenteil. Jedoch ist zu bedenken: Wenn wir etwa Schokolade essen, um uns vor der Unerfreulichkeit zu retten, verpulvern wir die Schokolade zur Rettung vor der Unerfreulichkeit. Sie wird also bewusst oder unbewusst intentional zur Bewältigung einer Situation eingesetzt und kompensiert somit die Unerfreulichkeit. Wir essen die Schokolade, um uns nicht aushalten zu müssen. Und genau das ist das Problem. Die Schokolade schmeckt besser, wenn sie nicht in der Emotion der Gier gegessen wird, wenn man sie sich einfach schmecken lassen kann. Wir nehmen uns schlicht und ergreifend Lebensfreude, essen wir Schokolade, um uns unser bitteres Leben zu versüßen.

Eine dahinterstehende Absicht, wenn man sie so versteht und betrachtet, führt immer zu einer Reduktion des Genusses. Alles, was schön ist, verliert in der Beabsichtigung seinen Glanz. Freilich kommen wir im Leben nicht ohne Absichtlichkeit aus. Aber das, was sich ergibt, sollte von uns immer als Geschenk betrachtet werden. Es hat keinen Sinn, sich ständig seine Geschenke im Leben zu planen, bereiten sie doch dann keine Freude. Je reicher man ist, woran auch immer, desto notwendiger ist der Verzicht, will man nicht das Risiko einer Dauerfrustration eingehen. All jene, die es betrifft, werden das in der Regel leugnen. Sie sind in ihrem Exitsystem derart verhaftet, dass sie es nicht mehr wagen können, es infrage zu stellen.

Vielleicht ist das schwer nachvollziehbar. Das süchtige Verhalten, auch wenn es noch längst keine Sucht ist, verstellt uns den Blick auf die Empfindung von uns selbst und lässt uns abstumpfen. Daher ist süchtiges Verhalten immer lieblos und führt zu einem genusslosen Leben. Die Leere, die daraus entsteht, ist der Grund für die innere Unruhe und die Gehetztheit der Betroffenen. Sucht und Genuss stellen, auch wenn sie so nahe beieinander zu sein scheinen, geradezu Polaritäten dar.

Nachdem auch meine zweite Ehe gescheitert war, sehnte ich mich nach einer Partnerin, die mich aushält und die ich aushalten kann. Denn Liebe bedeutet, einander aushalten zu können. Wie minimalistisch, wie unromantisch das klingt, weiß ich. Und doch gilt es zu bedenken, wie schwer es ist, jemanden ohne Wenn und Aber, ohne Ausflüchte zu bejahen und in seiner Nähe zu bleiben. Dementsprechend ist es die reine Liebe zu uns selbst, uns selbst ohne Wenn und Aber auszuhalten. Dazu ist es notwendig, bei den kleinen Süchten zu beginnen und diese sein zu lassen – auch auf die Gefahr hin, dass wir uns selbst nicht aushalten könnten.

Ein kleiner Trost: Es ist alles eine Frage der Gewohnheit. Wenn wir frei von Sucht sind, müssen wir uns nicht suchen – wir finden uns. Ein Leben ohne Hintertür, ohne Exit, ist die einzige Möglichkeit, nicht vor sich selbst davonzulaufen, sondern das eigene Leben zu leben und jeden Augenblick als einen Moment der Begegnung mit sich selbst zu erfahren.

Das Maß aller Dinge wäre, wenn wir auch die großen Exits für uns versperren würden. Dazu müssten wir allerdings in unserem Leben aufräumen. Aber wie lange brauchen einige von uns, bis sie ein längst fälliges Vorhaben angehen? Und wie gut fühlt es sich an, wenn man es endlich geschafft hat?

Ermutigung zur Ordnung

„Was dahinterliegt, kann nicht mit Worten ausgedrückt werden, weil das Wort nicht die Sache ist. Bis hierher können wir beschreiben, erklären, aber keine Worte oder Erklärungen können die Tür öffnen. Was die Tür öffnen wird, ist Bewusstheit und Achtsamkeit – bewusst zu sein, wie wir sprechen, was wir sagen, wie wir gehen, was wir denken. Es ist so, als ob wir einen Raum säubern und ihn in Ordnung halten. Einen Raum sauber zu halten, ist in gewisser Hinsicht wichtig, aber in anderer Hinsicht völlig belanglos. Es muss Ordnung im Raum herrschen, aber Ordnung wird nicht die Tür oder das Fenster öffnen." Dieser flammende Appell des indischen Philosophen Jiddu Krishnamurti wird mir immer im Gedächtnis bleiben. Auch wenn er das Wort nicht direkt erwähnt, so spricht er, vermute ich, über Erleuchtung. Krishnamurtis Aussage hat mich stark beeindruckt, ist mir doch augenblicklich klar geworden, wozu Ordnung dient. Sie bereitet uns auf das Fest des Lebens vor, das wir ohne Ordnung garantiert versäumen würden. Denn wie viel Energie, letztlich Angst, stecken wir in ein ungeordnetes Leben? Wie frei könnten wir sein, wenn wir in unserem Leben für Ordnung gesorgt hätten? Dazu gehört: Verlogenheiten ausräumen, Ambivalenzen beseitigen, nicht mehr „so tun als ob", Schulden, vor allem nicht finanzielle, bereinigen und – schließlich – nicht mehr unpünktlich sein.

Das alles sollte allerdings nur so weit gehen, solange wir uns von der Ordnung unbelastet fühlen, sie sich auszahlt. Die Energie, die wir aufwenden, um Ordnung zu machen, muss immer geringer sein als die Energie, die wir durch die Unordnung verbrauchen. Manche inszenieren Ordnung als Selbstzweck und terrorisieren sich auf diese Weise und damit meist auch ihr Umfeld. Es geht um eine sinnvolle Ordnung, wie schon Sokrates meinte: „Wie viele Dinge es doch gibt, die ich nicht brauche!" Dinge anzuhäufen, die man nicht braucht, erzeugt nicht nur eine belastende Unordnung, sondern ist Ausdruck von Unordnung. Reichtum belastet, daran besteht kein Zweifel. Kaum einer kann die Kraft der Ordnung aufbringen, wenn er reich ist. Die Energie, die wir brauchen, um unsere Unordnung zu ertragen, könnten wir zum Teil dazu einsetzen, Ordnung zu halten. Dann wäre alles in bester Ordnung.

Auch der Zwängler, der seine Ordnung zum Selbstzweck erklärt hat, ist ungeordnet. Er handelt nämlich genauso wenig aus einem Ordnungsprinzip heraus, dem einzigen sinnvollen Ordnungsprinzip, das es gibt: der Liebe. Die Ordnung der Liebe und die Ordnung unseres Lebens sollten aufeinander abgestimmt sein. Sie sollten sich kongruent verhalten. Was tun wir uns also an mit unserer sinnlosen Unordnung? Mit unserer sinnlosen Ordnung, die eigentlich eine Unordnung ist? Wagen wir einen genauen Blick, werden wir merken, dass wir keine Unordnung haben, sondern ungeordnet sind, wie wir auch keine Ordnung haben, sondern geordnet sind. Die Unordnung nimmt unsere Aufmerksamkeit in Anspruch. Der geordnete Mensch muss sich innerlich nicht mehr mit dem ungeordneten Müll beschäftigen und ist daher frei, sich selbst zu begegnen. Geordnete Menschen haben die Hände frei, mit sich selbst in Berührung zu kommen. Liebe ist die Tatsache, sich berührt fühlen zu können; Selbstliebe, von sich selbst ohne Unterlass berührt zu sein. Ordentlich zu leben, bedeutet immer, sich der Ordnung der Liebe unterzuordnen. Diese Unterordnung ist das, was der eine oder andere von uns an der Ordnung nicht mag. Die Unterordnung hat den Ruf von Unfreiheit. Wir wollen aber frei sein. Welch ein Irrtum! Freiheit ist der Gewinn dessen, sich der Ordnung der Liebe unterzuordnen.

Ermutigung zur Angstfreiheit

Nichts belastet uns im Leben mehr als unsere Ängste. Sie sind der wahre Terror, für uns und unsere Umgebung. Sie verderben uns die gute Laune. Sie verhindern das unbeschwerte, reine Lebensgefühl. Jeder von uns kennt das Gefühl, von einer Angst eingenommen zu sein. Wir entkommen ihr in solchen Fällen nicht. Sie wird zum lebensbestimmenden Thema. Ob wir jetzt glauben, eine bedrohliche Krankheit zu haben, den eigenen Arbeitsplatz in Gefahr sehen oder ob wir denken, der Partner oder die Partnerin könnte uns abhandenkommen, in unserem Denken und Fühlen kreist sich alles nur mehr darum. Aber auch kleinere Ängste bestimmen solcherart unser Leben. Bedenklichkeiten, pessimistische Gedanken, Skeptizismen, Grübeleien vernebeln unser Gehirn. Zu allem Übel legitimieren wir unsere Ängste vor uns und unserem Umfeld. Wir tun so, als ob unsere Ängste einen Sinn hätten. Damit terrorisieren wir unsere Umgebung. Allerorten gibt es angstkontaminierte Plätze. Kriege und Machtspiele im Allgemeinen sind extreme derartige Orte, eigentlich sämtlich begründet in sinnlosen Ängsten.

Erstaunlich, ob dieser Diagnose, wie wenig wir für ein adäquates Angstmanagement in unserem Leben tun. Wir verwechseln uns mit unseren Ängsten und sind daher selbst die Ängste. Ich sehe in meiner Praxis immer wieder, wie meine

Patienten ihre Ängste, unter denen sie leiden, mit Zähnen und Klauen verteidigen. Sie kommen zu mir, um ihre Ängste in den Griff zu bekommen, und dann sind sie deren uneingeschränkte und mächtige Fürsprecher. Sie haben offensichtlich Angst, ihre Ängste zu verlieren.

Auch wenn die Ängste bis jetzt nicht gut weggekommen sind, so sind sie doch überlebenswichtig. Ängste sind Gefühle. Sie sagen uns und anderen, dass wir in dem, was wir zu sein glauben, in Gefahr sind. Die Todesangst ist hierfür das beste Beispiel. Wir glauben, wir sind unser Leben. Daher haben wir Angst, wenn es in Gefahr ist. Daran ist nichts Schlechtes, aber auch nichts Gutes. Es ist, wie es ist. Durch die Information über die Bedrohung, die wir durch unsere Ängste erhalten, können wir auf die Gefahr reagieren. Vielleicht erkennen wir, dass die Angst unberechtigt war. Vielleicht zeigt sich, dass wir etwas gegen die Angst tun können. Vielleicht zeigt sich aber auch, dass man trotz der Alarmierung durch die Ängste nichts tun kann, hilflos ist. Nicht jede Angst führt zu einer Möglichkeit, die Angstursache auszuschalten. Trotzdem hat damit die Angst ihre Schuldigkeit getan und ich brauche sie nicht mehr. Jetzt bin ich in meiner Wahrnehmung wieder frei und kann mich dem Leben widmen. Es ist dieses unbändige Gefühl von Freiheit, das wir erleben können, wenn wir angstfrei sind. Wir glauben ja landläufig, dass Freiheit dann entsteht, wenn uns alle Möglichkeiten offen stehen. Irgendwie stimmt das ja auch. Aber Gelegenheiten erzeugen Ambivalenzen und diese schränken ein. Außerdem kostet es meist viel Energie, sich die Möglichkeiten zu eröffnen. Dies macht wiederum Angst, weil wir uns fürchten, die Energie einmal nicht mehr zur Verfügung zu haben. Denn dann gäbe es keine Optionen mehr. Der Gedanke ist per se unfrei. Freiheit ist also primär nicht in den Möglichkeiten begründet, die wir haben, sondern besteht in der Angstlosigkeit. Freiheit ist Freiheit von Angst. Nur dann sind wir frei, unsere Möglichkeiten zu nutzen.

Wenn wir uns selbst lieben, sollten wir autonom unsere Grundbedürfnisse befriedigen. Wir sollten uns frei machen, sonst leben wir auf Kosten der anderen und müssen sie dazu missbrauchen, uns zu Diensten zu sein. In diesem Fall heißt das, dass wir unsere Freiheit auf Kosten der Freiheit anderer in Anspruch nehmen. Wir erfüllen unsere Bedürfnisse und nehmen Verletzungen anderer in Kauf. Das klingt nicht gut. Wir versklaven unsere Mitmenschen, um unsere Ängste auszuhalten.

Die Ängste hätten, rein theoretisch, aber auch noch einen anderen Vorteil. Sie können uns immer die eigene Oberfläche zeigen, gleichsam wo wir anfangen und der andere aufhört, und wo der andere anfängt und wir aufhören. Sie sind Grenzposten unseres Selbst. Daher ist es so wichtig, angstkompetent zu sein. Diejenigen, die das nicht sind, sind unsensibel und kommen mit der Welt nicht in Berührung. Wir haben eine Oberfläche. Körperlich ist es unsere Haut, psychisch unsere Identität, bestehend aus der Vielfalt unserer bewussten und unbewussten Identifikationen. An dieser Oberfläche passiert Begegnung und Verletzung. Im Gehirn gibt es einen gemeinsamen Wächter dafür, den Mandelkern. Er gilt als das Zentrum der primären Ängste, jener Ängste, die im Unbewussten bleiben. Dieser Gehirnkern ist aktiviert, wenn an der Oberfläche etwas Überraschendes passiert.

Aus diesem Grund brauchen wir unsere Ängste, ohne dass wir dieses Gefühl als Angst wahrnehmen müssen, um der Welt zu begegnen. Die Feinfühligkeit ist ein Kind der Angst. Daher ist es besonders für feinfühlige Menschen wichtig, nicht Opfer ihrer mangelnden Angstkompetenz zu werden. Gerade diese Personen sollten intensiv daran arbeiten, nicht selbst von den eigenen Ängsten terrorisiert zu werden. Die Ängste neigen jedoch dazu, sich zu verselbstständigen. Solche kann man auch als vorsorgliche Ängste bezeichnen. Sie entstehen, wenn man Gefahren ausgesetzt war, aber auch aufgrund von Vorbildern und, wie man heute weiß, durch Vererbung. Verselbstständigte Ängste entstehen auch dadurch, dass man trotz der Angst nichts machen kann, dass man also hilflos ist und war. Sie sind nicht nur sinnlos und eine große Last, sie führen auch dazu, dass wir unser Leben versäumen. Diese Ängste beziehen sich ausschließlich auf Vergangenheit und Zukunft, während die gesunden Ängste die Gegenwart betreffen. Erstere referieren auf theoretische Konstrukte, die uns bestimmen, während Letztere ein Resultat von unmittelbarer Wahrnehmung sind.

Die vorsorglichen Ängste beamen uns also ständig von der Gegenwart in andere Zeiten. Aber wie schon Buddha bemerkt haben soll, ist die Gegenwart die einzige Zeit, dem Leben zu begegnen. Die Vergangenheit ist schon vergangen, die Zukunft hat noch nicht begonnen, der gegenwärtige Moment ist die einzige Möglichkeit, präsent zu sein, dem die ungeteilte Aufmerksamkeit zu schenken, was einem jetzt gegenübersteht. Diese verselbstständigten vorsorglichen Terrorängste in uns führen aus Gründen der Hilflosigkeit zu einem großen Vermeidungsverhalten. Vermeidung heißt immer, Abstand von der Welt zu halten. Vermeidung heißt aber auch, sich selbst zu vermeiden. Daher ist die Verbundenheit mit sich selbst mit solchen Ängsten nicht kompatibel. Sich selbst zu lieben und sich zu vermeiden, ist unmöglich. Ängste verhindern die Liebe, zu anderen und zu sich selbst.

Mag sein, werden Sie nun sagen. Aber was hilft mir dieses Wissen jetzt? Nun, zunächst ist klar, wie sinnlos ein Großteil unserer Ängste ist. Wir brauchen also nicht weiter stolz auf sie zu sein oder sie zu rechtfertigen. Sonst ist die Umformulierung der eigenen Persönlichkeit von einer ängstlichen zu einer selbstliebenden ein langer Prozess, weil wir uns daran gewöhnt haben, uns als der zu sehen, der wir geworden sind: ein ängstlicher Mensch.

Also was kann man tun? Erstens: sich Bindungen suchen, die halten. Bindungen, die halten, sind nämlich Bindungen, die einen halten. Wir brauchen Bindungen, die uns das uneingeschränkte Ja vermitteln. Zweitens: sich ein freudvolles Leben gönnen. Denn die Freude übermalt die Angst. Und drittens: sich den Ängsten stellen. Aber das ist erst dann sinnvoll, wenn man bei den ersten beiden Aufgaben weitergekommen ist. Möglicherweise braucht man zu Letzterem jemanden, der einen begleitet. Auf jeden Fall muss man sich Zeit lassen. Am Anfang des Prozesses wird man subjektiv gesehen vielleicht sogar ängstlicher, weil man sich seiner Ängste gewahr wird. Es ist aber keine Frage: Mit den terrorisierenden vorsorglichen, verselbstständigten Ängsten mit ihrer Vermeidungsstruktur im Gepäck ist die Liebe zu einem selbst eine Fiktion. Die Angst steht zwischen mir und mir. Wenn wir uns lieben wollen, müssen wir daher danach streben, mit unserer Angst zurechtzukommen.

Ermutigung zum Alleinsein

Nicht allein sein zu können, ist ein starker Hinweis, sich selbst nicht lieben zu können. Umso wichtiger ist es, das Alleinsein zu üben, nicht zuletzt auch deshalb, weil wir die Neigung haben, uns nur über andere zu definieren. Dadurch begeben wir uns in eine Abhängigkeit, die uns zu Aggressoren in Beziehungen macht. Da wir allein – vermeintlich oder real – nicht lebensfähig sind, wollen wir die anderen, meist unsere Nächsten, die „Liebsten", unterwerfen, um sie sicher zur Verfügung zu haben. Das kann man in Liebesbeziehungen, in Eltern-Kind-Beziehungen, in Freundschaftsbeziehungen und sogar in beruflichen Beziehungen beobachten. Wir neigen dazu, den anderen abhängig zu machen, um unsere eigene Abhängigkeit zu maskieren. Daher ist es unumgänglich, sich nolens volens mit der eigenen Einsamkeit zu konfrontieren, das Gespenst der Einsamkeit zu vertreiben und zu einem Zustand der Verbundenheit zu gelangen, unabhängig davon, ob wir gerade allein oder mit irgendjemandem zusammen sind. Die Verbundenheit ist der Schlüssel für das Ruhen in sich.

Vielleicht ist es an dieser Stelle wichtig zu differenzieren, was man unter Alleinsein und unter Einsamsein versteht. Allein ist man, wenn niemand da ist, wenn körperlich niemand anwesend ist. Einsamkeit bezieht sich auf das Gefühl der Bindungslosigkeit, ein extrem bedrohlicher Zustand. Einsamkeit ist eine der größten vorstellbaren Ängste. Allein zu sein ist nicht weiter schlimm, es kann sogar sehr wohltuend sein, wenn wir das Gefühl haben, jetzt wirklich Zeit für uns zu haben. Einsam sein kann man auch in Gesellschaft von anderen Menschen. Jede Heimweherfahrung ist eine solche Einsamkeit. Heimweh ist die Seekrankheit der Seele. Wie schrecklich ist dieses Gefühl der totalen Ausgesetztheit unter Menschen, die für einen die falschen sind. Man glaubt, sterben zu müssen. Der Liebeskummer ist ein ähnliches Gefühl. Er ist das unerträgliche Heimweh nach einem Menschen.

Wie einsam kann man in einer Paarbeziehung sein, wenn sich die Herzen nicht mehr aneinander anlehnen können, weil zu viel zwischen ihnen steht? Die Hingewandtheit, in der man nicht beantwortet wird, ist das, was uns so einsam machen kann. Alleinsein ist dann schlimm, wenn man ein Mensch ist, der sich im Leben nicht sicher gebunden weiß, also a priori einsam ist. In solchen Fällen gilt: Allein sein ist einsam sein.

Zugegeben: Mir fiel das Alleinsein ursprünglich alles andere als leicht. Dies hat, wenn ich meine eigene Biografie richtig verstehe, mit traumatisierenden Einsamkeitserfahrungen in meiner frühesten Kindheit zu tun. Aber was nützte, was nützt mir die Erklärung, das Verständnis für die Ursache? Nichts? Nein. Unter gewissen Umständen ergibt es durchaus Sinn, die Ursache von psychischen, sagen wir, Eigenarten in den biografischen Kontext zu stellen. Insofern bin ich oft skeptisch, wenn ich den Eindruck gewinne, dass Psychotherapeuten einfach so in der Biografie ihrer Klienten herumwühlen. Vielleicht nutzt es dann etwas, wenn man sich total sicher ist, was der Erlebens- und Handlungsraum eines psychischen Phänomens ist. Wenn ich also total verstehe, um bei meinem Beispiel zu bleiben, was Einsamkeit als Erleben für mich bedeutet, ebenso was es als Handlung für mich bedeutet, dann kann ich mich fragen, woher sie kommt. Dann wird meine Biografie möglicherweise noch ein besonderes Licht auf mich werfen. Ansonsten entsteht ein Pseudoverständnis, das die Heilung verzögert oder möglicherweise verhindert. Wenn also klar ist, worum es bei einer psychischen Angelegenheit geht, kann man in der Vergangenheit forschen. Denn nur dann ist gewährleistet, dass die Geschichte, die man sich von sich selbst erzählt, wirklich etwas mit dem zu tun hat, was jetzt passiert, und dass sie zu einem starken Mitgefühl mit einem selbst führt. Das ist wichtig. Mit sich selbst Mitgefühl zu haben, ist nämlich vor allem dann nicht leicht, wenn man es am meisten benötigt: wenn es einem schlecht geht. Ich meine hier nicht das Selbstmitleid, sondern das Mitgefühl.

Wenn einer Mitgefühl mit einem anderen hat, dann fühlt sich dieser begleitet. Wir müssen also lernen, uns ein treuer Begleiter zu sein. Das Mitgefühl mit sich selbst ist ein gutes Hausmittel gegen die Einsamkeit. Wenn niemand da ist, das verspreche ich mir, dann werde ich für mich da sein und für mich sorgen. Es geht also darum, Einsamkeit als Phänomen des Erlebens bei sich zu begreifen. Vielleicht werde ich erkennen, dass ich auch dann einsam bin, wenn ich gar nicht vermute, einsam zu sein. Vielleicht werde ich zur Einsicht gelangen, dass ich mittels der vielen Methoden, mit denen ich der Einsamkeit zu entrinnen versuche, ihr gar nicht entrinnen kann. Oder vielleicht werde ich bezüglich der Handlung realisieren, wie einsam ich in Beziehungen bin, obwohl sie in meinem Leben zur Verfügung stehen. Vielleicht werde ich verstehen, was ich tue, um die Begegnungslosigkeit in meinen Beziehungen aufrechtzuerhalten, um nur ja die Einsamkeit zu bewahren. So könnte es sein. Es könnte aber auch ganz anders sein. Das waren nur Beispiele.

Es gibt Menschen, die sehr unter ihrer Einsamkeit leiden. Viele, seitdem sie denken können. Erstaunlicherweise geraten sie nach wie vor bei diesem Gefühl in Panik. Oft sind sie auf die eine oder andere Weise auf der Flucht, meist fliehen sie in Süchte. Erstaunlich finde ich das deshalb, weil sich ja gerade diese Menschen bewiesen haben, dass sie das Einsamsein aushalten. Manchmal ist es nützlich, sich das vor Augen zu halten. Überdies ist man blind vor Einsamkeit. Dieser Zustand führt dazu, dass man die Verbundenheit mit dem Leben – mit der Natur, mit Menschen, die nicht notwendigerweise in unserer Nähe sein müssen, um dies zu spüren, mit der kosmischen Wirklichkeit – nicht mehr sehen kann. Wenn man einsam ist, gilt es also, die Augen zu öffnen. Das ist nicht leicht und braucht Mut.

Solcherart können wir ebenfalls die tiefe Verbundenheit mit uns selbst entdecken. Denn: Wer sich selbst liebt, kann nie mehr einsam sein. Liebe ist, wie bereits erwähnt, die totale Verbundenheit. Diese Verbundenheit zu spüren, ermöglicht, das Alleinsein zu üben. Man könnte auch versuchen, sich seiner Einsamkeit in ganz alltäglichen Situationen im Beisein von anderen bewusst zu werden. So lernt man langsam, dass es keinen Grund zur Panik gibt, auch keinen Grund zur Angst. Denn wir sind auch dann beschützt, wenn sich uns niemand zuwendet. Jeder Moment, den wir wirklich alleine verbringen, ist ein wertvoller Moment. All Ein. Alles ist eines, die Verbundenheit! Wo können wir sie besser erleben als beim Alleinsein? Und schaffen wir es, beim Alleinsein nicht einsam zu sein, dann haben wir möglicherweise die Verbundenheit internalisiert. Wir haben einen innigen Kontakt zu uns selbst gefunden.

Ermutigung, unserem Körper zu entsprechen

Wir theoretisieren über uns. Das zeigt sich in dem „ich sollte" im Unterschied zu dem „ich spüre". Auffällig ist das im Umgang mit unseren körperlichen Bedürfnissen: Essen, Trinken, Schlafen, Bewegung. Wenn jemand in der Kindheit die Liebe seiner Mutter nur durch Aufessen des Aufgetischten erreichen konnte, dann isst er vielleicht sein Leben lang auf, ohne sich des fundamentalen Irrtums bewusst werden zu können. Er hat geglaubt, er könne durch Aufessen eine sichere Bindung zur Mutter erreichen. Später drückt sich unbewusst sein Bedürfnis nach Bindung durch seine Fresssucht aus. Kein Wunder, dass dabei keine Diät hilft. Das Problem, das er hat, ist diabolisch verschlüsselt. Man nennt das Externalisierung eines internalisierten Bedürfnisses.

Wir verankern dabei die Motivation zu etwas wie dem Essen von unserem Gespür, also von innen nach außen, in dem Fall auf die Zuneigung anderer Menschen. Wir hoffen mit unserem Essen, die Zuneigung anderer Menschen zu erreichen, die vielleicht gar nicht mehr in unserem Leben präsent sind. Die Erfüllung körperlicher Bedürfnisse kann, und das ist das Wesentliche, immer für etwas anderes stehen als dafür, worum es eigentlich geht: nämlich sich selbst fürsorglich zu erhalten, um die Lebensgrundlage für sich selbst zu schaffen. Wenn wir diesbezüglich nicht achtsam sind, verwahrlosen wir. Wir verwahrlosen, weil wir uns nicht wahrnehmen wollen. Wir wollen uns nicht wahrnehmen, weil wir uns vermeintlich nicht ertragen können mit all unseren Ängsten und Verbitterungen und weil wir sonst mit Bedürfnissen von uns in Berührung kommen könnten, die wir ausblenden. Wir wollen uns nicht wahrnehmen, weil wir dann vielleicht nicht so weiterleben könnten wie bisher. Und das bereitet uns Unbehagen.

So kommt uns etwas sehr Privates wie die eigene Ernährung abhanden und wird zu etwas Fremdem in uns. Nicht selten ist einer ausschließlich deshalb so dick oder so dünn, wie er ist. Da kann man nur rufen: Holen wir uns das Gespür und damit die Hoheit über unsere körperlichen Bedürfnisse und damit über unseren Körper zurück! Versuchen wir nicht dick oder dünn zu sein, weniger oder mehr zu trinken, wovon auch immer, uns mehr oder weniger zu bewegen, genug oder zu wenig zu schlafen, sondern versuchen wir, im Einklang mit uns zu essen, zu trinken, zu schlafen und uns zu bewegen. Das hört sich leicht an, ist aber in der Tat viel schwerer, als sich etwas vorzunehmen. Sich etwas vornehmen ist meist ein Kind des Theoretisierens. In unmittelbarer Berührung mit sich selbst zu handeln, ist eine unmittelbare Folge von Selbstliebe. Besser gesagt, ist das Handeln aus unmittelbarer Berührtheit mit sich Selbstliebe. Berührung mit sich, die darauffolgende Handlung und Selbstliebe sind eins. Das Theoretisieren soll uns Sicherheit vermitteln, das In-sich-Hineinspüren verunsichert, vor allem, wenn man es nicht gewohnt ist. In Wahrheit ist es, ohne dass wir es verstehen würden, umgekehrt: Das Theoretisieren verunsichert, und das Spüren von sich selbst bedeutet Sicherheit.

Viele, die damit beginnen, sich selbst spüren zu wollen, stoßen auf ihre Ängste und verwechseln sich selbst damit. Hier sind die sich verselbstständigt habenden Ängste gemeint. Sie sind eine große Gefahr. Nicht alles, was sich so anfühlt, als wären wir es selbst, sind wir selbst. Wir sind zwar vermeintlich unsere Ängste, aber sie sind nur eine Fiktion, eine lieb gewordene Gewohnheit. Wie kann man das dann unterscheiden? Im Zweifelsfall ist der leise innere Ton der richtigere. Hören wir auf unsere Intuition. Sie ist eine leise innere Stimme in uns, die sich von den lauten aufdringlichen Gefühlen in uns unterscheidet. Die Geister der Ängste nicht handlungsbestimmend werden zu lassen, bleibt trotzdem ein ganzes Leben lang eine Herausforderung.

In letzter Zeit habe ich bei Managementtrainings Menschen getroffen, die im Begriff sind, auf der Karriereleiter zügig hinaufzusteigen. Das ist gut so. Es ist gut, wenn begabte Menschen etwas aus sich machen. Was mir allerdings immer wieder auffällt, ist der leere Blick, den viele von ihnen haben. Der leere Blick ist ein Zeichen der Erschöpfung des Geistes. Die Augen sind der einzige Ort im Körper, an dem das Gehirn zum Vorschein kommt. Diese Menschen haben alles ihrer Karrierevorstellung untergeordnet und daher wenig Kontakt zu ihrem Körper. Dieser ist versklavt. Sie gehen ins Fitnessstudio und schinden den geschundenen Körper, damit sie auch vom Aussehen her mithalten können. Entseelte Körper sind das. Eine derartige Entfremdung ist extrem, aber nicht so selten anzutreffen. Solche Körper sind nur insofern attraktiv, als dass Sexualität fetischistisch funktioniert. Wenn die sexuelle Gier in uns etwas sieht, was ihren Vorstellungen entspricht, springt sie an. Dieser Umstand täuscht bei solchen Menschen über den Mangel an Schönheit hinweg. Schönheit entsteht aus dem Durchdringen des Authentischen.

Der Schlaf dient in erster Linie der Erholung des Gehirns. So erleben wir alle, wenn wir müde sind, wie unser Gehirn träge wird und der Geist matt. Dann sollten wir uns wie eine fürsorgliche Mutter zur Ruhe motivieren. Es ist ein schönes Gefühl, wenn wir zu unserem Körper ein tief freundschaftliches Verhältnis haben, ein Treueverhältnis. Wir dürfen es wagen, uns selbst zu spüren.

Natürlich ist es notwendig, sich immer wieder zu übergehen. Schonung hat ja nur dann einen Sinn, wenn wir uns vorher herausgefordert haben. Wir sollten also sowohl ein klares Ja zur Überforderung als auch zur Schonung sprechen können. Der französische Philosoph Maurice Merleau-Ponty vertrat die Ansicht, dass uns unser Körper gleichermaßen Subjekt und Objekt ist. Wir haben einen Körper und wir sind er. Manchmal mehr das eine, dann wieder mehr das andere. Wir werden uns nur dann gerecht, wenn wir im dialektischen Sinne zur Subjekthaftigkeit und zur Objekthaftigkeit unseres Körpers gleichermaßen, quasi gleichzeitig Zugang haben. Dann entsprechen wir uns.

Ermutigung zur Erotik des Lebens

Die Welt ist sexualisiert. Daran besteht kein Zweifel. Und niemand kann sich entziehen. Es ist wichtig, sich angesichts dieser übermächtigen Sexualmarketingmaschinerie seine eigene Sexualität wieder zurückzuholen. Wir haben Sex – guten, schlechten, zu viel, zu wenig, abwechslungsreichen, monotonen, was auch immer. Es ist aber leider nie besonders befriedigend, Sex zu haben. Alles, was wir haben, ist zugleich eine Belastung. Sein kann befriedigen, haben nie. Wenn wir Sex – nur – haben, können wir davon nie genug bekommen. Das liegt in der Natur der Sache. Genug bekommen können wir nur, wenn wir auch einmal genug haben können.

Die übermächtige Sexualmarketingmaschinerie hat die übermächtige Sexualmoralmaschinerie abgelöst. Beide zwängen sich in unser Privatleben. Dort haben sie aber nichts verloren. Nur wir selbst sind für unser Sexualleben verantwortlich, sonst niemand. Für Fremdbestimmtheit gibt es hier keinen Platz – außer wir räumen ihn ein. Erstrebenswert ist es, statt Sex zu haben, sexuell zu sein, also in Verbundenheit mit sich selbst als Subjekt sexuell zu empfinden, zu fühlen, zu denken und zu handeln. Sexualität ist wie Hunger oder andere körperliche Bedürfnisse nichts Äußeres, sondern kommt aus dem Inneren. Sie ist ein Teil der Antwort einer ganzheitlichen Bejahung von uns selbst. Trotzdem ist das Ganze nicht leicht zu verstehen. Es geht um die eigene Wahrnehmung: Bin ich mir Objekt der Lust oder bin ich lustvoll? Nur wenn wir lustvoll sind, können wir die Sinnlichkeit der Sexualität voll auskosten. Sexualität beginnt, wenn einen etwas sinnlich anzieht.

Das hat aber noch nichts mit Sexualität im engeren Sinne zu tun. Das ist Erotik. Sie schenkt uns Lebenssinn. Alles sehnt sich implizit nach Verbundenheit. Unser Leben verlebendigt sich durch Erotik. Daher ist ein Mangel an Erotik immer eine Verarmung des Lebendigen in uns. Es gibt die Erotik der Bewegung, des Lebensstils, eine Erotik des Führens, eine der Sprache, eine Erotik des Betrachtens und eine der Kunst. Erotik durchzieht, wenn wir sie beachten, unser ganzes Leben. Sie dankt der Beachtung durch Verlebendigung.

Sexualität ist ein Kommunikationsmittel, das meistens Lust bereitet. Wenn man keinen Sexualpartner hat und sich danach sehnt, ist man einsam. Kommunikation ist am schönsten, wenn sie gepflegt ist, sie sollte aber auch gepflegt werden. Gegen diese Form der Einsamkeit hilft auch kaum Sexualität mit sich selber.

Das Schönste am Sex ist das Empfinden der totalen Verbundenheit, nicht nur mit dem Sexualpartner, sondern mit der ganzen Welt, nicht zuletzt mit sich selbst. Beim Sex geht einem in der Regel, die Ausnahmen kennt, nichts ab. Es sind alle Bedürfnisse erfüllt. Darum kann Sex süchtig machen. Wenn man aber Sex süchtig betreibt, dann vermeidet man die Begegnung mit sich selbst. Das ist kontraproduktiv, da die Begegnung mit sich selbst der Ort der Befriedigung ist. Aus diesem Grund ist süchtiger Sex unbefriedigend.

Es wird viel über den Zölibat gelästert, der eine freiwillige Sexualvermeidung darstellt. Es ist natürlich ein heroisches Versprechen, wenn ein junger Mann ein Leben lang ohne bilaterale Sexualität leben will. Ungeachtet dessen gibt es das in allen religiösen Traditionen, so lange man in der Geschichte zurückblicken kann. Andererseits erlebe ich tagtäglich, welche Opfer Menschen bringen, nur um sexuellen Verheißungen zu folgen. Sie lösen ihre Familien auf, bringen sich um ihr Vermögen, verzichten auf verbindliche Beziehungen. Ist es das wert? Wir sollten, egal ob Mann oder Frau, darauf achten, nicht Opfer unserer eigenen Sexualität zu werden, sondern sie so zu kontrollieren, dass sie uns zum Segen und zur Freude gereicht. Das bedeutet zwar manchmal Verzicht, aber der Verzicht ist ja die Mutter des Genusses.

Sexualität ist in manchen Leben, in die ich Einblick erhalte, eine Kompensation der sonstigen Unlebendigkeiten. Es ist klar, dass der Verzicht auf Sexualität nicht gelingen kann, wenn er die einzige Möglichkeit der eigenen Verlebendigung darstellt. Wir dürfen nichts der Sexualität opfern, nicht im Verzicht und nicht in der Gier, damit wir nicht auf diese Weise das Opfer unserer eigenen Sexualität werden. Es ist verblüffend, wie sich der den eigenen Sexualtrieb bekämpfende Asket und der nimmersatte Don Juan bezüglich ihrer Distanz zu sich selbst ähneln. Beide sind sich selbst Feind, wissen es aber nicht. Sie glauben, sich im Gegenteil selbst zu verwirklichen.

Ermutigung zur Selbstverantwortung

Als ich ein junger Mann war, habe ich etwas sehr Seltsames an mir beobachtet. Ich habe damals mit einem Freund ausgemacht, miteinander einen Berg zu besteigen. Der Zeitpunkt wurde vereinbart. Doch je näher unsere Wanderung rückte, desto mehr wurde sie mir zur Pflicht. Es schien mir zusehends, dass nicht ich den Termin vereinbart hätte, sondern mir die Tatsache der Wanderung aufgezwungen worden wäre. Natürlich wusste ich, dass ich die Wanderung selber wollte. Sie war mir aus zeitlicher Entfernung Freude; nun in zeitlicher Nähe wurde sie zur lästigen Pflicht. Dieses Gefühl werde ich nie vergessen. Gewissermaßen überkam mich ein Schrecken, als ich verstand, dass das, was ich selbst vereinbart hatte, nichts mit mir zu tun hatte. Ich kenne das Gefühl in abgeminderter Weise bis heute. Ich könnte gerne darauf verzichten.

Später analysierte ich die Situation für mich selber. Ich kam zu dem Schluss, damals sicherlich nicht selbstverantwortlich gedacht, gefühlt, gehandelt zu haben. Ich habe meine Vereinbarung nicht in Tuchfühlung mit mir, sondern irgendwie theoretisierend über das, was ich vermeintlich wollte, geschlossen. Selbstverantwortung setzt die Berührung mit sich selbst voraus. Zum Zeitpunkt der Vereinbarung fehlte mir die Nähe zu mir. Wer glaubt, er könnte seine Verantwortlichkeiten ohne

Nähe zum Verantworteten tragen, der irrt. Das gilt natürlich auch für uns selbst – aber auch für Führungskräfte in der Wirtschaft oder Politiker.

Der gestresste, moderne Manager etwa steht nicht zu seinem Lebensstil. Er stellt sich und anderen sein Leben so dar, als ob er der Mühsal seines Lebens nicht entkommen könnte und ihm sein Berufsleben weder Freude bereiten, noch er den Job freiwillig machen würde. Ich bin im Stress, lautet die Zauberformel. Er übernimmt auf diese Weise keine Selbstverantwortung, inszeniert sich als Opfer seines eigenen Lebens und will aber, sonderbarerweise, Verantwortung für andere übernehmen. Das ist grotesk und paradox. Wir wollen einerseits über unser Leben selbst bestimmen und neigen andererseits dazu, Selbstverantwortung zu vermeiden. Keine Verantwortung für sich selbst zu übernehmen, bedeutet immer, sich von sich selbst zu distanzieren, womit Selbstbestimmung nicht mehr gegeben sein kann. Die meisten Menschen helfen sich in einem solchen Fall – unbewusst – damit, dass sie sich in Verantwortungsbereiche von anderen einmischen, die sie nichts angehen.

Um zu verstehen, was Selbstverantwortung ist, müssen wir uns fragen, was verantwortlich sein bedeutet. Alexander Lowen, ein Guru der sogenannten körperorientierten Psychotherapie, war es, der den schönen Satz formuliert hat: „Verantwortung heißt, in Liebe zu antworten." Im Wort Verantwortung steckt das Wort Antwort. In Liebe zu antworten, ist ja fast ein Pleonasmus. Die Antwort ist Teil des Beziehungsgeschehens und nicht denkbar ohne Begegnung. Psychologisch gesehen sind Antworten immer ein Ausdruck von Verbundenheit, also von Liebe. Verantwortung tragen kann man daher nur in Liebe. Nur die totale Verbundenheit ermöglicht einem die richtige Antwort auf den anderen, auf die Welt. Diese ist die Grundlage von Verantwortung. So gesehen ist Liebesfähigkeit die Grundlage für die

Fähigkeit, ein guter Manager zu sein. Der typische ausbeuterische Manager entlarvt sich solchermaßen als Selbstausbeuter, dem es basal an Liebe zu sich selbst mangelt. Klassischerweise trägt er die Larve des Narzissten.

Selbstverantwortung heißt also, sich selbst zu antworten. Dazu muss man sich spüren. Dies gelingt nur, wenn man es wagt, alle Botschaften, die man sich selbst vermittelt, willkommen zu heißen. Man muss lernen, sich selbst richtig zuzuhören. Das mögen viele nicht. Wir hören uns selbst meist nur dann zu, wenn wir uns das berichten, was wir hören wollen. Anderen zuzuhören, scheitert meistens an der Unfähigkeit, sich selbst zuzuhören. Wer nicht bei sich übt, wird das auch bei anderen nicht können. Und am wichtigsten ist, auch das hören zu können, was nicht den eigenen Schemata entspricht. Das macht die Kunst des Zuhörens aus, nämlich ebenfalls das hören und ertragen zu können, was in uns eine Dissonanz erzeugt.

Selbstverantwortung heißt also, sich sich selbst auszusetzen. Dazu gehört Mut. Denn das wahre Selbst in uns ist uns einigermaßen fremd. Im Grunde genommen sind wir uns selbst fremd. Ist das nicht seltsam? Das würde bedeuten, dass wir uns selbst nicht vertraut wären. Und doch ist es so. Wir sind nur jenem Teil in uns vertraut, der unser Ego darstellt. Das Ego ist die Konstruktion, die wir von uns selbst in uns haben. Wir können uns nur dann entsprechen, wenn wir uns dem Eigentlichen in uns, das uns fremd erscheint, stellen. Das Eigentliche ist uns fremd, weil wir dazu neigen, nur das gelten zu lassen, was unserem Selbstkonzept entspricht. Dadurch leben wir aber an uns selbst vorbei. Selbstverantwortung hat daher mit Durchlässigkeit zu tun. Durchlässigkeit meint, sich nicht zu dicht zu machen gegenüber Wahrnehmungen, die uns nicht passen, obwohl sie zu uns passen. Der selbstverantwortliche Mensch ist durchlässig.

Ermutigung zur Vergegenwärtigung

Je länger man lebt, desto mehr Vergangenheit sammelt sich an. Die Vergangenheit ist das Podest, auf dem die Gegenwart ruht, die in die Zukunft hineinreicht. Die Vergangenheit ist Erinnerung. Erinnerung ist eine Vorstellung. Auch Zukunft ist eine Vorstellung. Nur Gegenwart ist keine Vorstellung. Gegenwart ist die Wahrnehmung dessen, was ist. Oder mit den Worten Thích Nhât Hanhs: „Die Vergangenheit ist bereits vergangen, die Zukunft liegt nicht in unserer Hand. – Unsere Verabredung mit dem Leben findet immer im gegenwärtigen Augenblick statt. Und der Treffpunkt unserer Verabredung ist genau da, wo wir uns gerade befinden." Wie recht er damit hat. Wenn man sich zu sehr mit der Vergangenheit oder der Zukunft beschäftigt, dann kann es passieren, dass wir das, was jetzt geschieht, übersehen oder überhören. Wenn mich beispielsweise ein Konflikt vom Arbeitsplatz auch im Privaten nicht loslässt, wenn ich die Pläne für ein neues faszinierendes Projekt mit mir durch die Welt trage, dann kann es sein, dass ich übersehe, wie traurig mein Partner ist, wie grün der eine Baum vor meinem Fenster gerade jetzt im Frühling ist oder wie sehr ich mich nach Ruhe sehne.

Ich frage manchmal meine Patientinnen, meine Patienten halb im Spaß, wer denn der wichtigste Mensch in ihrem oder seinem Leben wäre. Für gewöhnlich bekomme ich die Antwort, es wären die Kinder, Eltern, Partner, je nachdem. Darauf erwidere ich mit einem Augenzwinkern: „Ich bin enttäuscht. Ich hätte gehofft, ich wäre es." Denn außer mir und ihr oder ihm wäre sonst ja gar niemand im Raum. Präsent sein heißt, die Hände frei zu haben für das, was ist. Dazu muss man die Vergangenheit und die Zukunft einmal bleiben lassen können. Leichter gesagt als getan. Jedoch stimmt zweifelsohne: Wer sich ständig die Vergangenheit oder die Zukunft vergegenwärtigt, hat für die Wahrnehmung des Jetzt keinen Platz.

Ich versuche es noch einmal, in leichter Abwandlung zu Thích Nhât Hanh: Die Vergangenheit ist vergangen, die Zukunft hat noch nicht begonnen, der gegenwärtige Moment ist die einzige Möglichkeit, sich selbst zu begegnen. Wir betrachten uns vermeintlich in den Vorstellungen der Vergangenheit und der Zukunft. Aber das sind nur Ideen von uns. Nur in der Wahrnehmung der Gegenwart kommen wir tatsächlich vor. Vergangenheit und Zukunft sind nie überraschend. Wenn Zukunft tatsächlich stattfindet, ist ja Gegenwart. Die einzige Überraschung des Lebens ist der gegenwärtige Moment. Und das Überraschungsgeschenk des gegenwärtigen Moments sind wir selbst. Was machen wir nun daraus? Natürlich akzeptieren. Ich akzeptiere, dass meine Vergangenheit, wie immer sie war, ein Teil von mir ist. Ich akzeptiere, dass meine Zukunftsvorstellungen ein Teil von mir sind. – Nein, ich habe geschwindelt. Ich akzeptiere es nicht. Ich muss es vielleicht akzeptieren. Aber eigentlich will ich frei sein, frei sein für die Gegenwart, für das Leben, für mich selbst. Ich möchte die Vergangenheit hinter mir und die Zukunft vor mir sein lassen können. Das geht natürlich nicht. Zumindest nicht ganz. Ich will den Ballast loswerden, den ich mit meiner Vergangenheit und meiner Zukunft herumschleppe. Ich will Vergangenheit und Zukunft bei Bedarf aktivieren können, sie sollen mich jedoch nicht beim Leben stören und mir nicht mehr die Lebendigkeit nehmen können.

Man kann den gegenwärtigen Moment feiern, als ob er ein Fest wäre. Dann werden sich irgendwann nicht mehr in jedem Moment ungefragt Vergangenheit und Zukunft ins Leben schwindeln. Es ist eine Sache der Übung. Wir können uns nur nahe sein, wenn wir die Gegenwart wagen. Daher sehnen wir uns, wenn wir uns selbst lieben, nach Präsenz im Leben und sind dann, wenn wir imstande sind, uns selbst zu lieben, automatisch präsent, was sonderbarerweise das Gleiche ist. Also lassen wir uns nicht von unserer Vergangenheit und unserer Zukunft terrorisieren. Beginnen wir damit, unvoreingenommen zu leben. Jetzt!

Ermutigung, auf die Selbstverteidigung zu verzichten

„Es gibt nichts zu tun, denn alles ist vollkommen, doch nichts zu tun, wäre herzlos.“ – Dieser Satz eines Freundes von mir ist eigenartig widersprüchlich und inspirativ zugleich. Er weist auf die doppelte Natur hin, die wir in uns tragen, die wir sind. Man kann dem Tier in sich begegnen, wenn man sich beobachtet. Dann erkennt man, dass die eigenen Gedanken stets um die Selbstbestätigung kreisen. Jede Wahrnehmung kann uns selbst bestätigen oder bedrohlich sein. Wenn wir beispielsweise Zeugen einer Meinungsäußerung werden, dann machen wir uns sofort ein Bild: Ist das richtig oder falsch? Kann ich dem zustimmen oder nicht? Jede Meinung stellt eine Herausforderung dar, die dazu führt, dass wir Stellung beziehen. Alles, was uns in unserem Selbstbild stärkt, wird wohlwollend zur Kenntnis genommen, das Gegenteil als Bedrohung unserer Vorstellung von uns selbst zurückgewiesen. Man nennt das Meinungsbildung. Jede Meinung ist Ausdruck eines Abwehrkampfes.

Wenn ich etwa zu einer Veranstaltung geladen bin, bei der mir die anderen Gäste den Eindruck vermitteln, dass ich minder bin, nicht so klug, eloquent, schön, reich, wie es sich offenbar gehört, dann werde ich mich bedroht fühlen. Wie werde ich auf diese Bedrohung reagieren? Ich werde mir denken, wie angeberisch, eitel, uninteressant diese Leute sind. Irgendwie mutet das kindisch an. Es ist jedoch ein Weg, mein durch diese Erfahrung ramponiertes Selbstbild zu reparieren. Indem ich die anderen mit negativen Zuschreibungen bewerte, versuche ich mich, nachdem ich mich aufgrund der vermeintlichen Attribution anderer als falsch erlebt habe, als richtig zu rekonstruieren. Wir befinden uns in einem eigenartigen ständigen Überlebenskampf, der mehr als lächerlich ist, da wir in den meisten Fällen nicht bedroht sind. Für diese Verteidigung verschwenden wir wertvolle Lebensenergie. Das Leben, das wir verteidigen, ist die Vorstellung, die wir von uns selbst haben. Diese Vorstellung ist aber nur eine Fiktion, die in der Kindheit entstanden ist, indem wir uns in der Welt und in unseren Beziehungen gespiegelt haben. Und je mehr wir zu wissen glauben, wer wir sind, desto mehr sehen wir später im Leben in den Spiegelungen, sprich in dem, was uns begegnet, nur mehr, was wir sehen wollen. So ganz gelingt das eben nicht. Darum kämpfen wir fortwährend um die Idee von uns, die reine Fantasie ist.

Wir sind Don Quijote. Wir kämpfen gegen Windmühlen, um uns die Idee, ein Ritter oder sonst was zu sein, nicht nehmen zu lassen. Wir schwören unsere Umwelt auf Gedeih und Verderb, mehr auf Verderb, auf diesen lächerlichen sinnlosen Kampf ein: Wir sind Don Quijote, der Sancho Pansa einschwört. Sancho Pansa sind zum Beispiel unsere Freunde. Wenn wir eine Windmühle besiegen, sind wir glückselig, für einen Moment. Aber wehe, wenn es einer unserer Schildgenossen wagt, uns infrage zu stellen. Wehe, wenn es einer wagt, aus der Phalanx der „richtigen“ Meinung auszuscheren. Dann werden wir böse. Wir werden so beleidigt, dass wir mit ihm brechen müssen. Wir trennen uns von jenen, die unsere Wahnidee von uns selbst nicht teilen können. Das ist sicherlich drastisch ausgedrückt. Aber so ist es. Die meisten Brüche zwischen Menschen fußen letztlich auf dieser Grundlage – vielleicht sogar alle.

Ich habe verstanden, dass ich mir in meinem Leben viele Feindschaften nicht durch Handlungen erworben habe, sondern durch mein Anderssein als jene, deren Feind ich geworden bin. Das Anderssein ist eine derartige Bedrohung des Weltbildes von anderen, dass es oft zur Feindschaft reicht. Begründet wird diese allerdings dann mit erstaunlichen Kleinigkeiten und Lügen, ganz im Sinne des Selbstbelügens. So sind aber nicht nur die anderen, so sind auch wir selbst. Wir können das kaum glauben. Umso wichtiger ist es, sich das klar zu machen. Nur dadurch kommen wir aus dieser immensen sinnlosen Energieverschwendung heraus, die mit der Selbstverteidigung gegen alles und jedes, obwohl in Wahrheit nichts bedrohlicher ist, und der Selbstrekonstruktion, obwohl nichts rekonstruiert werden muss, verbunden ist.

Es gibt nichts zu tun, denn es ist alles vollkommen, doch nichts zu tun, wäre herzlos. – Es muss also nichts verteidigt werden, fast nichts, vorwiegend zumindest. Wir sind auf einem Selbstverteidigungs- und Rechtfertigungstrip. In den meisten Fällen, in denen wir uns kränken, wehren, ärgern, fürchten, gibt es nichts zu kränken, wehren, ärgern und zu fürchten. Das ist wohl mit dem ersten Teil des Satzes gemeint. Können wir also anerkennen, dass der Hauptteil dessen, was wir tun, denken und fühlen, möglicherweise sinnlos und sogar lächerlich ist? Können wir nicht nur dazu nicken, sondern derart Ja dazu sagen, dass wir aus dem tiefsten Inneren zu lachen beginnen? Das wünsche ich mir. Wirklich. Denn nur dann beginnt der Frieden auf der Welt.

Indem wir uns selbst verteidigen, rechtfertigen, uns ständig selbst rekonstruieren wollen, stehen wir uns selbst im Weg. Wir vermeiden die Verbundenheit mit uns selbst, indem wir die Fiktion von uns selbst aufrechterhalten und uns dabei selbst nicht begegnen können. Viele, die das eben Angesprochene anerkennen möchten, fürchten, sie würden mit dieser Einsicht nur mehr auf einer Couch sitzen und nichts mehr tun wollen. Darauf bezieht sich der zweite Teil des Satzes. Nichts zu tun, ist herzlos. Unser Denken, Fühlen und Handeln sollte sich nicht in erster Linie auf unser Selbstkonzept beziehen, sondern wir könnten ja stattdessen offenherzig die Welt, wie sie uns gegenübersteht, beantworten.

Selbstrechtfertigung und Selbstrekonstruktion sind reine Selbstbeschäftigung. Obwohl wir uns scheinbar „wegen der anderen rechtfertigen und verteidigen müssen“, sind die anderen in Wahrheit nur Legitimation dafür, dass wir uns nur um uns selbst drehen. Dadurch können wir die Welt, wie sie in Erscheinung tritt, als Natur, als Kultur, als der andere Mensch, nicht von Herzen beantworten. Dadurch versäumen wir die Begegnung – auch mit uns selbst. Begegnungen machen unser Leben lebendig. In Bezug auf die Welt, wie sie uns als unsere Kinder, Frauen und Männer, Freunde, Arbeitskollegen oder Zufallsbekanntschaften entgegentritt, zu leben, ist nur dann möglich, wenn wir uns von dieser ständigen Selbstverteidigung frei gemacht haben. Manchmal wünsche ich mir, ich könnte keine selbstverteidigende, selbstrekonstruktive mentale Bewegung mehr machen, es gelingt mir offensichtlich nicht, aber ich spüre die Sehnsucht danach. Jiddu Krishnamurti sagt: „Du bist die Welt.“ In dieser Verbundenheit zu leben, ist wahre Selbstverwirklichung.

Ermutigung zur artgerechten Selbsthaltung

Johann Hari, ein britischer Journalist, regt in einem bemerkenswerten TED Talk an, dass wir alles, was wir bisher zum Thema Sucht zu wissen glaubten, vergessen sollen. Seine These ist, dass Sucht durch Einsamkeit ausgelöst wird. Einsamkeit ist jene Angst, die Bindungslosigkeit in uns auslöst. Da Bindung das existenziell wichtigste Grundbedürfnis darstellt, ist Einsamkeit die existenziell größte Angst. Die Todesangst ist nur eine Variante der Einsamkeit. Daher ist es so wichtig, einem Sterbenden beizustehen. Es ist nicht schön, allein zu sterben.

Hari erzählt von einem Experiment des Psychologen Bruce Alexander aus Kanada, der Ratten ein Paradies gebaut hatte. Die Ratten wurden in der Gruppe gehalten, hatten also Sex so viel sie wollten, hatten zu fressen und zu trinken, was sie wollten, und bewohnten ein großes naturimitierendes Terrarium. In einer solchen Umgebung zeigten sie zum Unterschied zu jenen Ratten, die in sterilen Laborkäfigen gehalten wurden, kaum eine Neigung zur Sucht, auch wenn man ihnen Heroinlösungen zur freien Entnahme anbot.

Bindung als Gefühl ist demnach etwas, was sich bei artgerechter Haltung eines Tieres einstellt. Ich habe mich nun gefragt, ob das bei mir auch so ist. Dazu habe ich verschiedene Lebensphasen Revue passieren lassen. Tatsächlich kam ich zu dem Schluss, dass ich dann besonders unglücklich war, als ich mich von mir entfremdet, mich nicht „artgerecht gehalten" hatte. Zudem wies ich in diesen Lebensphasen auch eine besondere Suchtneigung auf. Sucht ist immer destruktiv, egal nach welchem Verhalten man süchtig ist. Es ist also notwendig, sich selbst „artgerecht" zu halten. Doch nicht jeder Mensch braucht das gleiche Terrarium, die gleichen Bedingungen. Wir sind nicht alle von der gleichen Art. Es gibt Menschen, die sind langsam, andere sind schnell. Es gibt Menschen, die sind psychisch dünnhäutig, andere wiederum sind psychisch dickhäutig. Die einen haben mehr Energie in sich, die anderen weniger. Kurzum: Jeder braucht eine Lebenswelt, die für ihn maßgeschneidert ist.

Wie aber sieht nun meine eigene artgerechte Haltung aus? Um diese nicht banale Frage zu beantworten, müssen wir verstehen, was den Kern einer artgerechten Haltung von Lebewesen ausmacht. Am wichtigsten ist es, eine Lebensumwelt zu schaffen, die den wahren Bedürfnissen des Lebewesens entspricht. Erst dann kann es sich optimal entfalten.

Eigentlich müssten wir kinderleicht unsere Bedürfnisse identifizieren und sofort daraus schließen können, wie wir leben sollten, um zufrieden und glücklich zu sein. So ist es aber nicht. Wir wünschen uns vieles, was uns theoretisch abgeht. Wir tun uns schwer, zu wissen, welche Bedürfnisse wir haben, weil wir, ohne es zu merken, den Kontakt mit uns selbst verloren haben. Wir gleichen in der Beziehung mit uns selbst einem Liebhaber, der seiner Geliebten ein teures Geschenk macht in der Meinung, dass sie sich durch den materiellen Wert des Geschenks aufgewertet fühlt, statt durch Einfühlung in ihre Welt zu verstehen, was ihr wirklich Freude bereiten würde.

Wir sind in Bezug auf unsere Bedürfnisse und Wünsche von Kindheit an korrumpiert und entfremdet. Der Philosoph

Ernst von Glasersfeld hat in einem Interview kurz vor seinem Tod sinngemäß gesagt: Ich danke meinen Eltern dafür, dass sie mich nie unterstützt haben in dem, was ich wollte, sondern immer nur in dem, was mir Freude bereitet hat. Das Wollen, das die Grundlage der meisten unserer Bedürfnisse bildet, ist, ohne dass uns das bewusst ist, häufig ein Kind unserer Ängste. Das macht die Sache kompliziert. Das Wollen ist aber auch das Kind unseres fatalen Wunsches, so wie die anderen zu sein, was leider eher nicht mit dem Wunsch, man selbst zu sein, also mit echter Selbstverwirklichung, zusammenpasst.

Wie gelangt man nun zur Einsicht, was eine artgerechte Haltung von einem selbst wäre? Man muss verstehen, was einem selbst Freude macht. Ich meine jetzt nicht den Spaß, dieses unmittelbare Gefühl von Lebenslust. Nichts gegen Spaß im Leben! Aber Freude ist etwas ganz anderes. Sie ist das Gefühl, das uns den Flow ermöglicht, sie vertreibt die Frage nach Motivation, weil wir dank ihr ohnehin motiviert sind. Freude ist etwas, das uns das Gefühl von Zeit vertreibt. Kinder haben etwa Freude, wenn sie in ein Spiel vertieft sind. Im Zustand der Freude spüren wir zwar noch immer unser Wollen, aber es hat keine Bedeutung mehr. Lebensfreude ist also der Kompass, der uns auf den Weg zu einem artgerechten Leben hinweist. Nur ein freudiger Mensch ist ein selbstverwirklichter Mensch. Ich staune immer wieder darüber, was Menschen unter Selbstverwirklichung verstehen. Viele glauben, sich selbst verwirklicht zu haben, wenn sie möglichst viel Spaß im Leben haben. Wenn wir zu einem artgerechten Leben aufbrechen, sollten wir uns Zeit lassen. Die Metamorphose vom wollenden zum freudigen Menschen dauert. Die ersten Meter sind mühsam, aber aus meiner persönlichen Erfahrung weiß ich, man muss das Leben Schritt für Schritt mit Freude erfüllen.

Ermutigung, sich zuzumuten

Nicht selten muten sich Menschen, speziell Frauen, in Beziehungen nicht zu. Sie fürchten, sie würden die Beziehung zerstören, wenn sie sich zumuten. Dabei entsteht genau dadurch eine Distanz zwischen den Partnern, die letztlich zu dem führt, was unter allen Umständen verhindert werden sollte.

Wir müssen uns zumuten, um die Nähe in Beziehungen zu erhalten. Um uns in Beziehungen zumuten zu können, müssen wir jedoch lernen, uns zuallererst uns selbst zuzumuten. Sonst wissen wir ja nicht, was wir dem anderen zumuten sollten. Im Wort „zumuten" steckt das Wort „Mut". Mut ist immer eine Handlung gegen die Angst. Ohne Angst gibt es keinen Mut. Daher gibt es keinen objektiven Mut. Oft sind die, die gar nicht mutig wirken, in Wahrheit die Mutigsten und umgekehrt. Die Mutigsten sind nämlich die, die am besten imstande sind, ihre Ängste zu überwinden. Auch wenn uns unsere (Vermeidungs-)Ängste vermitteln, ein Teil von uns zu sein, so gehören sie nicht zu uns. Sie sind ein Fremdkörper, den wir gewöhnlich hegen und pflegen.

Zumutung ist immer etwas, das sich trotz der und gegen die Angst entfaltet. Zumutung ist, wenn man sie richtig versteht, Authentizität. Ungeachtet dessen gibt es Menschen, die ich als Zumutung erlebe. Das sind Menschen, die es sich angewöhnt haben, sich anderen zuzumuten, ohne sich vorher sich selber zuzumuten. Eine solche Zumutung ist immer aggressiv. Die Aggression wird als Distanzlosigkeit vermittelt. Einem Menschen unter dem Motto „ehrlich“ gegenüberzutreten, ohne ihn vorher und vor allem ohne sich vorher gespürt zu haben, ist herzlos. Das ist keine Tugend, sondern plumpe rabiate Vereinnahmung des anderen. Wenn ich solchen Menschen gegenübertrete, möchte ich ihnen auf der einen Seite ihren Standpunkt zugestehen, doch bin ich andererseits ob der Verletzung, die ich erlebe, irritiert.

Um Beziehungen zu entwickeln, blühen zu lassen, ist es unerlässlich, dem anderen zu zeigen, wer man ist. Eine beziehungslose, aggressive Zumutung ist eine destruktive Handlung, in der ich mich anderen zumute, ohne mich selbst zuvor durch Eigenzumutung kennengelernt zu haben. Wie kann man sich sich selbst zumuten? Es ist die Kunst, sich jenseits der Konzepte, die wir von uns selbst haben, erkennen zu können.

Ein schönes Beispiel hierfür ist der Hunger. Wenn ich hungrig bin, dann kann ich etwas essen. Ich kann natürlich auch etwas essen, wenn ich nicht hungrig bin. Ich muss aber nicht essen, wenn ich hungrig bin. Nicht zu essen, wenn man hungrig ist, ist im Normalfall eine Zumutungsübung. Wir spüren uns besonders, wenn wir etwas nicht haben, weil wir nur Unterschiede wahrnehmen. In der Wahrnehmung von Nicht-Ich zu Ich wird das Ich am deutlichsten. Deshalb sollten wir uns aber trotzdem nicht quälen. Der Alltag bietet genug Möglichkeiten, das wahrzunehmen. Essen zu müssen, wenn man hungrig ist, ist ein Konzept. Wir sind voll von Konzepten. Wir sind total konditioniert. Sich sich selbst zuzumuten heißt, sich den eigenen Konditionierungen zu entziehen. Sich sich selbst zuzumuten heißt, frei zu sein.

Es ist nicht leicht, den vielen Gefühls-Gedanken-Komplexen im eigenen Ich auf die Spur zu kommen. Dazu muss man anfangen, sich selbst von außen anzusehen. Sich beim eigenen

Denken und Fühlen zuzusehen und das Gesehene so gelten zu lassen, wie man es wahrnimmt, ist eine Kunst. Etwas gelten lassen heißt, nicht sofort aus etwas etwas anderes machen zu müssen. Man ist geneigt, sich sofort eine Meinung von sich selbst zu bilden. Das hat keinen Sinn, denn das Gesehene sollte selbst Wirkung entfalten. Konstruieren wir bei der Selbstbeobachtung also kein Double von uns. Lassen wir uns auf uns einwirken, dann entsteht das, was ich Selbstzumutung nenne. Und sich anderen zuzumuten, ist wiederum die Voraussetzung für jene Nähe, ohne die es keine Beziehung gibt.

Ermutigung zur Beziehungsklärung mit sich selbst

Viele Schwierigkeiten im Leben sind Beziehungsschwierigkeiten zu anderen Menschen. Sie führen dazu, dass die Betroffenen auf irgendeine Weise versuchen, die Probleme in den Griff zu bekommen, indem sie sich mit dem anderen beschäftigen. Der andere ist ja die Ursache der Schwierigkeiten. Wäre er anders, hätte man diese Sorgen nicht. Die Fokussierung auf den anderen ist jedoch der größte Fehler, den man machen kann. Ich weiß, wovon ich spreche. Ich habe diesen Fehler bis zum heutigen Tag immer wieder selbst gemacht. Wenn man Beziehungsprobleme zu anderen ernsthaft lösen möchte, gibt es nur einen Weg: Man muss die Beziehungsprobleme zu sich selbst lösen. Das Eigenartige daran ist, dass der, der Probleme mit anderen hat, ja kaum welche mit sich selbst empfindet. Der andere ist seine Herausforderung, vordergründig. Aber so ist es nicht. Immer wenn wir mit interpersonellen Konflikten zu tun haben, sind wir selbst das Problem. Ist das zu radikal? Das würde – quasi übersetzt – bedeuten, wenn ich einen Chef habe, der mich terrorisiert, dann habe ich trotzdem nur ein Problem mit mir selbst. Das würde auch bedeuten, dass ich nur mit mir selbst im Clinch bin, wenn ich einen untreuen Ehepartner habe. Das klingt übertrieben. Ist es aber nicht. Wenn ich einen Chef habe, der mich terrorisiert, dann kränkt mich das, weil ich meine eigenen Ansprüche an ihn nicht wirklich kenne und verstehe. Wenn ich sie aber kenne und verstehe, kann ich nicht auf die Ansprüche verzichten. Letztlich spiegelt der Chef nur mich als Terroristen meiner selbst. Jeder von uns hat einen kleinen Selbstterroristen in sich. Bevor wir also den Chef ändern wollen – ein hoffnungsloses Unterfangen nebenbei –, ist es vielleicht eine gute Idee, sich selbst zu ändern. Das heißt, den Terroristen in sich selbst zum Schweigen zu bringen.

Wie kann ich das Problem sein, wenn mein Partner untreu ist? Es lohnt sich in diesem Fall zunächst zu untersuchen, ob man sich selbst untreu ist. Dann wird sich zeigen, vorausgesetzt man ist ehrlich zu sich selbst, dass zwar die Verletzung bleibt, es jedoch keine Kränkung gibt. Jede Kränkung ist dem Wesen nach eine Selbstkränkung. Sie entsteht bei Verletzungen durch das Entgegenkommen des eigenen Egos. Wenn die Welt Nein zu uns sagt, sagen wir auch Nein zu uns. Dabei wäre es gerade dann so wichtig, zu uns selbst Ja zu sagen. Dieses latente Nein zu uns selbst spiegelt sich in der verletzenden Person. Daher muss man in einem solchen Fall die Herausforderung annehmen und sich selbst dem Problem stellen, das der andere verursacht hat.

Das hört sich eigenartig an, ist aber wahr. Wir können nur ausgebeutet, also gekränkt, werden, wenn wir uns selbst ausbeuten. Wir können nur terrorisiert werden, wenn wir uns selbst terrorisieren. Wir können nur betrogen werden, wenn wir uns selbst betrügen. Wenn sich also ein Beziehungsproblem nicht kurzfristig klären lässt, ist es sinnvoll, sich selbst zu klären. Sich angesichts einer Bedrohung im Außen sich selbst zuzuwenden, scheint auf den ersten Blick paradox. Es ist allerdings auch etwas Bedrohliches, da es danach aussieht, als ob man den anderen entschuldigen und selbst die Schuld auf sich nehmen würde. Aber so ist es nicht. Man lässt dem anderen seine Verantwortung. Man gibt ihm keine Schuld, weil es keinen Sinn ergibt. Einem Menschen Schuld zu geben, hat nur Sinn, wenn man von ihm etwas einfordert, was er einem tatsächlich zurückgeben kann. Mit der Verantwortung für das, was wir tun, haben wir alle zu leben. Auch jene, die uns verletzen und so tun, als ob sie mit all dem nichts zu tun hätten.

Die Eigenverantwortung ist der einzige Ort, an dem wir unsere Kränkungen ausheilen lassen können und die einzige Möglichkeit zur Beziehungsklärung. In diesem Zusammenhang ist auch das Selbstmitleid erwähnenswert. Es hat nur den Sinn, anderen Schuld zuzuweisen und die Selbstverantwortung zu vermeiden. Daher ist Selbstmitleid Gift für uns und führt zur Aufrechterhaltung unserer Kränkungen. Was dabei herauskommt, liegt auf der Hand: ein verbitterter Mensch. Es ist unerträglich, mit Verbitterung zu leben – egal ob dieser Mensch jemand in unserer Nähe ist oder ob gar wir selbst dieser verbitterte Mensch sind.

Ermutigung, nicht zu fördern und nicht zu hemmen

Wer hatte nicht schon manchmal im Leben einen echten Konflikt zu bewältigen? Er stellt eine Herausforderung dar, in der man in einen Widerspruch zur Welt gerät. Nicht selten bestehen Konflikte aus Ambivalenzen. Wir wissen also nicht, was wir tun sollen. Das ist sehr unangenehm. Man könnte sagen, ein Konflikt ist ein höchst unbehaglicher Zustand, weswegen wir uns gewöhnlich nicht gern damit konfrontieren. Entweder wir lösen oder vermeiden ihn. Vermeidung kann passieren, indem wir unsere Konflikte mit anderen mentalen oder tatsächlichen Aktivitäten überlagern oder auf irgendwelche süchtigen Verhaltensweisen zurückgreifen.

Auf diese Weise lässt sich der Konflikt jedoch nicht aus unserem Organismus vertreiben. Tief in uns spüren wir ihn als körperliche Unpässlichkeit, hat er zumindest eine feine körperliche Repräsentanz. Ich möchte ein Beispiel erzählen: Ein Mann lebt in einer verbindlichen monogamen Beziehung zu einer Frau. Er ist ihr tief verbunden und hat ihr verbal und nonverbal versprochen, bei ihr zu bleiben. Die Beziehung hat immer wieder intensive und weniger intensive Phasen, wie das in einer längeren Beziehung eben so ist. In einer Phase geringerer Nähe lernt er eine andere faszinierende Frau kennen. Die Verführung ist groß. In solchen Fällen neigt man dazu, den

Fokus sehr stark auf die „neue“ Frau zu legen. Dies erzeugt den starken Impuls, mit dieser neuen Frau eine Beziehung einzugehen. Dabei rückt die Beziehung zu der Frau, mit der man in einer fixen Verbindung lebt, immer mehr in den Hintergrund – bis zur Nichtbeachtung. Manche machen es aber auch umgekehrt. Sie fokussieren in dem Moment, in dem sie eine neue Frau kennenlernen, die alte Beziehung und vermeiden auf diese Weise den Seitensprung. Beide Lösungen scheinen mir nicht wirklich günstig zu sein. In einem Fall fördert man die Beziehung zu dieser neuen Frau, im anderen Fall hemmt man die Beziehung zu ihr. Geht man die Beziehung zu dieser neuen Frau ein, wird man sich selbst und seinem Versprechen seinem fixen Partner gegenüber untreu. Man kann jemand anderem nur untreu sein, indem man sich selbst untreu ist. Jedes Versprechen, das wir einem anderen gegeben haben, ist auch immer ein Versprechen uns selbst gegenüber. Im anderen Fall, wenn man die Beziehung zur neuen Frau hemmt und die fixe Beziehung fördert, gewinnt man den Eindruck, im Leben etwas zu versäumen. Wie kann man dieses Dilemma lösen?

Der italienische Schriftsteller Tiziano Terzani schlägt uns vor: „Die wahre Entscheidung ist nicht die zwischen zwei Sorten Zahnpasta, zwei Frauen oder zwei Autos. Die wahre Entscheidung ist die, du selbst zu sein.“ Wie sieht nun in dem gegebenen Fall die Entscheidung für uns selbst aus? Die Entscheidung für uns selbst heißt, dass ich weder fördere noch hemme. Ich persönlich habe verstanden, dass ich, indem ich immer wieder gefördert oder gehemmt habe, den Blick auf mein eigenes Leben, auf mein Ich, auf meine Eigentlichkeit eingeschränkt habe. Ich konnte mich in meinen Konflikten selbst nicht sehen, da ich immer versucht habe, irgendetwas daraus zu machen. Wenn man darauf achtet, dass man nicht fördert und auch nicht hemmt, kann man plötzlich erkennen, welcher Weg für einen der ist, der dem eigentlichen Selbst entspricht. Man riskiert in einer solchen Situation, ohne die Einmischung des Egos auszukommen.

In genanntem Beispiel könnte es so sein, dass der Mann eventuell die Faszination der neuen Frau erkennt und im Hintergrund dieser Faszination die Bindung zu seiner Frau deutlicher sehen kann und sich dadurch trotz aller Faszination, die von der neuen Frau ausgeht, plötzlich überraschenderweise mehr zu seiner Frau hingezogen fühlt. Oder es ist anders und die Faszination der neuen Frau lässt ihn erkennen, dass die Bindung zu seiner Frau nicht mehr vorhanden ist. Wann immer wir im Leben den Mut aufbringen, weder zu fördern noch zu hemmen, wird der Blick frei auf das, was ist – auf die Liebe zu einem selbst, die durch die Möglichkeit charakterisiert ist, auf sich selbst zu sehen, wie man ist, und nicht, wie man sein soll. Wir schauen nicht auf das Resultat dessen, wie wir uns selbst gestaltet haben, sondern darauf, wie wir gestaltet sind.

Ermutigung zur Demut

Es lässt sich nicht feststellen, ob ein anderer Mensch mutig ist oder nicht. Wir können häufig nicht einmal bei uns selbst feststellen, ob wir ein solcher Mensch sind oder nicht. Denn Mut hat mit Ängsten zu tun, und die Ängste bestimmen, ob man mutig ist oder nicht. Es kann sein, dass ein Mensch, den man kennt, tatsächlich sehr tapfer ist, obwohl er ängstlich wirkt. Das ist dann der Fall, wenn er noch viel mehr Ängste hatte, als er offensichtlich hat, und diese mutig bewältigte.

Mut heißt, eine Brücke zu schlagen über den Schutzwall der Vermeidung, den Ängste in die eigene Lebendigkeit errichtet haben. Die eigenen Ängste halten uns vom Lebendigsein ab, daher sind oft augenscheinlich mutige Menschen gar nicht so mutig, denn sie überwinden keine Ängste, während Angsthasen manchmal sehr, sehr mutig sein können. Wir brauchen Mut, um mit dem Leben in Berührung zu kommen.

Unsere Gefühle gaukeln uns eine Wirklichkeit vor, die es nicht gibt und die zu natürlichen Begrenzungen unserer Lebenssphäre führt. Wir leben alle in einer kleinen engen Welt, aus der wir nicht ausbrechen, sondern, ganz im Gegenteil, die wir konstruieren, etablieren und bewahren, und wenn es nicht anders möglich ist, sogar rekonstruieren. Diese kleine enge Welt wird durch die Grenzen bestimmt, die unser Ego ausmachen. Diese Grenzen werden durch unsere Gefühle markiert, die immer etwas von Ängsten an sich haben, auch wenn sie Ärger, Ekel oder Freude heißen. Daher müssen wir trachten, in Bereiche vorzustoßen, die sich jenseits der Markierungen unserer Ängste befinden. Das benötigt großen Mut, da wir uns in existenzieller Gefahr wähnen, wenn wir diesen Schritt wagen.

Demut ist der größte Mut. Der Mut, auf das eigene Ego zu verzichten und darüber hinauszugehen. Der demütige Mensch hat verstanden: Das Ego bin nicht ich, ich bin ein anderer! Insofern ist der demütige Mensch nicht der gebückte Mensch, sondern der von seinem Herzen voll informierte Mensch, der dazu die Gefühlsinformation für den praktischen Lebensvollzug nützen kann. Demütig zu leben bedeutet, dem anarchischen Angebot der Liebe zu folgen und unsere Ängste zwar wahrzunehmen, ihnen jedoch nicht zu gehorchen. Der freie Mensch ist ein demütiger Mensch, der sich vom Leben informieren lässt und die Gefühle in dem Sinne wahrnimmt, dass er stets von ihnen informiert, jedoch kein Sklave der eigenen Gefühle ist.

Ermutigung zu einem intuitiven Leben

Täglich stehen wir in unserem Leben vor Entscheidungen. Bei weitreichenden denken wir gewöhnlich darüber nach, was dafür und was dagegen spricht, und gewichten anschließend die so erfassten Möglichkeiten. Die Gewichtung erfolgt mittels gefühlsmäßiger Beurteilungen. Gefühle sagen uns, ob wir Gedanken folgen sollen oder nicht. Daher ist jede Entscheidung, die kognitiv getroffen wird, schlussendlich eine emotionale. Das gilt sogar für mathematische Entscheidungen. Natürlich gibt es auch rein emotionale Entscheidungen, bei denen wir nie zu denken angefangen haben. Ich habe mir einmal einen Citroën 2CV gekauft. Dieser schien mir damals ein sehr schickes Auto zu sein. Als ich aber im Winter jede Woche zwischen meinem Wohnort und meinem Studienort hin- und herfahren musste, insgesamt 600 km, schwante mir, dass ich mir die Angelegenheit vorher besser überlegen hätte sollen. Rein emotionale Entscheidungen erweisen sich im Nachhinein nämlich meistens als ungünstig.

Versuchen Sie, sich selbst zu beobachten: Wir freuen uns zum Beispiel manchmal zu früh, dann wieder zu verhalten, wir fürchten uns meistens umsonst und oft ist der Ärger sinnlos. Zuweilen trauern wir, dabei ist eigentlich gar nichts verloren gegangen, oder wir trauern um etwas, um dessen Verlust wir uns im Grunde freuen sollten. Belügen wir uns mittels unserer Gefühle oder sind die Gefühle quasi das Dumme in uns? Weder noch. Gefühle sind ein Wahrnehmungsangebot. Indem sie scheinbar Informationen über die Welt vermitteln, berichten sie uns, wie wir vermeintlich sind. Dabei vermitteln sie in Wahrheit vielmehr eine Selbstvorstellung. Der Citroën war in meinen Augen vermeintlich chic. In Wahrheit hätte ich über mich lernen können, dass ich mich gerne als eleganter Bohemien gesehen habe. Ein Gefühl sagt mir, wie ich im gegenwärtigen Moment zur Welt stehe. Die Information, die wir durch unsere Gefühle erhalten, darf nicht verallgemeinert und muss erst plausibilisiert werden. Vor allem dürfen wir nicht glauben, dass wir durch die Gefühle wirklich etwas von der Welt verstehen. Das ist das häufigste Missverständnis. Jene, die das nicht wissen und die eigenen Gefühle zu ernst nehmen, das heißt, nicht relativieren können, sind bedroht, da sie von den Gefühlen ständig auf die falsche Fährte gelockt werden. Die eigenen Gefühle zeigen uns an und für sich den Weg, man muss sie aber lesen, verstehen und relativieren können, und man muss fähig sein, sie zu plausibilisieren.

Wie gelangt man dann zu einer Einschätzung der Welt? Dazu haben wir neben den kognitiven und emotionalen Fähigkeiten die Möglichkeit zur Intuition, zum sogenannten Bauchgefühl. Das Bauchgefühl ist aber kein Gefühl, denn es sagt uns weniger etwas über uns selbst, sondern mehr über die Welt im Sinne des Äußeren, konkret, ob die Welt für uns passend ist. Intuition ist, wie die Liebe, eine Empfindung. Sie wird neurobiologisch über das gleiche System transportiert. Liebe ist die Empfindung der totalen Verbundenheit, und mit dieser Kompetenz, der Liebeskompetenz, sind wir intuitiv. Intuition beruht also auf unserer Kompetenz zu lieben. Daher können manche Menschen in einem Lebensbereich intuitiv handeln, in einem anderen nicht. In jenem, vielleicht im beruflichen, können sie selbstvergessen agieren, in einem anderen, zum Beispiel im privaten, fehlt jede Fähigkeit zur Intuition. Das beruht aller Wahrscheinlichkeit nach auf der Unfähigkeit, sich in Liebesdingen dem hinzugeben, was das Leben für einen vorgesehen hat.

Zur Absicherung hat man innere Checklisten. Diese stören jedoch beim Intuitivsein. Erst wenn die Intuition in einem gesprochen hat, könnte man die Checklisten aus dem Ärmel ziehen, wenn es dann überhaupt noch notwendig ist. Die Intuition hat mit Selbstvergessenheit zu tun. Auch wer intuitiv lebt, denkt über das Leben nach, erlebt seine Gefühle zu den Erfahrungen, die er macht. Aber dann vergisst er quasi wieder alles, was er gedacht und gefühlt hat, und wartet auf ein bestimmtes Empfinden des Behagens oder Unbehagens, was wiederum ein Ausdruck der Stimme der Liebe ist. Und Intuition ist die Stimme der Liebe. Da sie mit Selbstvergessenheit zu tun hat, bedeutet das, dass wir uns wirklich nahe sein können, wenn wir das, was wir uns unter uns selbst vorstellen, das Selbst eben oder auch Ego genannt, einmal vergessen können. Dieses Empfinden des Behaglichen oder des Unbehaglichen ist gegenüber dem, was wir als Gefühl wahrnehmen, leise und monoton. Es ist die leise Stimme der Liebe. Sie schöpft aus dem unendlichen Pool des Unbewussten, der transsinnlichen Wahrnehmung, also jener Wahrnehmung, die uns nie zu Bewusstsein gekommen ist und uns auch nie bewusst werden wird. Intuitiv zu leben bedeutet, ein Leben zu führen, in dem wir uns nahe sind, ein Leben in Tuchfühlung mit sich selbst. In diesem Leben können wir uns selbst entsprechen. Es ist aber auch die einzige Möglichkeit, der Welt gerecht zu werden.

Ermutigung, vertrauensvoll zu leben

Ich arbeite in einem Krankenhaus. Dort ist wie in jedem Betrieb immer wieder Thema, wie man Vertrauen zwischen den Personen der Führungsebene und den Mitarbeitern stiften kann. Eine Lösung scheint, die Mitarbeiter zu informieren. Information soll also Vertrauen stiften. Aber wie sagt schon Antoine de Saint-Exupéry: „Die Sprache ist die Quelle aller Missverständnisse.“ Freilich ist es wichtig, einander zu informieren und Information ist so etwas wie ein Hygienefaktor für das Vertrauen. Information schafft jedoch kein Vertrauen, sie stabilisiert es, wenn man es schon hat. Das ist nachvollziehbar, wenn man bedenkt, dass alles, was wir erfahren, so vielfältig in seiner Bedeutung ist. Nur wenn wir dem vertrauen, der uns informiert, glauben wir zu wissen, was er meint. Es ist mühsam, ohne Vertrauen zu leben. Wir ringen nach einer Sicherheit, die wir nicht finden können. Und Vertrauen schafft Sicherheit beim Deuten der Information. Wenn kein Vertrauen entsteht, tritt Misstrauen auf. Es ist ein Resultat mangelnden Vertrauens. Der daraus resultierende Stress im Leben ist schrecklich – am stärksten bei der Eifersucht. Sie beruht auf der Idee, einen Menschen an einen anderen verlieren zu können. Es geht angeblich absurderweise darum, die Liebe eines Menschen verlieren zu können. Absurd ist ein solcher

Gedanke deshalb, weil die totale Verbundenheit, die wir Liebe nennen, das Eigentliche an der Liebe, nie verloren gehen kann.

Ich erinnere mich, nie eifersüchtig gewesen zu sein, als mir Frauen als Partnerinnen verloren gingen, die ich geliebt und die gleich oder später einen anderen Mann hatten. Aber die fehlende Nähe bereitete teilweise immensen Schmerz. Es tut weh, einem Menschen, den wir lieben, nicht auch äußerlich verbunden sein zu können. Die spirituelle Nähe, das Wesen der Liebe, will sich auch im Äußeren, als mentale und als körperliche Nähe ausdrücken. Ist das nicht möglich, entsteht eine Dissonanz, die wehtut. Aber auch da gilt: Die Zeit heilt alle Wunden, mehr oder minder. Zumindest ist der Schmerz mit der Zeit nicht mehr so aufdringlich. Aber wie unmenschlich wären wir, hätten wir unsere inneren Schmerzen nicht?

Eifersucht ist auch deshalb so absurd, weil sich der Eifersüchtige selbst ja schon getrennt hat, wenn er eifersüchtig geworden ist: Eifersucht ist offensichtlich die Angst vor der Trennung vom Geliebten. Sie ist aber die Trennung selbst, nicht die Angst davor. Niemand wird eifersüchtig sein, wenn er die Trennung nicht spürt. Eifersucht wird also als Angst erlebt. Sie ist aber keine Angst. Sie ist immer ein Gefühl, das uns sagt, dass wir die Verbundenheit zu dem, der uns wichtig ist, nicht spüren können. Es gibt zwei Möglichkeiten, wie es zu diesem Gefühl kommen kann: Entweder haben wir selbst den Kontakt zum anderen verloren oder der andere den Kontakt zu uns. In beiden Fällen haben wir den anderen bereits im Moment der Eifersucht verloren. Eifersucht ist also eine Angst vor etwas, das bereits eingetreten ist. Einem anderen zu vertrauen, ist Ausdruck der Verbundenheit. Misstrauen ist ein Ausdruck der Trennung. Eifersucht ist Misstrauen in sogenannten Liebesbeziehungen. In der Verbundenheit gibt es kein Misstrauen. Daher gibt es nur ein Mittel, Vertrauen zu fördern: die Verbundenheit zu spüren. Um diese Verbundenheit zu anderen allerdings spüren zu können, sollten wir zuerst uns selbst spüren und der andere sollte spürbar sein.

Wie lernen wir uns zu spüren? Bzw. wie machen wir uns spürbar? Die Voraussetzung, sich selbst zu spüren, ist auch die Voraussetzung, sich spürbar zu machen. Man lernt sich zu spüren, indem man die Berührungen nicht übertüncht. Wir tun dies, weil wir Angst vor ihnen haben. Das Übertünchen der Berührungen ist ein Resultat dessen, weil wir uns selbst nicht ertragen. Wir versuchen, uns immer wieder zu entkommen. Aber warum? Was ist so unerträglich an mir? Nichts, wenn ich feinfühlig und zärtlich zu mir bin und dadurch die Berührungen der Welt ohne Wenn und Aber zulasse.

Wenn ich zu Führungskräften spreche, dann bin ich manchmal mit der Frage konfrontiert, was das Wichtigste ist, das es zu beachten gilt. Es ist, sich spürbar zu machen. Wenn eine Führungskraft nicht spürbar ist, wie soll sie führen? Führen bedeutet, in Berührung zu sein. Sich selbst zu vertrauen, heißt, sich für sich selbst spürbar zu machen. Ein sich selbst vertrauender Mensch beschäftigt sich weder explizit noch implizit mit dem, was er ist. Er ist einfach. Selbstvertrauen bedeutet, einfach sein zu können. So braucht man auch nicht darüber nachdenken, wie der ist, dem man vertraut. Man spürt ihn. Jemandem zu vertrauen, heißt aber nicht unbedingt, ihm nahe sein zu können. Wenn man den anderen spürt, kann es auch ratsam sein, Abstand zu halten. Vertrauensvoll lebt man, indem man sich und andere spürt. Es gibt keinen Grund für Misstrauen. Wir brauchen uns nicht von uns und anderen zu distanzieren, sondern uns nur in jene Nähe und Distanz zu begeben, deren Notwendigkeit sich aus dem Hinspüren ergibt.

Ermutigung zum Verzicht

Ein Freund von mir ist katholischer Priester. Er lebt zölibatär. Manche Menschen, die einen Partner haben, leben quasi auch zölibatär. Man könnte zynisch anmerken, dass es zwei Arten von Zölibat gibt, das unfreiwillige und das freiwillige. Beides mit und ohne Partnerschaften. Mein Freund hätte angesichts der mannigfaltigen Aufgaben, die ihm tagtäglich gestellt sind, mitunter auch von sich selbst, in der Tat gar keine Zeit für eine Partnerschaft. Dabei ist es gleichgültig, ob man eine verbindliche Partnerschaft oder nur eine sexuell geprägte Affäre lebt. Beides braucht mentale Fokussierung. Nicht wenige Menschen haben zwar einen Mann, eine Frau an ihrer Seite, haben aber im Grunde weder Zeit noch Raum für einen Partner. Da bleibt der Partner auf der Strecke.

Ich erinnere mich an eine Zeit in meinem Leben, als ich Single war und quasi auf der freien Wildbahn die eine oder andere Frau glücklich oder unglücklich machte – und umgekehrt, je nachdem. Jedoch muss ich ehrlich zugeben, dass ich mich durch einen solchen Lebensstil selbst sehr vereinnahmte. Mein Leben beschränkte sich auf die beim näheren Hinschauen etwas aufwendige Organisation der eigenen Lust, wodurch Kreativität und Konstruktivität des Lebens zu einem Gutteil außen vor gelassen wurden. Obwohl mein Leben abenteuerlich war, verarmte es seltsamerweise. Das Schwelgen in Oberflächlichkeiten führte zu einer Besetzung mentaler Kapazitäten, die trotz der Abwechslung ein Empfinden des nicht Sattseins zur Folge hatte. Man ist gleichsam überfressen und doch hungrig. Ich habe erkannt, dass das Oberflächliche richtig Spaß machen kann, aber leider nicht befriedigt.

Manche modernen Manager inszenieren sich im Berufsfeld in einer derartigen Oberflächlichkeit. Sie verstehen sich als Handelnde. Die Handlungskompetenz ist ihr Stolz, sie hebt sie vermeintlich von anderen Menschen ab und ist in ihren Augen die Grundlage ihres Erfolges und Erfolg gleichzeitig. Sie merken nicht, wie sie ob ihrer derartigen entseelten Lebensentwürfe jeden Humor im Leben entbehren. Dabei ist Humor lebensnotwendig. Er ist die Kunst der Selbstrelativierung, etwas, was man sich nur leisten kann, wenn man weiß, dass man das, was man zu sein scheint, nicht ist.

Man kann keine Kreativität im Leben entwickeln, wenn man zu funktional ist. Funktionalität ist Ausdruck des Oberflächlichen. Nichts gegen das Oberflächliche, nichts gegen die Funktionalität! Grauenhaft ist es, wenn Menschen nicht zur Oberflächlichkeit und zur Funktionalität begabt sind. Aber man sollte nicht übertreiben. Das Gleichgewicht zwischen Oberflächlichem und Tiefgang ist etwas Wunderbares – und Notwendiges. Wir entsprechen uns nicht in unserem Leben, wenn wir das Oberflächliche mehr leben als den Tiefgang. Wir bestehen aus Fassade und Hintergrund. Wie hintergründig sind wir doch, dass wir uns unser ganzes Leben lang nicht einmal selbst kennenlernen können, geschweige denn ein anderer. Obwohl es Menschen gibt, die nicht imstande sind, aus dem Hintergründigen ihrer Persönlichkeit ins Vordergründige zu kommen, ist es für die meisten Menschen eher umkehrt: Sie neigen der Oberflächlichkeit zu und versäumen dadurch die Intensität und die Leidenschaftlichkeit im Leben. Sie hoffen vergebens, durch möglichst viel Spaß und positive Gefühle dazu zu kommen. Wahre Intensität im Leben kann aber nur in der Berührung mit der Tiefe der Persönlichkeit erreicht werden. Das leidenschaftliche Leben spiegelt sich in uns als Freude, Lebensfreude. Der Verzicht ist das Geheimrezept, wie wir vom Spaß zur Freude kommen. Wenn wir verzichten können, erzeugen wir jene Intensität, die die Voraussetzung für ein leidenschaftliches Leben darstellt.

Wenn beispielsweise ein in einer aufrechten Partnerschaft seiender Mensch weder verklemmt noch unattraktiv ist, so gibt es immer wieder theoretisch und wohl auch praktisch Möglichkeiten zum Betrug. Jeder Betrug in Beziehungen ist mit der Notwendigkeit zu lügen verbunden. Lügen führen zu einem Bruch in der Beziehung mit sich selbst, aber auch unbewusst zu einem Bruch mit dem Partner. Das Sprichwort „mit Lug und Trug" kommt nicht von ungefähr. Es wird deutlich, wie sehr Lügen und Betrügen miteinander zusammenhängen. So geht sukzessive die Tiefe der Partnerschaft verloren – zum anderen, aber auch zu sich selber. Und damit ebenso der Zauber. Der Zauber der Beziehung, die man zu sich selbst hat, aber auch der Zauber, den man in der Beziehung zum anderen hat, bestimmen darüber, ob Intimität, Nähe und Berührung möglich sind.

Was wäre eine Beziehung ohne Nähe? Sie wäre auf das Formale reduziert. Erstaunlich, wie die Innigkeit der Beziehung, die wir zu uns selber haben, verloren gehen kann und wir dann eine rein formale, funktionelle Beziehung zu uns selbst haben können. Die Bereitschaft, auf etwas zugunsten von etwas anderem zu verzichten, ist ein Gradmesser dafür, wie wichtig uns etwas ist. Das ist eine Information von uns an andere, aber vor allem von uns an uns selbst. Ein Mannequin verzichtet auf das Essen, der liebende Mann auf Sexualität mit anderen Frauen, der vergeistigte Mensch auf Hobbys. Sie alle verzichten im besten Fall zugunsten der Intensität, der Leidenschaftlichkeit, der Lebendigkeit. Voraussetzung ist allerdings, dass der Verzicht keiner ist, der den narzisstischen bzw. egoistischen Tendenzen der Person dient. Man könnte also radikal formulieren: Wer nicht verzichtet, lebt nicht. Es bleibt einem nichts übrig als zu verzichten, um das Eigentliche, worum es einem geht, zu verdichten und in eine Intensität zu bringen. Der Verzicht ist der Rahmen, den wir schaffen müssen, damit das Leben zum Erlebnis wird. Nur dann sind wir lebendig.

Ermutigung zur Schönheit

Über Schönheit zu sprechen, ist nicht einfach. Denn Schönheit wird von den meisten Menschen als vollkommen subjektives Phänomen eingeschätzt. Was für mich schön ist, muss noch lange nicht für dich schön sein und umgekehrt. Aber ist das so? Ich habe unlängst eine interessante Erfahrung gemacht. Ein wohlhabender Freund von mir, ein Mann, dessen Geschmackssicherheit ich sehr schätze, zeigte mir sein neu renoviertes und neu eingerichtetes Haus. Ich muss zugeben, ich kam aus dem Staunen nicht heraus. Das Haus hat einen Zauber, der mich einnahm. Nun werden viele Menschen, die in das Haus kommen, in erster Linie anmerken, dass so etwas sehr viel kostet. Wir haben angesichts des Teuren eine seltsam ambivalente Andacht, die aus Neid, Missgunst und Bewunderung genährt wird. Wenn man sich aber derart dem Schönen nähert, dann kann man sich nicht davon verzaubern lassen. Ganz gleich verhält es sich bei der Betrachtung von Gemälden in einer Ausstellung. Man muss sich auf das künstlerische Erlebnis einlassen können. Wenn wir das Schöne erkennen wollen, sind wir ihm ausgeliefert. Diese Art Kontrollverlust ist nicht jedermanns Sache.

Ich möchte es wagen, Schönheit jenseits des Subjektiven zu deuten. Was für uns schön ist, wissen wir vielleicht gar nicht. Wir wissen es nur, wenn wir es sehen. Denn schön ist alles, was uns im Positiven berührt. Wenn ein Mann verliebt ist, ist er überzeugt, dass seine Frau die schönste ist. In künstlerischen Arbeiten verschmilzt oft das Positive mit dem Negativen, sodass manchmal sogar etwas Hässliches den Anklang des Schönen bekommen kann. Im Leben geht es einem genauso. Man muss nur beobachten, wann einem das Wort „schön“ in den Sinn kommt. Nämlich dann, wenn wir ins Wahrnehmen gekommen sind. Schön bezeichnet die reine Wahrnehmung. Es bewertet nicht, im Gegensatz zur Bezeichnung „schön für etwas“. Das Wörtchen schön findet nämlich in zweierlei Hinsicht Verwendung: einerseits als Attribut, das einen Gegensatz ausdrückt, und andererseits als Ausdruck reiner Wahrnehmung. Schönheit hat mit Ästhetik zu tun. Das griechische Wort „Aisthesis“ heißt auf Deutsch „Wahrnehmung“. Ein Ästhet ist ein Wahrnehmender. Das Wahrnehmen macht die Welt, macht uns lebendig. Es ist die Grundlage und der Hintergrund der Achtsamkeit, die das Leben schön macht. Schönheit ist das Resultat eines Aha-Erlebnisses.

Ich komme nochmals auf das schöne Haus zu sprechen. Es bezauberte mich, wie gesagt. Es war dann kein Gebäude aus Stein, Holz, Stoff und Metall mehr, sondern irgendwie mehr. Dieses Mehr ist die spirituelle Anmutung. Das Schöne macht das Materielle spirituell. Es ist doch eine entscheidende Frage im Leben: Ist das real, was wir gemeinhin als real verstehen, oder ist das, was jenseits der sogenannten Realität wahrnehmbar ist, real? Wenn wir Ersterem anhängen, gibt es keine Religion, keine Kunst, keine Liebe, dann ist die Welt farblos und eintönig. Die Destruktivität der Welt kann auch als der verzweifelte Versuch gewertet werden, aus dieser Farblosigkeit, Eintönigkeit, aus dieser unlebendigen Fadesse zu entkommen. Schönheit erzeugt die eigentliche Wirklichkeit im Leben, jene, die sich jenseits der sogenannten Wirklichkeit finden lässt. Daher ist es wichtig, sich dem Schönen verpflichtet zu fühlen. Das gelingt uns, indem wir wachsam bleiben, aufmerksam, zugewandt – vor allem uns selbst. Die Begegnung mit dem Schönen ist ein Akt der Liebe, ein Ausdruck der Liebe zu uns selbst.

Ermutigung zur Verlässlichkeit

Sich selbst zu lieben heißt, für sich selbst die große Liebe zu sein. Das bedeutet jedoch nicht, dass andere Menschen nicht auch die große Liebe für einen sein können. Die große Liebe erkennt man an der Bedingungslosigkeit der Verbundenheit – man mag die andere Person so, wie sie ist, trotz aller Ecken und Kanten. Infolge negativer Gefühle spürt man einem anderen gegenüber normalerweise Distanz. Man fühlt sich ihm nicht so nah. Wenn die Empfindung der totalen Verbundenheit unabhängig aller Gefühle spürbar ist, handelt es sich um eine sogenannte große Liebe.

Sich selbst zu lieben heißt auch, sich selbst als den besten Freund, die beste Freundin anzuerkennen. Die Beziehung zum besten Freund, zur besten Freundin ist natürlich eine Liebesbeziehung. Denn letztlich ist jede Beziehung, in der Liebe eine Rolle spielt, eine Liebesbeziehung. Seien wir uns selbst der beste Freund, die beste Freundin, dann kann nichts schiefgehen. Die meisten Menschen denken, fühlen und handeln kongruent mit der tiefen Verbundenheit, wenn es um ihren besten Freund, ihre beste Freundin geht. Die Kongruenz mit der tiefen Verbundenheit führt zur Verlässlichkeit, geht es doch in Beziehungen darum, ob man sich aufeinander verlassen kann. Dies ist ein wichtiger Indikator für unsere Bindungssicherheit. Auch wenn man einen Menschen sehr liebt, wird man sich etwa manchmal im Leben nolens volens nach einem gewissen Ausmaß von Verletzungen nach einer gewissen Zeit distanzieren müssen, auch wenn man die Nähe noch unvermindert spürt. Dann konkurriert die Liebe zu sich selbst scheinbar mit der Liebe zum anderen. Aber das ist wirklich nur der Schein. In Wahrheit ist es unmöglich, sein Leben mit Menschen zu teilen, die nicht verlässlich sind. Das ist auch der Fall, wenn man den anderen liebt – zweifelsohne eine bittere Einsicht. Gerade die Liebe zu einem selbst ermöglicht eine solche Einsicht.

Ich habe bei uns Menschen beobachtet: Je weniger für das Gegenüber die Möglichkeit besteht, einen zu verlassen, desto weniger verlässlich ist man gewöhnlich. Bei Freunden ist man unverlässlicher als bei Arbeitskollegen, beim Chef ist man am verlässlichsten. Eltern sind nicht selten unverlässlich gegenüber ihren Kindern, Kinder, vor allem im Erwachsenenalter, gegenüber ihren Eltern. Üblicherweise ist die Neigung zur Unverlässlichkeit ein Indikator für die Bindungssicherheit. Je bindungssicherer man ist, desto höher ist die Neigung zur Unverlässlichkeit.

Eine weitere Erklärung für die Unverlässlichkeit ist, dass einem der andere egal ist, daher Nähe und Beziehung keine Bedeutung mehr haben. Das sieht man manchmal in langjährigen Paarbeziehungen. Die Diagnose ist also einfach: Je weniger Handlungsspielraum der andere hat, weil er aus irgendeinem Grund an uns gebunden ist, desto mehr können wir ihm gegenüber unverlässlich sein. Auf diese Weise sind schon einige Menschen, vielleicht sogar viele, Opfer von mir/von uns geworden. Auf diese Weise bin ich/sind wir aber ebenso oft Opfer von anderen geworden. Wann immer wir können, reagieren wir daher auf Unverlässlichkeit, indem wir von dem, der uns gegenüber unverlässlich ist, abrücken. Wir lernen, dass wir traumatisiert werden, wenn wir, aus welchem

Grund auch immer, keine Konsequenzen ziehen. Manche Menschen können sich tatsächlich nicht von einem Unverlässlichen distanzieren. Sie leben dann verletzt, verbittert und in sich eingebunkert, vielmehr mit Überleben als mit Leben beschäftigt.

Das häufigste Opfer der Unverlässlichkeit sind allerdings wir selbst, können wir uns doch kaum entkommen. Und trotzdem versuchen wir es unentwegt. Mit diesem Buch möchte ich uns ermutigen, uns selbst nicht mehr entkommen zu wollen, und uns zu einem Leben in totaler Verbundenheit mit uns selbst führen. Durch die Unverlässlichkeit, die wir uns selbst gegenüber spüren lassen, weil wir sie uns vermeintlich leisten können, kommt es zu genau jener Entfremdung mit uns selbst, die letzten Endes in der Selbstentfremdung gipfelt. Auf diese Weise entzweien wir uns quasi mit uns selbst, wie wir uns von einem unverlässlichen Freund entfremden können. Daher ist Verlässlichkeit uns selbst gegenüber eines der höchsten Ziele, die wir erreichen können, wenn es darum geht, der Liebe, die wir zu uns selbst empfinden, gerecht zu werden. Das bedeutet, dass wir uns zärtlich und feinfühlig betrachten sollten, bevor wir uns etwas vornehmen, dass wir diszipliniert sein sollten, wenn wir uns etwas vorgenommen haben, und dass wir uns bei Unverlässlichkeiten uns selbst gegenüber selbst um Entschuldigung bitten sollten. Wir müssen uns in solchen Fällen verzeihen.

Jede Disziplin ist Selbstdisziplin, wenn sie einen Sinn ergeben soll. Denn einem anderen gegenüber diszipliniert zu sein, ist nur dann sinnvoll, wenn es in unserem Sinne ist. Wie oft wird Disziplin missbraucht, ist sie schlichtweg sinnlos, während es ihr in anderen Situationen, in denen sie vonnöten wäre, mangelt. Der disziplinierte Mensch folgt nicht seinem Ego, sondern dem Ruf seines Herzens. Wir sind alle Berufene, jedoch nicht im Sinne des Rufs einer äußeren Instanz, sondern im Sinne der Berufung durch uns selbst. Folgen wir diesem Ruf, dann leben wir die Liebe zu uns selbst und kommen zu unserer Lebendigkeit. Wenn wir jedoch trotz allem Verlässlichkeit uns selbst gegenüber missen lassen, was ich zumindest täglich mit mir selbst erlebe, dann kommt die Empfindung der Reue ins Spiel. Reue, dass man sich diese Enttäuschung selbst angetan hat. Reue und eine respektvolle Verneigung mit dem Versprechen sich selbst gegenüber, immer wieder den Versuch zu wagen, sich selbst aus freundschaftlicher Verbundenheit zu behandeln. Der, der liebt, dem ist schon verziehen. Vor allem ab dem Moment, in dem er daran denkt, in dem er Sehnsucht nach Verzeihung hat. Selbstverzeihung ist also eine Selbstverständlichkeit, wenn zumindest ein kleinster Impuls zur Reue, zur Einsicht in das, was man sich selbst immer wieder antut, vorhanden ist.

Ermutigung, sich selbst in Ruhe zu lassen

Menschen muten sich nicht selten Gedanken und Gefühle zu, oder auch Handlungen, die sie niemandem antun würden. Sie muten sich selbst auch Lebenssituationen zu, die sie niemandem, dem sie nahestehen, nur im Mindesten vergönnen würden – nicht einmal ihrem Todfeind. Warum plagen wir uns mit uns selbst? Bietet das Leben nicht genügend Herausforderungen? Es ist der innere Kommentator, der uns nicht in Ruhe lässt. Der Beobachter des Beobachters, wie Jiddu Krishnamurti ihn nennt. Dieser Zweite in uns, der uns immer kritisch beobachtet, der ist es, der uns nie in Ruhe lässt. Nichts ist ihm gut genug. Nichts geht ihm schnell genug. Überhaupt alles, im Allgemeinen und im Besonderen, ist nicht genug. Er bewertet, und er tut dies, weil er Angst hat.

Meinungen sind das Resultat von Bewertungen. In gewissen Lebenssituationen ist es wichtig und gut, zu Meinungen zu kommen. Wenn ich zum Beispiel auf Urlaub fahren möchte, dann ist es notwendig, bewerten zu können. Bewertungen sind Bezugnahmen zum eigenen Ego. Wenn ich bewertet habe, weiß ich, wie ich zu etwas stehe. Das ist dann eine Meinung. Meinungen zeigen uns also auf, wie wir uns uns selbst vorstellen. Insofern stärken sie das Ego. Das ist auch der Grund dafür, warum wir so meinungsversessen sind. Die Meinungen stärken das Ego genau in den Situationen, in denen das Ego in Gefahr ist, in denen es sich destabilisiert. Wenn ein Mensch zu allem und jedem eine Meinung hat und nie auf eine Meinung zu etwas verzichten kann, dann ist er Ich-schwach und möchte sich mittels seiner Meinungen stärken. In gewissen Situationen ist es, wie erwähnt, notwendig, sich eine Meinung bilden zu können. Es ist jedoch unübersehbar, dass Menschen sich meistens dann Meinungen bilden, wenn es keine Grundlage dafür gibt.

Um dies zu verdeutlichen, ein Beispiel: Während der Syrienkrise kamen Hunderttausende Flüchtlinge in mein Land. Natürlich kann man nicht alle aufnehmen, das würde die Integrationsmöglichkeit der Gesellschaft total überfordern. Man kann die Flüchtlinge aber auch nicht einfach jahrelang an der Grenze stehen lassen. Das wäre inhuman. Ein Dilemma. In dieser Situation hatte aber merkwürdigerweise jeder eine Meinung dazu. Gerade in einer Situation, in der man nicht imstande ist, sich zu orientieren, zu wissen, wie etwas ist, neigen wir dazu, uns statt der Orientierung eben eine eigene Meinung zu bilden. Was zeigt uns das? In einer dilemmatischen Situation haben die meisten Menschen eine Meinung zu etwas, was man gar nicht ganz erfassen kann. Die innere Stellungnahme soll jene Sicherheit bieten, die uns die Welt nicht bietet.

Der Nachteil an dieser sehr häufig gewählten Strategie ist, dass wir durch die Meinungen bereits zu wissen glauben, wie es ist. Wir blicken also nicht mehr neugierig und aufmerksam auf die Welt. Meinungen beenden das Interesse an etwas und schließen uns von der Welt ab. Sie sind für uns Menschen scheinbar so überlebenswichtig, dass wir ohne sie nicht existieren können. Daher ist es nicht sinnvoll, nachhaltig gegen Meinungen zu argumentieren, denn das bringt unser Gegenüber in eine existenzielle Not. Auf Meinungen zu verzichten, erzeugt Unsicherheit. Meinungen erzeugen jedoch eine Wahrnehmungseinschränkung, die in Wahrheit bedrohlich ist. Sie führen dazu, dass wir den Wahrnehmungsprozess abschließen und der Kommentar sind, mit dem wir uns die Welt erklären. Wir stabilisieren uns damit. Sich selbst meinungslos gegenüberzustehen heißt, sich selbst im Zustand der Liebe zu betrachten. Viele Menschen, mit denen ich spreche, können sich das nicht vorstellen. Sie fühlen sich ohne den inneren Kommentator hilflos. Sie verstehen nicht, dass wir uns eher bedroht fühlen sollten, wenn wir uns selbst kommentieren. Denn dann haben wir keine Möglichkeit, uns selbst zu begegnen, uns zu berühren und zu verstehen, wer wir wirklich sind. Einsicht braucht Ruhe. Wenn wir uns ständig belabern, uns mit Unwichtigem belasten, dann können wir uns nicht in unserer Schönheit wahrnehmen und sind nicht imstande, unser Leben entsprechend zu gestalten.

Ermutigung zur Gelassenheit

Die Philosophie der Stoa entwickelte eine Theorie der Gelassenheit, welche schon in der Antike eine wünschenswerte Eigenschaft war. Gelassenheit ist die Kunst, sich selbst sein zu lassen. Wir sollten das eigene Sein anerkennen und nicht daran herumrütteln. Auf diese Weise bleiben unsere Ängste außen vor. Das kann nur mittels Gelassenheit gewährleistet werden, auch wenn es nicht bedeutet, ein Leben frei von Furcht zu führen. Aber es verhält sich analog zu dem, was der heilige Paulus in der Bibel sagt: Der Tod hat keinen Stachel mehr. Paulus meint damit, dass uns der Tod durch die Auferstehung von Jesus Christus von den Toten nicht mehr bedroht. Dementsprechend haben die Ängste durch die Gelassenheit keinen Stachel mehr. Sie verlieren ihre Bedrohung.

Die Stoiker glaubten an ein Leben nach dem Tod, allerdings im Unterschied zu den Christen nicht an ein individuelles Leben nach dem Tod. Das unsterblich Seelische sollte, ihrem Glauben nach, quasi in die kosmische Energie einfließen. Sie gingen von der Dualität menschlichen Seins aus. Auf der einen Seite steht der Mensch mit seinem Ego, jener Vorstellung, die wir uns von uns machen – das verletzliche, der Vergänglichkeit ausgesetzte Ego, mit dem wir uns identifizieren. Auf der anderen Seite befindet sich der Mensch mit der unsterblichen Seele, die angeblich in uns wohnt. Nach der Idee von spirituellen Traditionen ist die unsterbliche Seele das Eigentliche in uns.

Das Ego versucht sich ein ganzes Leben lang, Tag und Nacht, selbst zu rekonstruieren. Wir verteidigen uns, wir rechtfertigen uns, nicht nur in Gedanken, Worten und Taten am Tage, sondern auch nachts in unseren Träumen. Wir versuchen uns verzweifelt – ja verzweifelt, denn Verzweiflung ist immer der Selbstzweifel – am Leben zu halten, genauer jenes Bild, das wir von uns haben. Wir überleben statt zu leben. Aus diesem Umstand entsteht die Angst, die uns einnimmt, die uns umhüllt, die wir letztlich dann sind.

Es gibt viele Versuche, Menschen Gelassenheit beizubringen, zumal man erkannt hat, dass fehlende Gelassenheit ein wichtiger Faktor ist, der krankmachenden Stress fördert. Man kann sagen, ein Mensch mit zu wenig oder ohne Gelassenheit ist das Opfer seines Egos. Aus diesem Grund wurden viele Stress reduzierende therapeutische Methoden entwickelt, um sich selbst in den Griff zu bekommen. Leider haben diese durchaus wertvollen Methoden den Nachteil, dass dabei das Ego sich selbst unter Kontrolle bringen will. Dieser Umstand erzeugt Grenzen, die evident sind. Manchmal helfen diese Techniken wenig oder der Aufwand ist hoch im Vergleich zum Erfolg. Dennoch soll ihre grundsätzliche Nützlichkeit nicht in Zweifel gezogen werden.

Ich habe in meinem Leben eine eindrucksvolle Erfahrung gemacht. Ich kam in Lebenssituationen dann und wann an einen Punkt, an dem ich dachte, dass es unter diesen bestimmten Umständen mit mir nicht weitergehen könnte. Das passiert, wenn man etwa einen geliebten Menschen verliert oder einem ein hochgradiges identitätsstiftendes Merkmal wie Gesundheit abhandenkommt. Und trotzdem erlebte ich immer wieder, dass ich nach einer gewissen Krisenzeit ein gutes Leben führen konnte, auch ohne das, worauf ich vermeintlich nicht verzichten konnte. Diese wichtige Erfahrung markiert die Weggabelung im Leben, die darüber entscheidet, ob man verbittert oder heiter und gelassen wird. Verbitterung ist die Folge des Beharrens auf Ego-Vorstellungen. Gelassenheit ist die Folge des Loslassens von dem, was wir von uns geglaubt haben. Je mehr wir uns über uns wundern können, je mehr wir uns selbst als unvorhersehbares Wunder verstehen lernen, desto gelassener werden wir sein. Wir verblüffen uns selbst, wenn wir uns nur lassen. Auf diese Weise, so meine ich, werden wir uns selbst eher gerecht werden und die Dualität unseres Seelenlebens erleben – ohne dass wir irgendeiner religiösen Vorstellung anhängen müssen. Wir erleben, dass wir auf fundamentale Aspekte dessen, was uns vermeintlich ausmacht, verzichten können, und dass ganz am Ende nichts passiert ist. Dieser Umstand ist die Grundlage wahrer Gelassenheit.

Ermutigung nachzugeben

Nachgeben ist in Paarbeziehungen nicht besonders beliebt. In der ersten Verliebtheitsphase verschwimmt das Ich mit dem Du, daher ist Nachgeben kein Thema. Wenn man aus der „Psychose“ der Verliebtheit erwacht, erkennt man einen Menschen neben sich, der einen Anschlag auf die eigene Identität darstellt, ja darstellen muss. Es folgen zwangsläufig Machtkämpfe mit ritualisiertem Charakter, das heißt, sie laufen lächerlicherweise immer gleich ab, identisch den Kämpfen zur Revierverteidigung von Tieren. Der große Unterschied besteht darin, dass es bei den Tieren einen Sieger gibt, daher ein Ende des Kampfes. Bei Paaren gibt niemand auf. Natürlich existieren die unterschiedlichsten Paare. Manche haben eine harmonischere Beziehung als andere. Aber das Ausmaß der Kämpfe bleibt nicht selten, zumindest für eine furchtbar lange Zeit, gleich. Manchmal gibt einer auf und entschließt sich zur Trennung.

Bei Paaren ist es nicht anders als bei Individuen. Man behauptet sich lieber, als etwas dazuzulernen, sich zu entwickeln. Die Folge davon ist Unglück. Die meisten von uns ziehen das gewohnte Unglück dem ungewohnten Glück vor. Wir können nicht aufgeben, wir können nicht nachgeben. So machen wir uns unglücklich. Nun ist das Nachgeben an und für sich kein Wert. Kein Mensch gibt gern nach – und das ist auch gut so. Auch im Sinne des Egos sollte man sich etwas wert sein. Aber manchmal gibt es Situationen im Leben, in denen es keine Alternative zu geben scheint. Manchmal kann man nichts erzwingen.

Als Psychotherapeut werde ich von Patientinnen oder Patienten manchmal gefragt, ob er oder sie sich scheiden lassen soll. Dann antworte ich gewöhnlich: „Scheiden lassen sollte man sich, wenn man schon geschieden ist, wie man auch heiraten sollte, wenn man schon verheiratet ist." Sich für etwas entscheiden heißt, sich dem Entschiedenen zu ergeben. Entscheiden bedeutet immer Kongruenz herzustellen zwischen einem inneren und dem dazugehörigen äußeren Zustand. Es handelt sich daher um einen Prozess, bei dem man die Aufgabe hat, sich bei der Entscheidungsfindung nicht zu stören. Mehr ist nicht zu tun, mehr kann man nicht tun.

Und trotzdem zahlen sich die Beziehungskämpfe aus. Zwar nicht bis zum bitteren Ende oder gar heimlich auf den Sieg zu hoffen, der nie eintreten wird, nie eintreten kann, aber es zahlt sich aus, so lange zu kämpfen, bis wir verstanden haben, dass es gerade das zu lernen gilt, was wir durch unser Kämpfen nicht sehen können – im besten Fall Demut bzw. Respekt sich selbst und anderen gegenüber. Nur so ist es möglich, sich selbst und einander gehen zu lassen und im Falle einer Scheidung nicht dazu verurteilt zu sein, mit einem neuen Partner das Gleiche durchzuexerzieren.

Wir müssen verstehen, dass das Leben selbst unser Guru ist und wir in der Begegnung, ohne nachzugeben, nichts lernen können. Entwickeln können wir uns nur, indem wir nachgeben. Wie groß ist der Widerspruch zum Entwicklungsbegriff, den beispielsweise heutige Manager implizit und explizit verkünden und leben.

Ich habe gerade große Themen als Beispiele gebracht. Dabei ist es weitaus wichtiger, das Nachgeben im Alltag zu üben. Wenn das Hotelzimmer nicht passt und es findet sich kein besseres, wenn man sich auf etwas freut und es findet nicht statt, wenn ich mir etwas sehnlichst umsonst erwarte. Diese misslichen Situationen sind Übungsstunden zur eigenen Entwicklung. Sie alle haben einen Sinn: Freiheit. Freiheit ist Freiheit von Angst, sagten wir. Freiheit in diesem Sinn ist Freiheit von Bedingungen. Wir müssen uns bedingungslos in der Welt bewegen können. Wir können der Welt Bedingungen stellen, aber wir dürfen uns von den selbst gestellten Bedingungen auch wieder befreien. Die wunderbaren Gurus des Alltags – der verspätete Bus, der Chef, wir selbst – helfen uns in unserer ganzen Kompliziertheit dabei.

Ermutigung, in der Zeit zu sein

Gewöhnlich wird es als Missachtung erlebt, wenn man einen Menschen warten lässt. So etwas wird nicht ganz zu Unrecht als lieblos erlebt. Da für die meisten im Alltag Liebe ein zu großes Wort ist, wird eher von Missachtung oder von Respektlosigkeit gesprochen. Bedauerlicherweise bin ich in meinem Leben oft zu spät gekommen, jedoch nie, wenn es mir wirklich wichtig war, wenn ich für mich bedeutende soziale Konsequenzen befürchten musste oder wenn ich die Verbundenheit der Liebe spürte. Gerade die, die ich liebe, habe ich leider häufig warten lassen. Hier handelte ich nicht der Liebe entsprechend. Ich wäre, so meine späte Einsicht, immer pünktlich gekommen, wenn es mir in diesen Momenten wirklich wichtig gewesen wäre.

Die meisten Menschen betrachten die eigene Zeit als Feind, ist sie einerseits das, was ihnen die Möglichkeiten stiehlt, die sie theoretisch noch hätten, und andererseits die unendliche Langeweile des Nichts-tun-Könnens. Die Tatsache, dass wir unserer eigenen Zeit gegenüberstehen, ist das eigentliche Problem. Nicht die Zeit ist das Problem, sondern dass wir glauben, unsere Zeit und wir wären etwas zu Unterscheidendes. Dabei sind wir unsere Zeit. Wenn ich in meiner Zeit lebe, dann erlebe ich eigenartigste Phänomene. Ich bin immer pünktlich, ohne mich darum bemühen zu müssen. Ich habe immer genug Zeit zur Verfügung, egal wie viel ich zu tun habe. Zeit wird plötzlich Fülle, nicht Begrenzung. Leben heißt, in der eigenen Zeit zu sein, in der Fülle der Zeit zu leben, und nicht, die eigene Zeit auszufüllen. Es geht also darum, sich von der Zeit tragen zu lassen und nicht die eigene Zeit zu ertragen.

Welches Glück ist es doch, den heutigen Tag, die gegenwärtige Stunde, die gegenwärtige Minute, den gegenwärtigen Augenblick zur Verfügung zu haben. Nur wenn wir präsent in der Zeit leben, entsteht das Empfinden der unbegrenzten Zeit. In der Zeit zu leben, bedeutet auch, keine Langeweile und keine Eile zu kennen. Es ist immer Jetzt. In der Zeit zu sein ist nichts anderes als die Liebe zu sich selbst.

Ich habe verstanden, dass die ultimative Methode, das eigene Leben zu verlängern, darin besteht, in der eigenen Zeit zu leben. In der Kindheit vergeht die Lebenszeit sehr langsam, wenn man sie mit den späteren Lebensphasen vergleicht. Es kommt einem vor, ein Tag kann länger dauern als später dann ein Jahr. Umso lächerlicher erscheint es einem, wenn Menschen um die fünfzig mit der Einbildung leben, sie hätten erst jetzt die erste Lebenshälfte hinter sich. Angesichts der rasanten Zunahme des Tempos der erlebten Lebenszeit wirkt diese Illusion sehr naiv. Faktum ist, dass wir in der Regel mit fünfzig unserem Tod schon sehr nahe gekommen sind, selbst dann, wenn wir biologisch gesehen sehr alt werden sollten.

Es gibt aber eine Möglichkeit, die erlebte Lebenszeit zu verlängern. Wenn man diese Möglichkeit aufgreifen will, muss man verstehen, warum junge Menschen die Zeit als so lange und warum alte Menschen die Zeit als so kurz erleben. Junge Menschen begegnen dem Leben mit weniger Vorstellungen, zumindest wenn sie ungestört sind. Sie können sich in den gegenwärtigen Moment total einfinden, was die Lebenszeit erweitert. Wenn wir aber schon wissen, wie das Leben funktioniert, zu allem und jedem eine Meinung haben, im Sinne einer selbsterfüllenden Prophezeiung das Opfer unserer eigenen Lebenserfahrung werden, dann verkürzen wir unsere erlebte Lebenszeit.

Ich habe Zeit für dich. – Ein schöneres Beziehungsangebot kann man einem Menschen nicht machen. Ich habe Zeit für mich selbst. – Ein schöneres Beziehungsangebot kann man sich selber nicht machen.

Ermutigung, undicht zu sein

„Kunst kommt von Können", sagt der Volksmund. Der Satz wird jedoch gewöhnlich von Menschen benutzt, die mit Kunst nichts anfangen können und auf diese Weise das ihrer Meinung nach Willkürliche an der Kunst kritisieren wollen. Diese Position ist nachvollziehbar, aber problematisch. Das Problem entsteht, weil Kunst erst dann Kunst ist, wenn wir vorerst einmal nichts damit anfangen können. Am deutlichsten wird das bei der Musik. Selten kann man mit Musikstücken, wenn man sie zum ersten Mal hört, gleich etwas anfangen. Musik hat immer Tiefendimensionen, die uns unverständlich bleiben und der Musik erst ihre Faszination verleihen. Kunst ist eben all das, was unsere Wahrnehmung über die Grenzen des bisher Möglichen erweitert. Kunst erweitert das Denkbare um das bisher Undenkbare, das Fühlbare um das bisher Unfühlbare. Wir brauchen nicht nachzudenken, ob wir etwas als Kunst einschätzen können oder nicht. Wenn wir mit etwas nichts anfangen können und dennoch davon angezogen, vielleicht sogar fasziniert sind, dann ist es Kunst. Kunst ist dem Wesen nach subjektiv. Kunst ist magisch.

Durch Kunst sind wir ermutigt, undicht zu sein. Das für uns Denkbare, das für uns Fühlbare, das, was wir für möglich halten, ist durch die Grenzen unserer Ich-Struktur festgelegt. Alles, was uns hilft, über das hinaus zu denken und zu fühlen, zu dem wir bisher imstande waren, ist dem Wesen nach künstlerisch. So kann alles Kunst sein, dem wir im Leben begegnen – nicht nur deklarierte Kunstwerke, auch Natur, andere Menschen, Tiere, Dinge oder auch das eigene Leben. Ein Lebenskünstler ist einer, der sich stets vom eigenen Leben berühren lässt und sich dem Automatischen des eigenen Lebens entzieht. Es geht um die Berührung, die uns verändern kann. Bin ich ein Lebenskünstler, lasse ich mich von meinen eigenen Erfahrungen berühren. Ich lasse mich durch die Begegnung mit mir verändern. Ich gehe keinen sogenannten geraden Weg, sondern bin bereit, in jedem Moment abzubiegen und aufzubrechen. Wenn man auf diese Weise lebt, bedeutet das jedoch nicht, dass man ein wirres, ein unorientiertes Leben führt. Das Gegenteil ist der Fall. Die meisten Menschen entfremden sich im Leben, indem sie irgendwelchen Konzepten folgen, die sie als die eigenen definieren. Wir sollten Undichte zulassen. Undicht sein heißt, sich am Kompass des Lebens zu orientieren, verrückt zu sein. Wir müssen uns verrücken, um dem Leben Platz zu machen. Wenn wir unser Leben zu eng stricken, hat das Lebendige in den Maschen des Lebens keinen Platz. Wie ein Politiker nicht nachhaltig gegen das Volk, das er vertritt, regieren kann, so können wir nicht gegen unser Leben leben. Wir müssen unsere Lebenserfahrungen ernst nehmen. Vielfach werden diese entweder ignoriert oder in Angst gegossen. Beides ist gefährlich. In einem Fall torkeln wir im Leben herum, im anderen engt sich das Leben ein. Nur wenn wir die Lebenserfahrungen ernst nehmen, haben wir mehr Lebensraum zur Verfügung. Wie ein Kind sollten wir unser ganzes Leben lang Raum um Raum durchschreiten, wie das Hesse in seinem legendären Gedicht „Stufen“ beschreibt. Wir haben etwas richtig gemacht, wenn wir das Leben immer weiter erleben. In der Tat könnte man zum Schluss kommen, dass sich das Leben im Laufe der Zeit entsprechend der Möglichkeiten, die sich einschränken, auch einschränkt. Bei manchen Männern, die auch noch mit sechzig trotz einer Partnerschaft ständig auf Partnersuche sind, kann man den Eindruck gewinnen, dass sie mit aller Kraft gegen die Einschränkung des Lebens ankämpfen. Dabei schränken sie sich erst durch das dagegen Ankämpfen ein. Natürlich gibt es in jedem Lebensabschnitt Möglichkeiten, die es in einem anderen nicht gibt, vice versa. Was man jedoch mit der Zeit lernen kann, ist, dass es nicht darum geht, die Möglichkeiten zu erhalten, sondern jene, die man gerade hat, mit Leben zu erfüllen und auf diese Weise lebendig zu sein.

Ermutigung, jeden Tag sein Leben neu zu beginnen

Unlängst hat mir ein Freund erzählt, dass er jetzt mit etwa Mitte fünfzig, zehn Jahre vor der Pensionsberechtigung, mit der regelmäßigen Arbeit aufhören und fortan nur mehr tun wolle, was er wirklich gerne mache. Ich frage mich, wer bestimmt, was wir gerne machen? Ist es nicht die Gewohnheit, die wir uns im Laufe unseres Lebens angewöhnt haben? Wenn wir das ansteuern, was wir gerne machen, folgen wir unseren Vorstellungen, leben demnach hypothesengeleitet und bestätigen die immer gleichen Hypothesen im Sinne von sich selbst erfüllenden Prophezeiungen. Das Leben wird eng auf diese Weise. So machen wir das, was wir gerne machen, aber es macht immer weniger Freude. Die Wahrnehmung des Menschen ist so gestaltet, dass sie Licht und Schatten benötigt, um das Helle und das Dunkle wahrnehmen zu können. Wenn man dauernd dahinjausnet, schmeckt man am Schluss nicht mehr, wie das, was man isst, eigentlich schmeckt. Daher ist es keine günstige Maxime, nur oder hauptsächlich das zu tun, was man gerne macht – das engt ein, obwohl man ja vom Gegenteil ausgeht. In diesem Moment ist man alt. Mein Freund, so vermute ich, freut sich darüber, dass er durch den Gewinn der Selbstbestimmtheit Lebenszeit gewonnen hat. Wirklich Lebenszeit hat man jedoch nur, wenn man im Herzen jung ist. Die Jugend ist die Zeit, in der das Leben noch vor einem liegt und man noch nicht wirklich wissen kann, was auf einen zukommt. Die zahllosen Möglichkeiten, wie das Leben verlaufen könnte, sind noch nicht von unserer Lebenswirklichkeit ausformuliert. Daher entsprechen wir uns nicht, wenn wir unsere Lebenswirklichkeit zu sehr bestimmen wollen. Ich habe meinem Freund gesagt, dass es vielleicht besser für uns ist, das zu tun, was uns Freude bereitet. Ich bereite Menschen Freude, indem ich ihnen Nähe vermittle, zu sich selbst und zu anderen. Freude zu bereiten heißt, Nähe zu vermitteln. Ein Leben, das wir im Einklang mit uns führen, ist ein freudvolles Leben. Manches, was wir im Einklang mit uns tun, machen wir nicht gern, und manches, was dem Einklang widerspricht, machen wir gern.

Letztlich gibt es nichts Schöneres als die Nähe zu sich selbst. Freude ist nichts anderes als das. Sie ist die unmittelbare Rückvergütung eines treuen Lebens, also eines Lebens, in dem man sich nicht suchen muss, sondern ganz bei sich ist. Dazu ist es notwendig, jeden Tag neu anzufangen und aufzubrechen. Denn ein wenig verlieren wir uns immer. Jeden Tag neu aufzubrechen heißt, sich jeden Tag neu zu vergegenwärtigen, worum es einem geht. Wir müssen unseren Kompass einstellen. Er verstellt sich sehr leicht, handelt es sich um ein sehr sensibles Instrument, das durch unser eigenes Ego leicht irritierbar ist. Jeden Tag neu aufzubrechen heißt auch, sein Treuegelübde an sich selbst zu erneuern. Es ist wie ein Morgengebet. Am Abend ist es hingegen sinnvoll, nachzuvollziehen, wie der Tag verlaufen ist. Auf diese Weise hat man sich immer im Blick. Es ist eigenartig, wie sehr man sich selbst aus den Augen verlieren kann. Es gibt Menschen, die sehen sich an und sind schlank, und beim nächsten Blick auf sich wiegen sie bereits 25 kg mehr. Andere wiederum sind unbekümmert und frei und im nächsten Moment nur mehr ein Schatten ihrer selbst. Daher ist ein stetes Auge auf sich selbst unbedingt notwendig.

Ermutigung zur Feinfühligkeit

Eine Grundfrage der Kriegsführung lautete in allen Zeiten: Schutz oder Wendigkeit? Wenn man an die Panzerungen im Mittelalter denkt, wird einem ganz anders beim Gedanken, so etwas tragen zu müssen. Was aber unverkennbar ist: Schutz kostet Energie. Meist kostet Schutz sogar so viel Energie, dass er selbst zur Bedrohung wird. Schutzmuster haben etwas Desensibilisierendes. Und diese mangelnde Sensibilität ist bedrohlich, können wir doch nur durch unsere Sensibilität frühzeitig erkennen, welche Reaktion angemessen ist. Wenn wir uns im Leben schützen wollen, müssen wir auf unsere Sensibilität achten. Jede Verletzung kann uns abstumpfen lassen, ist ein Trauma, auf das wir mit der Ausbildung einer Schutzschicht reagieren können. Solche Schutzmuster sind gleichsam dicke Häute, Panzerungen, die uns weniger verletzbar machen sollen, die uns aber auch in unserer Sensibilität einschränken. Sie gefährden uns. Die meisten Menschen verteidigen die eigenen Schutzmuster, als ob sie sie selbst wären. Damit verteidigen sie aber, ohne es zu wissen, versehentlich ihre Anfälligkeit für Verletzungen, trotz oder gerade wegen der mangelnden Sensibilität.

Psychologisch gesehen ist die Entwicklung von Schutzmustern immer verbunden mit der Entwicklung von Verbitterung. Verbitterung ist das Resultat nicht auflösbarer Konflikte, eine Verkrustung, eine Verkalkung und damit die chronische Aufrechterhaltung des Konflikts. Psychische Erkrankungen entstehen nicht zuletzt deswegen, weil Verbitterungen selbst das Problem werden, das durch sie gelöst werden sollte. Daher ist es so schwer, wenn man einmal erkrankt ist, psychisch wieder gesund zu werden: Man muss auf jene Muster verzichten, die einen vermeintlich schützen und tatsächlich vernichten. So entwickelt sich bereits in der frühesten Kindheit in Form gegenseitiger Beantwortung mit den primären Bezugspersonen eine Vorstellung von dem, was und wer man sein könnte. Wenn es da an Sensibilität, an Feinfühligkeit fehlt, entsteht eine existenzielle Selbstunsicherheit, ein Mangel an Sicherheit, etwas wert zu sein, der katastrophal ist. Diese Unsicherheit erzeugt die Neigung, über die Welt zu theoretisieren.

Ich begegne oft Menschen, die eigentlich alles im Leben haben und trotzdem ein eigenartiges Gefühl des Mangels in sich spüren. Ich erinnere mich an eine Frau, die mir sagte, sie habe einen Mann, der sich so um sie kümmere, wie man sich das von einem Mann nur wünschen könne, sie lebe im materiellen Wohlstand, habe ein gesundes Kind und Schwiegereltern, die sich immens freuen, ihr das Kind wann auch immer abzunehmen. Sie fragte mich, warum sie dann diesen leisen Anflug an Unglücklichsein nicht loswerde. Ich antwortete: In ihrem Leben habe der Überfluss möglicherweise System und wäre nicht ein Ausdruck von Herzenswärme. Immer wieder werden vermeintlich perfekte Frauen und Männer verlassen, wenn die Perfektion auf ein Konzept und nicht auf die Beantwortung der Person zurückzuführen ist. Die Feinfühligkeit ist gleichzeitig mit Abwesenheit von Theoretisieren und Konzeptualisieren verbunden. Checklisten haben in Liebesbeziehungen keinen Platz, weder in der Beziehung zu uns selbst noch in jener zu anderen.

Die mangelnde Feinfühligkeit führt zu einer Schwächung des Kerns unserer Persönlichkeit, wobei ich amorphe, gebrochene und unterwickelte Kerne unterscheide. Die Unterschiede sind auf die verschiedenen genetischen Ausstattungen sowie auf die spezifische existenzielle Frustration oder Traumatisierung zurückzuführen. Das umschreibt die entscheidende Grundlage mangelnder Selbstliebe. Solche Menschen sind gewöhnlich auch nicht imstande, sich und anderen wirklich feinfühlig zu begegnen. Daher ist es wichtig, damit aufzuhören, über sich selbst zu theoretisieren, Konstrukte und Systeme darüberzustülpen, und damit zu beginnen, mit sich feinfühlig umzugehen. Denken wir uns neu, fühlen wir uns neu. Gerade heute habe ich wieder einem Patienten, der mit Problemen zu mir kam, erklärt, dass es keine Probleme zu lösen gibt. Es passiert oft, dass Menschen nicht von der Idee, sie hätten Probleme, lassen können. Probleme sind in diesen Fällen Lebenselixier und Verderben gleichzeitig. Um feinfühlig sein zu können, dürfen wir uns daher von uns und den Menschen um uns verabschieden, um ihnen in jedem Moment neu zu begegnen. Feinfühlig sind wir, wenn wir auf uns selbst antworten, ohne uns zu verwöhnen. Sich selbst gerecht zu werden, ist das Schönste, was uns passieren kann.

Ermutigung zur Reinheit

Die Reinheit einer Person ist eine altmodische Charakterisierung. Wer sagt das heutzutage noch von einem Menschen: Das ist eine reine Frau, das ist ein reiner Mann? Reinheit bezeichnet nicht nur die Abwesenheit von Schmutz, sondern auch, dass man durch Berührung mit dem Reinen keinesfalls schmutzig werden kann. Das Schmutzige hat etwas Bedrohliches. Das erlebe ich beispielsweise immer, wenn ich in Indien bin. Die Abwesenheit des Reinen kostet Energie. So sehr ich Indien schätze, der Schmutz und der Unrat strengen mich an. Genauso verhält es sich mit dem Unreinen im psychischen Bereich. Untreue, Unehrlichkeit, Verschlagenheit, Korruption haben allesamt etwas Unreines, nicht nur in Indien, sondern überall auf der Welt. Nur das Reine respektiert die Integrität des anderen. Sich selbst rein zu halten, bedeutet, sich und seine Umgebung zu würdigen. Insofern hat es mit Selbstliebe zu tun. Die Reinheit führt zur Transparenz der Persönlichkeit. Ich habe mich selbst beobachtet, um herauszufinden, wann ich mich rein fühle. Das Ergebnis: In den Phasen des Lebens, in denen ich mich aus taktischen Gründen verbogen habe, unehrlich zu mir und anderen war, sei es, um Konflikten aus dem Weg zu gehen oder um mir Vorteile zu verschaffen, erlebte ich mich als unrein. Ich behaupte, dass ich spüre, ob ich rein bin beziehungsweise ob mein Gegenüber rein ist oder nicht.

In den Religionen wird suggeriert, Sünde bedeute, Regeln nicht einzuhalten. Das ist aus historischer Sicht verständlich, da man versucht hat, Menschen durch vermeintliche Bedrohungen übersinnlicher Natur soziale Regeln einzubläuen. Leider hat sich damit die Priesterkaste jeglicher Religion eine unkontrollierte Macht über die Menschen erworben und diese in allen Zeiten bis heute reichlich ausgenützt. Selbstliebe ist jedoch nicht möglich, wenn wir irgendwem oder irgendetwas Macht über uns einräumen. Es ist daher eine Versündigung, die Regeln der Religion aus Angst vor den angedrohten Konsequenzen einzuhalten. Sünde ist nämlich ausschließlich das, was sich gegen die eigene Reinheit richtet. Reinheit ist das Ergebnis eines Lebens aus Selbstliebe. Nur sie lässt uns aufrechten Hauptes durch die Welt gehen. So sind wir dann vielleicht nicht reich, aber immer reich genug, vielleicht nicht wichtig, aber immer wichtig genug, vielleicht nicht attraktiv, aber immer attraktiv genug. Es herrscht Ruhe in uns. Das Wort Sünde ist eine Metapher für Unruhe. Letzten Endes gibt es nur eine Sünde, jene gegen die Liebe. Sie hat nichts mit Religion oder Gott zu tun, sie beruht ausschließlich auf der Grundlage, dass wir im Leben die Verantwortung haben, unserer eigenen spirituellen, sprich zauberhaften Natur zu entsprechen. All jene Menschen, die danach leben, kann man als rein bezeichnen. Sie leben in eigenartiger Weise außerhalb der Welt und sind doch in ihrem Zentrum. Man erkennt sie daran, dass sie keinen Raum einnehmen, sondern eher ein Vakuum erzeugen, denen sich Menschen kaum entziehen können.

So wie wir unseren Körper pflegen, sollten wir uns um unsere innere Reinheit kümmern – und zwar täglich. Man muss sich immer am Kompass des Reinen orientieren, sonst kommt man vom eigenen Weg ab. Sollte dies dennoch eintreten, so ermöglicht das tägliche Zentrieren eine rasche Korrektur. Die

Transparenz einer reinen Persönlichkeit führt zu Vertrauenswürdigkeit und Sicherheit. Man weiß bei reinen Menschen, dass sie authentisch sind, das Innere ist mit ihrem Außen identisch. Sie weisen zudem immer eine hohe Disziplin auf. Das bedeutet, es handelt sich um Menschen, die imstande sind, sich selbst verlässlich und vertrauensvoll zu folgen.

Ermutigung, weich zu bleiben

Das Leben ist ein Kampf. Jeder von uns kämpft – wenn man es genau betrachtet, sogar jeden Tag. Aber kämpfen wir zu Recht? Was wäre, wenn wir mit dem Kämpfen aufhören würden? Vorwiegend würde nichts passieren, außer, dass wir wieder mehr Übersicht hätten, mehr Gelassenheit, mehr Selbstbestimmtheit. Der Großteil der Kämpfe ist sinnlos, schadet nur uns selbst und nützt nichts. Wir kämpfen für eine Beziehung, für Geld, gegen Feinde, gegen eine Krankheit. Wir strengen uns an, um das zu erreichen, was wir zu brauchen glauben. Anstrengung heißt in den meisten Fällen: kämpfen. Der Kampf hat allerdings nichts mit Anstrengung zu tun. Anstrengen kann ich mich, in dem ich mir gerecht werde, indem ich das tue, was zu tun ist, indem ich nach dem handle, wozu ich mich berufen fühle. Ich kann mich anstrengen, in dem ich meiner Verantwortung folge. Der Unterschied zum Kampf besteht darin, dass ich nicht siegen muss. Beim Kämpfen strengt man sich an, weil man auf den Sieg aus ist. Selbst der Obdachlose unter der Brücke kämpft sich hoch, um sich den nötigen Alkohol zu besorgen. Der Manager kämpft sich von einem unnötigen Meeting ins nächste, um sich im Sinne seiner Karriere eine möglichst gute Ausgangsbasis zu schaffen. Die modebewusste Frau kämpft gegen den Hunger und für die Idealfigur, um sich in einer fiktiven Konkurrenz um den idealen Mann eine möglichst gute Ausgangsposition zu schaffen.

Worum geht es im Leben? Geht es wirklich darum, zu siegen? Das Kämpfen macht uns hart. Ich habe das selbst erlebt. Ich habe um die Liebe von Menschen gekämpft, um berufliche Erfolge. Aber um welchen Preis? Der Preis, den ich gezahlt habe, war meine Härte – gegenüber mir und gegenüber anderen. Dieser Preis ist viel zu hoch. Die Härte ist eine Verteidigungshaltung und macht uns undurchlässig. Wir erstarren, wenn wir zu lange im Kampfmodus bleiben, und bekommen so von der Welt nichts mehr mit, können uns und anderen nicht mehr begegnen. Viele Menschen haben ihr Kämpferdasein bereits verinnerlicht und begreifen aufgrund ihrer Härte und Verschlossenheit gar nicht mehr, dass es nichts zu kämpfen gibt. An Gegnern und Zielen mangelt es trotzdem nicht. Im Sinne der selbsterfüllenden Prophezeiung stellen sich diese immer rechtzeitig ein. Ein Ende ist nicht in Sicht, ein Leben lang. Der Harte versäumt auf diese Weise sein Leben. Er erlebt in seinem Leben nichts außer seinen eigenen Siegeswillen.

Man kann sich anstrengen und alles für oder gegen etwas tun und trotzdem innerlich weich bleiben. Der Kämpfer in einem sollte sich gleichsam in die Kaserne zurückziehen. Er wird gerufen werden, wenn es darauf ankommt, und das ist selten genug der Fall. Das Leben ist kein Kampf, außer wir kämpfen. Das Leben ist eine Verwirklichungsmöglichkeit, die nur dadurch verhindert werden kann, wenn man das Leben zwingen will. Unser Leben lässt sich aber nicht zwingen. Es zeigt sich, dass Kämpfernaturen oft genug siegen. Wenn ihr Sieg mit Härte erzwungen worden ist, dann haben sie nichts davon, denn sie haben sich verloren. Hart werden heißt, sich selbst verlieren. Ich muss zugeben, dass ich mich für die Verhärtungen meines Lebens schäme. Ich bin trotzdem stolz auf mich in all jenen Situationen, in denen es mir gelungen ist, trotz Anstrengungen weich zu bleiben, lebendig, quasi am Leben zu bleiben.

Der Weg zur Selbstliebe

Es ist ein langer Weg, den wir gehen müssen, um zur Selbstliebe zu kommen. Ein Weg, den wir immer wieder beginnen müssen, jeden Tag unseres Lebens, und auf dem wir niemals zurückschauen und nie vorausschauen dürfen, sonst verlässt uns der Mut. Der Weg ist das Ziel, sagte Laotse. Ich habe mir dazu gedacht: Wenn das so ist, dann sollte das Ziel am Weg liegen. Der Weg zur Selbstliebe ist ein Weg, der sich Schritt für Schritt vollzieht und an dem wir ankommen, indem wir ihn gehen. Selbstliebe ist etwas, das in jedem Moment vollzogen wird, oder dieser gegenwärtige Moment ist nicht von Selbstliebe erfüllt. Hier schreibe ich gerade an meinem Buch. Hier lesen Sie gerade diese Zeilen. Sind wir, Sie und ich, gerade jetzt von Zärtlichkeit und Feinfühligkeit uns selbst gegenüber erfüllt? Respektieren wir uns selbst? Respekt heißt Rücksicht. Aber worauf schauen wir zurück, wenn wir uns respektieren? „Lauf nicht, geh langsam", so beginnt ein Gedicht von Juan Ramòn Jimènez. Und weiter: „Du musst nur auf dich zugehn! Geh langsam, lauf nicht, denn das Kind deines Ich, das ewig neugeborene, kann dir nicht folgen." Sich selbst zu respektieren, heißt, darauf Rücksicht zu nehmen, dass wir innerlich zart, klein, jung, schutzbedürftig und langsam sind. Wenn wir es schaffen, diese Art von Respekt uns selbst gegenüber in uns Platz greifen zu lassen, dann können wir zu einer integrativen Persönlichkeit werden, in der die Vitalität, die Lebensenergie, unmittelbar spürbar wird. Ein sich selbst gegenüber respektvoller Mensch repräsentiert keine Brüche in sich. Es gibt nichts Geschiedenes in einem solchen Menschen, er ist entschieden. Auf dem langen Weg zur Selbstliebe kann jeder Moment ein Moment der totalen Verbundenheit mit sich selbst sein. In einem solchen Augenblick ist bereits alles erfüllt. Und diese Erfüllung beruhigt.

Der Weg zur Selbstliebe ist ein Weg, der eine radikale Umkehr benötigt. Auch wenn es uns nicht bewusst ist, so beschäftigen wir uns gewöhnlich mit der Zähmung der uns umgebenden Welt – wir wollen die beruflichen Herausforderungen bewältigen, unsere Beziehungen auf die Reihe bringen, unsere Ziele erreichen. Eine radikale Umkehr bedeutet, dass wir unseren Fokus nicht auf unsere Umgebung legen, sondern in erster Linie auf uns schauen sollten. Wenn wir die Aufmerksamkeit auf uns richten, auf die Verwirklichung unseres Lebens, wie es in uns spürbar ist, dann sind wir so frei, um uns anderen zuzuwenden. Dieser Gedanke ist nicht ganz leicht zu verstehen. Aber er wird verständlich, wenn wir uns vergegenwärtigen, was Liebe von anderen in uns bewirkt. Wenn wir uns von einem Menschen wirklich geliebt fühlen, dann beschwört dies jenes Ja in uns herauf, das uns unverletzbar macht gegenüber dem Nein der Welt. Freiheit, so wurde gesagt, ist die Freiheit von Angst. So ist Freiheit die Unverletzbarkeit gegenüber dem Nein der Welt. Liebe von anderen erreicht in uns die Selbstrepräsentanz eines existenziellen Ja. Von Freud ist der schöne Aphorismus überliefert: „Wenn man einmal der unbestrittene Liebling der Mutter gewesen ist, so behält man fürs Leben jenes Eroberungsgefühl, jene Zuversicht des Erfolges, der nicht selten den Erfolg nach sich zieht." Gewiss hat sich da ein wenig die narzisstische Aufgeblasenheit mit der Liebe der Mutter vermengt. Jedoch veranschaulicht dieser Satz: Das Eroberungsgefühl ist der Freiraum der Freiheit. Und Freiheit ist ein Kind jener Geborgenheit, die durch Liebe bewirkt wird.

Wir können die Herausforderung unseres Lebens nur lösen, wenn wir uns selbst begegnen. Lassen wir uns von uns selbst anrühren. Dazu ist es notwendig, unseren Gefühlen wertfrei gegenüberzustehen. Gefühle sind an sich bewertend. Dafür haben wir sie ja. Zusätzlich aber bewerten wir sie. Wir bewerten also die Bewertungen – wenn wir zum Beispiel Folgendes denken: Angst ist schlecht, Freude ist gut. Das macht aus der Information der Gefühle etwas Eigenständiges, mit dem wir nicht mehr zurechtkommen können. In meiner Praxis, aber auch in meinem Leben, quasi in der Selbsterfahrung, habe ich gelernt, dass uns weniger die berührenden Lebensereignisse als die Eigenständigkeit unserer eigenen Gefühle Probleme bereitet. Daher ist es unbedingt notwendig, die den Berührungen folgenden Gefühle zwar ernst zu nehmen, jedoch das sein zu lassen, was sie sind – Informationsangebote von uns an uns selbst, die das Leben erst plausibilisieren muss. Gehen wir doch mit unseren Gefühlen entspannt und gelassen um und fürchten wir uns nicht vor der Verbindung mit uns selbst. Machen wir uns auf den langen Weg, den wir gehen müssen, um zu unserer Selbstliebe zu kommen.

Wir sollen den Nächsten lieben wie uns selbst

Du sollst den Nächsten lieben wie dich selbst. Dieses Bibelzitat zielt gegen die Neigung zum Narzissmus in uns ab. Wenn wir uns selbst näher sind als dem anderen, beginnt der Narzissmus, eine Lebensform, die misslingen muss. Sie ist ein Versuch, sich ohne Durchlässigkeit zu anderen am Leben zu erhalten. Die Zuneigung zu sich selbst wird durch Abneigung anderen gegenüber erworben. Wenn wir uns von anderen abschneiden, dann schneiden wir uns von der Lebensader ab, die uns nährt. Lebendigkeit ist etwas, das durch Begegnung entsteht. Wenn wir uns mehr bejahen als die anderen, dann entsteht statt Durchlässigkeit narzisstische Isolation. Wenn wir jedoch im Falle eines Ja zum anderen auf das Ja zu uns selbst mehr oder minder vergessen, dann wäre zwar die Grundlage der Inspiration des Lebens vorhanden, jedoch geben wir der Lebendigkeit in uns keinen Platz. Was hilft die Begegnung, wenn sie in uns keinen Raum bekommt, um sich zu entfalten?

Wenn man sich auf diese Gedanken einlässt, kann man verstehen, warum Menschen die jeweils eigenen Lebensformen bevorzugen. Der eine erwartet sich das Heil nur von sich, der andere nur vom Gegenüber. Das entspricht dem Individualismus und dem Kollektivismus. Im asiatischen Kulturraum kann man noch den Kollektivismus beobachten. –

Ich bin nichts außer der Gemeinschaft. Bei uns im Westen entwickelte sich im Zusammenhang mit der Aufklärung eine individualistische Kultur. Dadurch wurden Möglichkeiten geschaffen wie Selbstwirksamkeit und Selbstverwirklichung und die romantische Liebe als Massenphänomen. Jedoch kam es auch zu Verstrickungen wie dem Narzissmus und der Einsamkeit, die ein kollektivistisch fühlender Mensch in der Weise nicht kennt. Auch die Angst vor dem Tod bekommt für individualistisch geprägte Menschen eine ganz andere, eine katastrophale Dimension. Es gibt und gab immer wieder Versuche, aus der Verstrickung des Individualismus zu entkommen: Kommunen der 1970er-Jahre, die Hinneigung zu Sekten, letztlich all jene Sehnsüchte, die sich auf klare Ordnungen richten und mit dem verbunden sind, was wir Fundamentalismus oder Konkretismus nennen. Jene Menschen, die sich auf ihrer individualistischen Insel sitzend solchermaßen nach Verbundenheit sehnen, fördern ihre eigene Ausbeutung und letztlich ihre Vernichtung, das Unlebendige schlechthin.

Auch im Kleinen kann man das beobachten. Wie viele Partnerschaften scheitern in diesem Spannungsfeld zwischen Individualismus und Kollektivismus? Du sollst deinen Nächsten lieben wie dich selbst und du sollst dich selbst lieben wie den Nächsten. Du sollst in Begegnungen die Liebe nie vergessen, nicht zu dir selbst und nicht zum anderen. Man kann als Außenstehender dem Scheitern von Beziehungen zuschauen, wenn diese Art der Balance nicht gegeben ist. Wir sollten verstehen, dass es aus der Individualität kein Zurück gibt und wir nicht hinter unser einmal erworbenes Bewusstsein von etwas – auch nicht von uns selbst – zurück in einen unbewussten oder besser vorbewussten Zustand treten können.

Vielleicht muss man das jedoch relativieren. Wenn wir in eine Art Trance kommen, wie wir sie von massenpsychologischen Phänomenen kennen, ist es vielleicht schon möglich. Auch dissoziative Zustände können das Zurückgehen in Zustände ermöglichen, in denen uns vieles noch nicht so einsichtig war wie jetzt. Aber im Grunde genommen stimmt es, dass wir hinter unser Bewusstsein, insbesondere hinter unser Bewusstsein von uns selbst, nicht zurückkönnen. Wir können dem Bewusstsein entkommen, aber nachhaltig nur in eine Richtung, nämlich in jene der Entwicklung. Das deutsche Wort „entwickeln" entspricht dem Auswickeln. Wir wickeln das aus, was drinnen ist. Wir entwickeln uns von der Verpackung zum Inhalt – vom Schein-Ich zum Ich.

Es gibt nur eine Möglichkeit, die Nachteile des Individualismus, der die Grundlage von Kränkungen ist, zu überwinden: Wir müssen zutiefst verstehen, dass wir uns nur verlebendigen können, wenn wir mit der Welt eine tiefe Verbundenheit eingehen. Besser gesagt, es gibt nur diese eine Möglichkeit, die Verbundenheit wahrzunehmen und ihr zu entsprechen. Dann leben wir den Satz, der in der Bibel steht. Dann sind wir aus der Kollektivismusfalle und der Individualismusfalle, die wir uns selbst gestellt haben, ins Leben entkommen.

Liebe ist ein anarchisches Empfinden

Wir leben im Bewusstsein unseres Egos, das durch unsere Gefühlswelt, der wir folgen, repräsentiert ist. Selbst unsere Gedanken folgen unseren Gefühlen, wie uns die Neurobiologie zeigt. Anlage, stammes- und seinsgeschichtliche Grundlagen bestimmen über Weite und Enge unseres Egos. Letztendlich ist das Ego immer eng. Es ist ein Konzept, das dem Überleben dient. Je länger wir leben, desto weniger passend ist es. Das, was uns ehemals schützte, ist später ein Mieder, das uns einschnürt. Demgegenüber ist die Liebe vom Standpunkt des Egos aus ein anarchisches Empfinden. Sie spaziert durch die Bollwerke unseres Egos mühelos hindurch und schert sich keinen Deut um die Ordnung des Egos. Sie kennt eine eigene Ordnung. Das Ego ist der Ort des Wissens, die Liebe repräsentiert tiefe Weisheit.

Es ist diese Anarchie, die uns Angst macht. Selbstverwirklichung ist daher immer entweder eine Verwirklichung des eigenen Egos oder der Ordnung der Liebe, die wir in uns tragen. Natürlich muss und soll sich auch das Ego verwirklichen. Es geht nicht um ein Entweder-oder, sondern darum, die Dialektik des Psychischen, die sich im Ego spiegelt, mit dem Spirituellen, das sich in der Liebe spiegelt, zu leben.

Das Hohelied der Liebe von Paulus im Korintherbrief des Neuen Testaments ist ein faszinierender, radikaler Text und reine Anarchie. Er folgt einer Aufzählung von Regeln und löst die vorher beschriebenen Regeln auf, ohne sie ungültig zu machen. So ist es mit der Liebe. Sie bringt die Regeln des Lebens, die Emotionen, die Vorstellungen, die Bedürfnisse und die Ansprüche in eine Relativität, die es möglich macht, dass wir nicht Opfer unserer selbst werden, sondern frei mit unserem Ego handeln, erleben, berühren, begegnen und schließlich bezogen sein können.

Eine Freundin hat mich unlängst gefragt, was man in einer Paartherapie erreichen kann. Bei manchen Paaren ist es möglich, die Liebe wieder zum Blühen zu bringen, bei anderen wiederum kommt man nicht voran. Der Streit von gestern ist der Streit von morgen. Woran das liegt? Ich bin mir mittlerweile sicher, dass das Potenzial eines Paares, sich aus einer Krise in eine neue Zukunft, eine neue Dimension der Verbundenheit zu bringen, ausschließlich von der Fähigkeit zur Liebe zu sich selbst abhängt. Die mangelnde Selbstliebe lässt einen nicht von der Idee Abschied nehmen, dass der andere uns etwas schuldig ist. Dabei ist jedoch niemand jemand anderem etwas schuldig. Alles, was gegeben wird, ist ein Geschenk. Es gibt keine Gerechtigkeit außer der Gerechtigkeit der Liebenden. Der Schuldausgleich bleibt immer unvollkommen, wenn er nicht von der Liebe geleitet ist. Da Liebe aber anarchisch ist, bleibt Gerechtigkeit im Leben ein eigenartiges, kaum nachvollziehbares Phänomen. Das, was wir als ungerecht erleben, hat letztendlich meist mit einem Mangel an erlebter Liebe zu tun.

Leben und Lieben unterscheiden sich nur durch einen Buchstaben

Nun kommen wir langsam zum Ende dieses Buches. Es ist ein Buch über die Liebe und im Speziellen über die Liebe zu sich selbst. Es ist ein Buch, das ermutigen will, sich selbst zu begegnen und die tiefe Liebe, die wir alle zu uns selbst haben, sicht- und lebbar zu machen. Zudem wollte ich aufzeigen, dass wir das Leben versäumen, wenn wir uns selbst versäumen. Dies geschieht, wenn wir uns nicht lieben. Dadurch versäumen wir auch die Beziehungen, die wir sonst eingegangen wären. Wenn einem am Totenbett etwas leidtun kann, dann sind es Begegnungen und Beziehungen, die man nicht gelebt hat. Wir müssen daran scheitern, wenn wir nicht mit der Liebe zu uns selbst ernst machen. Dazu ist es notwendig, zu verstehen, wie schön es ist, mit sich zu sein – *Mit mir sein*, so auch der Titel dieses Buches, als Lebensmaxime. Liebe bedeutet, dass es unfassbar schön ist, mit dem anderen zu sein. Selbstliebe heißt, dass es unfassbar schön ist, zu wissen, dass man sich selbst hat, auf sich vertrauen und mit sich Zeit verbringen kann.

Das „Danke, dass es dich gibt“ an alle, die man liebt, darf auf sich selbst ausgedehnt werden. Es wäre wünschenswert, sich täglich in Dankbarkeit für die Liebe zu sich selbst zu ver-

Manuel Vázquez Montalbán

Yo maté a Kennedy

Planeta

PEFC/14-38-00305

Certificado PEFC

Este libro procede de bosques gestionados de forma sostenible y fuentes controladas

www.pefc.es

Avinguda Diagonal, 662, 6.ª planta. 08034 Barcelona (España)
www.planetadelibros.com

Diseño de la cubierta: Booket / Área Editorial Grupo Planeta
Ilustración de la cubierta: © Joan Chito
Fotografía del autor: © Günther Bauer
Primera edición en esta presentación en Colección Booket: junio de 2022

Depósito legal: B. 8.503-2022
ISBN: 978-84-08-25873-5
Impresión y encuadernación: Liberdúplex, S. L.
Printed in Spain - Impreso en España

IMPRESIONES, OBSERVACIONES Y MEMORIAS DE UN GUARDAESPALDAS

Los personajes históricos que aparecen en esta novela están voluntariamente falseados y sólo existen en las fotografías e imágenes de la cultura de masas. Sus relaciones no son humanas ni reales. A sus programadores traspaso la responsabilidad de todas las exageraciones deformatorias.

La clase media cayó en desgracia,
se fue Mireya, murió Margot,
y aquel muchacho de aristocracia
acobardado... retrocedió.
Lloró la causa de su partida,
lloró el origen de tanto mal,
mientras la guapa Barra Florida
cantó su coro sentimental.

(*Bailarín*,

TANGO DE RIEL Y LINYERA)

La complicidad europeísta de Jaqueline me halagaba.

—Nuestro Palacio de las Siete Galaxias no puede compararse ni siquiera a Le Petit Trianon.

Hasta la primera galaxia llegaba el ruido de los chapuzones y las risotadas de monseñor Cushing. De vez en cuando la sombra de un niño desnudo cruzaba veloz la celosía. Jacqueline hojeaba un libro de Avedon y Baldwin. En dos vasos largos hervía la bebida azul y las hojas de menta empezaban a macerarse. Cerré los ojos para sentir el contacto sexual de la picazón en la garganta. Las burbujas me arañaron hasta el dolor. Empecé a sudar.

Jacqueline no sudaba bajo la plastificación maravillosa de su piel enmaquillada. Divagué la vista por la continua pared de la habitación circular, recordé una borrachera hasta entonces olvidada.

—¿Tiene usted un dólar? ¿Me presta usted un dólar?

Eché mano del billetero con excesiva precipitación. La carcajada de Jacqueline paralizó mi oferta.

—Maravilloso. No me ha defraudado. Usted es un caballero español.

Prosiguió la relajada contemplación del libro, de pronto me lo encaró abierto.

—Atroz, ¿no?

Asentí y quedó satisfecha.

No quería quitarme la chaqueta para que no viera la pistola sobaquera. No por la pistola, ni por las imágenes de burda violencia que pudiera inspirarle, sino por la fealdad del tirante que sostenía la funda, como una tétrica corsetería de inválido. Pero tenía calor. Incluso es probable que hiciera calor. Me levanté para acercarme con disimuladas ganas a la celosía. Sobre el césped, la familia Kennedy comía emparedados. Atardecía. Las aguas de la piscina recuperaban una falseada tranquilidad bajo las sombras grises. Un criado negro pescaba hojas muertas y flotantes. Robert Kennedy hacía la vertical y sus dos hijos mayores le imitaban. Miré, dudé, volví a mirar. John Fitzgerald Kennedy fumaba una larguísima pipa de la paz subido a la copa de un castaño de Indias. La sombra de una nube precipitó la atardecida. Se oscureció la piel de los cuerpos, la piel del mundo. Destiló brusca blancura la dentadura colectiva de los Kennedy. La voz de Jacqueline me llegó como una compañía que ya empezaba a necesitar.

—¿Cree usted que nuestro sistema de vigilancia no será suficiente para detectar a Carvalho?

—Usted no conoce a los gallegos.

—Oh, sí. Conozco a uno, o a dos. Un almacenista de Detroit y un cocinero de Adlai. No les noto nada especial. De momento no son invisibles.

—Son peligrosos y obstinados, como los judíos.

Jacqueline, con un dedo, selló en sus labios los míos, mientras miraba con recelo las esquinas inexistentes de la estancia circular.

—Calle, por favor.

Llegaba el sólito murmullo del violoncello. Infalible: las seis treinta de la tarde, hora de Washington. Jacqueline se puso en movimiento, la seguí. Pulsó un botón y el resorte desplazó la estantería. Abrí la puerta del ascensor y casi sin distancia temporal me hallé junto a Jacqueline en la séptima galaxia. El salón tenía un kilómetro cuadrado, totalmente forrado de un tono incoloro.

Flotaba una tarima lacada en negro, sobre ella: Pau Casals. Interpretaba la sardana de las seis treinta, hora de Washington. La sardana de Sant Martí del Canigó. Algunas damas desnudas se turnaban en las esquinas de la tarima, a la manera de gárgolas pensativas sobre el vacío incoloro. En aprovechamiento de las pausas, como en busca de un punto de aderezo, el maestro les tocaba con el arco ora la espalda, ora el estallido céreo de las nalgas apretadas por la flexión. Después proseguía su interpretación llena de hermosos maullidos, en el supuesto de que pueda haber maullidos hermosos. La estancia estaba ingravidada y el cojín que me arrojó Jacqueline tardó muchísimo en llegar a mi mano.

Me senté en el aire sobre el cojín. Abrí la boca de par en par para recibir las bocanadas de gas de la felicidad, patente Westinghouse. El gas se filtraba a través de unos orificios romboidales también colgados de un supuesto infinito. Tenía un tenue sabor a *ginger ale*.

Algo que hace plenamente feliz a Jacqueline es cualquier conversación valorativa del Palacio de las Siete Galaxias. En la complejidad de todo su recorrido, lo enseña con el entusiasmo confesional de cualquier recién casada al mostrar una y otra vez los setenta metros cuadrados de su apartamento de renta limitada. Esta vez recorreremos diez mil metros cuadrados casi sin notarlo; una cinta circulante te convierte en privilegiado viandante sin esfuerzo.

El desfase lingüístico de Jacqueline se pone en evidencia cuando califica de muy mono a un menhir de cuatro metros de altura, de puro acero lamido por el sol, en el que consta, a manera de estela imperial, toda la genealogía Kennedy. O cuando grita con semihisteria muy estudiada: «¡Qué emoción! ¡Qué emoción!» al adentrarnos en la red de colectores trasplantada, verdín por verdín, rata por rata, de los decorados hollywoodianos para la versión en technicolor del *Fantasma de la Ópera*.

Incluso en los desvanes decorados con el pe y la pa de las novelas supuestamente juveniles de la Alcott, Jacqueline se cree obligada al comentario hilvanador. La palabra «primoroso» le brota de los bonitos labios como un surtidor de baratijas de papel rizado, de matracas de malísima madera pintada de amarillo anilina o de molinillos de papel y caña tierna, que al masticar aún sabe a limo de río. Jacqueline te lleva desde los desvanes a los sótanos, como en un vuelo sobre alfombras mágicas que el talento de Reagan te mete en la sangre, a través de una persuasión magnética que nos posee sin posible defensa. Jacqueline habla de sus luchas para que se construyera el palacio según el proyecto de Walter P. Reagan, frente a la visceral oposición de su suegra.

—Si yo le hablara, si yo le contara todo lo que sé, todo lo que tuve que oírme.

Pero ahora es feliz, cuando penetra en la habitación del placer invernal y de pronto esquía sobre un declive ilimitado, a una velocidad y con una destreza de Toni Sailer. Incluso yo desciendo rápido y diestro, yo que jamás me puse unos skis como no fuera a la fuerza, en la ya muy divulgada persecución de James Bond en la peripecia literariamente falsificada en *Al servicio de su Majestad*. Si todos los perseguidores de Bond sabían lo que yo, bien puede explicarse su aparentemente milagrosa escapatoria.

Cada relación vivencial del palacio es una maravilla que conduce al talento superior del arquitecto programador: el inconmensurable Walter P. Reagan. A los dieciocho años ya sorprendía a la opinión especializada con su proyecto del palacio para los Kennedy. Sus buenas relaciones sociales le habían abierto las puertas kennedystas en plena adolescencia e hicieron posible lo que fue calificado en su tiempo como el más ambicioso proyecto de la arquitectura americana desde la construcción de las Montañas Rocosas.

Un examen del proyecto y una lectura de su escandaloso manifiesto: Por *una concepción vegetal de la arquitectura,* indican el absoluto maximalismo de Reagan con respecto a sus colegas coetáneos. Reagan rompe las barreras que separan la arquitectura de la cosmología y la poesía, entendida como poesía integradora de todas las artes. Incluso el enunciado *Palacio de las Siete Galaxias* es meramente poético, puesto que su verdadero título debiera ser *El palacio de los siete planetas.* Siete esferas de metal de aleación giran en movimientos de traslación y rotación en torno a un eje propulsor, unidas por comunicaciones tubulares que le dan una apariencia similar a la de un sistema planetario, formalizable por un molde de fundición. Cada una de estas siete esferas cumple una función dentro de la complejidad vital de la gran familia Kennedy. Buen conocedor de toda la historia de la arquitectura sicológica, Reagan se ha adelantado al deseo del mimetismo y ha conseguido unas tensiones miméticas integradoras que traducen los ambientes según los disfraces anímicos de las personas. No por ello descuida la formalización y sostiene que esa forma exterior es un momento de casi imperceptible transición, una sutil frontera entre la historia de la inmensa otredad y la historia de la intimidad. «Hay una historia de la intimidad —dice Reagan— que ha de tenerse en cuenta para cualquier planteamiento del interiorismo.» Las tensiones dialécticas fundamentales entre tradición y revolución implican una gran tensión dialéctica (la *dolein*) que interrelaciona tensiones dialécticas de sector y de nivel (*dolein alfa* y *dolein sub*). De ahí que la deducción de una línea de programación pase por una complejidad de percepciones históricas que van de lo general a lo familiar, pasando por lo estructural. Según Reagan, el arquitecto perfecto sería Dios o un dios: «El arquitecto perfecto sería Dios, pero como en el momento de planear algo habitable es muy difícil convocarle, hay que sustituirle, sea como sea. El arquitecto que más se acerque a un conocimiento *presque* total del momento histórico *(sadorein)*, que nunca podrá ser el conocimiento absoluto, es el que más podrá acercarse a una solución menos imperfecta». De ahí que Reagan se despache con unas propuestas de formación profesional realmente implanteables, que harían de un arquitecto un sabio, a la manera como lo entendía el humanismo renacentista, pero con el nivel, la diversificación y la profundidad de conocimientos del tiempo presente. «En caso de que la arquitectura sea incapaz de dar una respuesta casi exacta a las necesidades derivadas de los programas de vida, más vale que no se ejerza. Es preferible el *cogitus interruptus* que la evidencia del fracaso en el límite del forcejeo. Es preferible, pues, proponer la vida bajo un puente o bajo las estrellas, sin otra ambientación que la naturaleza misma.»

Según Jacqueline, que lee muchísimas revistas de divulgación sobre la cuestión, a Reagan no le han faltado críticas por este maximalismo. El propio Wallace Ivens las recoge en una exégesis reaganiana recientemente publicada: «Reagan cometió el error de dejarse llevar por una lógica cultural correctamente iniciada, que a partir de un punto abandona la historia para convertirse en un programa voluntarista ético-estético. Es muy difícil recomendar a la humanidad que se arriesgue a la intemperie, por culpa no ya de la ineptitud de un 90 por 100 de los arquitectos, sino por su insuficiente aptitud. E igualmente desaconsejable si se debe a condicionamientos económicos derivados de la propia impotencia o de una incorrecta organización social».

Jacqueline es muy consciente de los excesos de este complicadísimo *enfant* terrible.

—En la revista de ex alumnos de Harvard dijeron que Walter y yo habíamos flirteado el pasado fin de año. ¿Usted qué cree? No. No. No hubo nada. Simplemente, somos buenos amigos.

El paradero vital de Walter P. Reagan es un perpetuo guadiana. Desengañado de las inmediatas y poco meditadas aceptaciones de sus teorías, Reagan tampoco ha hecho el juego a todos los profetas contraculturales que este país fabrica por minuto, para abastecer de variedades a toda la demanda de los excedentes de población culta. Reagan dirigió durante algún tiempo un plan de ordenación territorial en la Guayana, durante el mandato del doctor Jagan. Pero a la caída del *matrimonio rojo,* inició una ruta aventurera que desaparece en Thailandia para reaparecer en Nepal o Acapulco. Hijo de una excelente familia de Boston oriunda del *Mayflower,* Reagan puede permitirse el lujo de la consecuencia y la perseverancia en la consecuencia. Sin embargo, hay quien le califica de «arquitecto de salón consumido por el apetito voraz de minorías cultas y sensibles». No es que Reagan superara nunca el techo de esta clientela, pero en el terreno de las intenciones, es posible que siempre la haya desdeñado. «El mundo —ob. cit.— debería ser reorganizado por los arquitectos. Su aspecto es el lenguaje de su propia impotencia y confusión. Tal vez mejorando su aspecto se mejorara su historia. No, tal vez: puedo jurarlo sobre las tablas de la Ley.» El cambio de aspecto *(sundergrafus)*, según Reagan, no puede ser sectorial: «De la misma manera que la lucha de clases no puede tener un *happy end* sectorial, sino internacional, la reorganización cosmológica será contradictoria hasta que no sea universal. No desconozco los niveles de utopía que tiene una propuesta como la mía que debe pasar por la constitución no ya de un poder arquitectónico universal, sino por una fijación previa de la necesidad que provoque ese poder. La necesidad existe, pero a la concienciación de esa necesidad se enfrentan poderosos intereses económicos y políticos que no quieren arriesgarse a un proceso revolucionario, sea al nivel que sea. Sin embargo, cada vez más, la reorganización cosmológica es un hecho irremediable. La colectividad humana dará una progresiva importancia a la preocupación ecológica. Formulada esta necesidad, no habrá más remedio que satisfacerla, antes de que sea evidente para la conciencia universal que el freno es la represión establecida. Los poderes establecidos antes preferirán transigir en la revolución cosmológico-arquitectónica que en la otra. Lo que desconocen en su pequeñez filistea es que los niveles y sectores tienen una goma unitiva que les mutuo-implica en un juego de acciones y reacciones en cadena. De la misma manera que una manzana podrida contamina a las restantes del saco, la verdad ecológica conduce a la verdad histórica».

Kennedy conoció a Reagan desde su adolescencia. Siempre conservó hacia el muchacho un trato deferente, esperanzas fundadas en su genialidad. Jacqueline cuenta que cuando Walter le enseñó el proyecto del palacio, Kennedy comentó:

—Si yo me construyo un palacio así, se produce el primer golpe militar en la historia de los Estados Unidos.

—De eso se trata.

Le respondió Reagan que es antiposibilista en política, religión y matemáticas. No enfrió tan brutal comentario las relaciones entre los dos hombres, ni frustró el proyecto pese a las resistencias de Rose.

—A eso le llamo yo estirar más el brazo que la manga. El dinero que falte, ya lo pondrá el viejo Joe y yo me aguanto sin un montón de cosas que necesito desde la Gran Depresión.

El empeño de Jacqueline superó todas las dificultades y el palacio fue inaugurado dos semanas después de la toma presidencial. Para cubrir las apariencias, los Kennedy simulan vivir en la Casa Blanca. La existencia del palacio pasa inadvertida porque Reagan, con muy buen criterio, lo ha situado en el aire, oculto por una sustancia gaseosa y superfría que transparentiza la corporeidad de la construcción. Uno de los pasatiempos más recriminados al pequeño John John es que se pase el día vertiendo líquidos inconfesables sobre la cabezota de la Casa Blanca; vista en eficaz perpendicularidad desde su habitación del Palacio de las Siete Galaxias.

Los cursos de capacitación no habían sido desagradables. Algo molesto el proceso de la primera metamorfosis, pero más por un presupuestario sicológico mal educado que por los actos y efectos consiguientes. Los primeros días del tratamiento de individuación me deprimieron. Fue una torpeza por mi parte no haber avisado al médico, pese a los consejos iniciales de Mr. Phileas Wonderful.

Seguía oponiendo resistencia mental a las palabras repetidas continuamente por el altavoz de mi estrecha botella. No quería creerlo: *Cada cual, cuando amanece, es como el día anterior,* decía la voz gangosa, y yo temía una conspiración global para cambiarme.

Durante treinta días permanecí en aquella botella, inmerso en aquel líquido malva. Todo ocurrió según lo previsto. A los veinte experimenté una sensación de cosificación. Como si la botella no contuviera más que líquido y yo fuera líquido mismo. Dos días después se operó la reacción esperada: sentí cómo nacía en mí un núcleo arraigante, un triple corazón y un triple cerebro, crecidos al unísono en el centro de mi prepotencialidad. Me sentí fuerte y solo, la fortaleza en relación lógica con mi soledad.

En las clases teóricas nos habían contado hasta el martirio la historia del pionero de la individuación. Un autodidacta japonés que terminó sin éxito su experimento, pero que había entreabierto una interesantísima puerta. Encerrado en un piso deshabitado, completamente vacío, incluso eliminadas con aspirador las últimas motas de polvo, desnudo, inmóvil, consiguió sobrevivir tres meses sin probar alimento. Pero sus gritos y un extraño hedor a óxido obligaron a la interrupción de la experiencia.

El profesor, con un largo puntero, señalaba en la pizarra los tres errores fundamentales del experimento precursor:

A) La no identificación entre ambiente y alimento físico. Se supera actualmente mediante la inmersión total en líquido fetal.

B) El nulo tratamiento de preparación sicológica. Para combatir la afluencia de *pensamientos* (en el sentido negativo) el precursor repitió continuamente fragmentos del libro rojo del presidente Mao. Eso había condicionado, fundamentalmente, la no consecución de un letargo gratuito total.

C) La no idoneidad del espacio escogido para el encierro y el proceso de individuación.

Chester B. Whole perfeccionó la experiencia. Inmediatamente se abrieron clubs de individuación sólo al alcance de millonarios y militares de carrera. Afortunadamente, una de las convenciones de Ginebra había decidido restringir la individuación a contados seres humanos, en razón de su profesionalidad: agentes secretos, políticos, cardenales, sociólogos urbanos, lógico-matemáticos, cantantes de ópera, acróbatas, sordomudos y afiliados a sociedades secretas.

¿Por qué siempre me parece la música de Casals una despedida?

Una despedida rabínica. De rabino digno pero astuto, obligado a la diáspora. Y entre cilindros, el canto del rabino alcanzaba un colorido importante, en el dudoso caso de que haya coloridos importantes. Alguien me había dicho alguna vez que los ruidos de Bach manifiestan la infiltración de la burguesía en la superestructura. En la consistencia de la ingravidez es mucho más fácil sentir sensualmente convenciones lingüísticas como *patetismo* o *grandeza.* El espíritu dispone sus células para la violación. Algún día la biología descubrirá su escondrijo de pieles en carne viva, las cultivará como perlas japonesas. O las exterminará definitivamente, según aconsejen las previsiones estadísticas. Se desconoce de qué canales procede esa sangre especial, tan necesaria para la violación espiritual. Se reconocen los síntomas: se estrechan los esfínteres, revienta el pecho, te hundes en una emoción simiesca. Es el trémolo de la rogativa. Sin duda una rogativa rabínica. Yo he visto la montaña, la montaña que mata aviones ingleses. La he visto emerger más allá de las simas del Sitjar, donde caían vacas de costosa procedencia, incluso vacas muy aptas para una congelación sine qua non en la planificación de la Red del Frío. Pero bajo la rogativa rabínica late el pequeñito orgullo del *boy scout*. Lo juraría. Incluso las huidas, las caídas fugaces del tono conservan estrecha relación con los juegos formativos del scoutismo. Y esa grandeza. Oh, esa grandeza malgastada en títulos de nobleza. ¡La leyenda de los siglos! Por Dios, qué vergüenza.

Como un combinado de vodka y ginebra, como un ángel blanco servido por un barman algo calvo, algo marica, llamado Truman Capote. Es una invitación a la épica. Todo el arte es una invitación a la épica. Arma las manos y las espinas dorsales, desarma las braguetas. Trampa sublime, alcahueta de la supuesta dignidad humana. Pero yo tengo una pistola sobaquera, la tendré siempre. Dispararé hasta el último cartucho contra cada cerdo que busque amparo en la podrida dignidad colectiva de la especie. ¿De qué ceguera surge esa podrida dignidad? ¿Quién mide su peso y su calidad?

Quisiera no moverme de esta parcela de la nada. Quisiera que siempre interpretaran esa música, que siempre la interpretara ese viejo arruinado por la historia y su propio continente semántico. No es cierto que cualquier paisaje sea bueno para una despedida, cualquier melodía propicia para el recuerdo. Quiero esta melodía en mi última despedida. Cuando circulen por nuestras venas los batiscafos de Bacterioon y la suerte esté echada, cuando toda la épica adquiera su contingencia final. Oh, entonces colocaré dos sillas de tijeras en el interior de mi cerebro ensangrentado, me sentaré con riesgo junto a cualquier pontífice de la dignidad humana. Le abofetearé en un perfecto interrogatorio que no conduce a otra evidencia que el propio acto de interrogar imposibles respuestas. Todo con una morosidad y una precipitación alternantes: ya estarán cerca los batiscafos de Bacterioon. En vano él intentará situarse a éste o al otro lado del paraíso. El marfil y el rojo hilachado de los alvéolos le aterrará. Entonces quiero esta música, esta misma, toda, del todo. Entonces le gritaré que ahí tiene la dignidad colectiva de su maldita especie: un conjunto de ruidos con éxito convencional que no existiría sin el jueguecito cultural.

Y el pontífice llorará, le colgarán horribles mocos amarillos sobre el bigote pacifista.

En vano intentará levantarse.

Mis sillas me obedecen. Además, ya todo será inútil. Ya aparecerán en las fronteras de la sangre las proas de Bacterioon.

Los clarines eléctricos anuncian precisamente la hora de la cena en la quinta galaxia. Jacqueline suele entregar el cartón olfativo del menú: Tarta de col, filetes de cerdo con salsa de mostaza y un *mousse* de chocolate. Debió notar mi mohín de disgusto al llegar al capítulo de los vinos porque me interrogó con cierta alarma:

—¿No le gustan los vinos de Monterrey?

—El clarete tiene un sabor demasiado acidulado, no se combina bien con los filetes.

Jacqueline se echó a llorar:

—¡Ethel tiene la culpa! Siempre dando órdenes absurdas al *maître*. Yo, en esta casa, soy un cero a la izquierda.

Comprendí que estaba a punto de provocar un rompimiento entre las cuñadas y elogié las excelencias del Monterrey abocado con la tarta, sobre todo si habían conseguido darle un *bouquet* final algo rancio. Se alivió el disgusto de Jacqueline, pero no lo suficiente. Durante toda la noche se empeñó en conocer mi opinión sobre todos los platos y cada uno de sus ingredientes.

—¿Ha quedado bien la salsa? ¿No cree que hay un exceso de crema de leche y que el sabor de la mostaza está demasiado diluido? ¿Y las manzanas? ¿Ha quedado bien vaciado el corazón?

Yo aprobaba con entusiasmo creciente. En parte porque penetraba con agrado en los sabores de la cena y en parte porque era consciente de la animosidad que nacía en Robert Kennedy, consecuencia de la solicitud que me mostraba Jacqueline. Por otra parte, y pese a mis sonrisas, el *maître* empezaba a odiarme y es de todos sabido el instinto asesino de los *maîtres,* incluso de los *maîtres* de las mejores familias.

Robert Kennedy acentuaba su antipatía habitual. Cuidadosamente despeinado, bien trazadas las arrugas artificiales que acentuaban su edad política y su sonrisa publicitaria, departía con el embajador soviético y de vez en cuando me miraban con irónico acuerdo. Mientras comíamos, el hijo mayor de Robert Kennedy leía fragmentos del *Libro de los reyes.* Cuando llegó a la coronación de Joas a los siete años de edad, Carolina palmoteó de gozo.

El embajador aprovechó el fin de la cena para acercarse a mí y decirme al oído:

—Cuídenos al presidente. La suerte de la humanidad está en sus manos.

Robert Kennedy debió oírlo o estaba avisado del encargo, porque me dirigió una mirada importante. Me senté junto a él, frente a la chimenea (en pleno verano, en el Palacio de las Siete Galaxias se provoca un clima interno invernal para justificar las chimeneas encendidas). El ex ministro de Justicia me indicó con un gesto que mirase hacia su hermano. J. F. Kennedy leía a su acostumbrada velocidad. Las páginas se sucedían ante él como movidas por un mecanismo automático sincronizado con sus ojos. En medio segundo leía una página de Hemingway y en dos, una de *La crítica de la razón pura.* En días de especial bonanza mental podía leer tres libros simultáneamente.

—Como San Francisco de Sales —comentó Robert, que nunca leía nada.

De pronto el presidente se levantó y comenzó a caminar hacia la puerta. Fui tras él, dispuesto a no dejarle solo ni un momento, con la mirada del embajador soviético en mi nuca. Pero saltaron sobre mí Robert y Edward, me doblaron los brazos sobre la espalda y me derribaron. Me pegaron sin discriminar el sitio hasta que las luces se apagaron. Nuevamente se oyó el cello de Casals, una penetrable claridad fue trasparentando un muro. Tras el cristal se percibía una masa acuática de piscina privilegiada. Una docena de hermosos peces policrómicos cruzó el escaparate. Tras ellos, John Steinbeck y Nelson Algreen, vestidos de hombres ranas victorianos. El *Magníficat* crecía. Temía lo peor. Me dolían todos los huesos. Edward Kennedy seguía sentado sobre mi espalda y uno de los pies de Robert me apretaba el culo contra el suelo.

Un oh total salió de todas las gargantas.

J. F. Kennedy cruzaba el escaparate con un estilo de braza perfecto. Vestía un traje de hombre rana con posibles.

Edward Kennedy me abrazó entusiasmado y me besó en la sien.

Aprender a matar fue lo más difícil.

Las vacilaciones, decía el profesor, generalmente no proceden de una repugnancia natural, sino cultural. El profesor no era alemán, como ustedes podían haber supuesto. Era un ex relojero suizo que había obtenido su sabiduría en la directa contemplación de la naturaleza.

—El acto de matar es instintivo, vitalmente lógico. Luego, las inhibiciones se encargan de adulterarlo. Las inhibiciones se disfrazan con una capa de moralidad. Pero en realidad se trata de repugnancia por la mera formalización, desacreditada a lo largo de una educación visual. Recuerden la primera imagen de la muerte que fijaron en su cerebro: Caín, quizá feísimo, con una descomunal quijada de burro en la mano. Abel, barbilampiño, blanco, yaciente. Después la literatura, el cine, todo, tiende a desacreditar la muerte aunque proporcionalmente la avale si la suministra el héroe. Fíjense en que el villano mata sin contenciones, sin límites. En cambio las matanzas del héroe han de justificarse siempre, ética y estéticamente. A la muerte se le ha dado un carácter ultra: o es épica o es vergonzosa. Ustedes, a lo largo de una vida profesional, que les deseo sea dilatada, comprobarán que la muerte no es otra cosa que un ademán afortunado.

La teoría del ademán afortunado presidía las cinco horas de clase semanal destinadas al arte de matar. Presidía también mis irregulares conversaciones con Wonderful, el director de la escuela, siempre tan amable conmigo. Las clases prácticas fueron al principio muy enervantes. Comenzamos con enemigos de trapo, acabamos con cobayas humanas auténticas; ejercicio de fin de curso. Empezamos aprendiendo a disparar, a apuñalar, a estrangular con dogales hindús. Después los ejercicios admitían variantes. Fue muy comentada mi versión del estrangulamiento hindú sustituyendo el dogal por la cadena de un *water closet*. Un asesinato *in situ* y con material de mano, comentó el profesor, que no hubiera realizado mejor el malogrado Orestes Docali.

Pero matar con la mano era lo más difícil de todo. El cuerpo humano tiene veintidós puntos mortales. Puede llegarse a ellos mediante un golpe o mediante la aprehensión. La mano, si es experta, puede hundirse en los tejidos adversarios, aprisionar el bulto de la vida y tirar de él hasta desgajarlo. Los enemigos mueren entonces con una perfecta limpieza, los ojos cerrados, también los labios, sin una expresión que culpabilice al agresor. Sus brazos se doblan, las palmas de las manos se te oponen, pero sin tocarte. Es algo así como la prueba de multiplicar. Si se obtiene esta gesticulación, el ajusticiamiento ha sido perfecto.

Es muy importante apartarse del cadáver sin mirarle. Es un muerto que olvidarás pronto si pierdes el tacto del remordimiento.

Primero matábamos peleles, perfectas reproducciones humanas. Les dábamos nombres humanos. Convivíamos con ellos. Nos inyectaban drogas del afecto, les teníamos aprecio. De pronto nos llegaba la orden de matanza en una clave codificada: cada signo traducía un ademán.

Matar a seres humanos auténticos requería una destreza más psicológica que manual. Eran meridionales del mundo. No sé si este concepto es suficiente. El sur se caracteriza en casi todas partes por la poca valoración objetiva de su población. El sur es siempre una referencia geográfica relativa, porque el sur siempre es norte con respecto a otro sur. Pero cualquier sur, me había hecho observar mister Phileas Wonderful, siempre está degradado humanamente con respecto a su norte referencial.

Ellos sabían de qué iba.

Se lo dejaban hacer a cambio de un seguro de vida. Nada individuados, tenían una obligatoriedad sentimental para alguien que les llevaba a sacrificios tan totales. Ya eran viejos perros sin raza, de nariz húmeda y ojos despoblados. Pese a su poquedad se hacían pagar caro el último trabajo, hasta tal punto que nuestro tesorero se quejaba del alza de precios y solía comentar lo necesario que sería la permisión de un sistema similar a las *razzias* de esclavos o a la liquidación científica de los prisioneros.

Después, ya profesional, has de matar continuamente. Entonces las víctimas se defienden, algunas saben tanto como tú.

Es lo que decía el viejo Wonderful el día en que celebramos su jubilación.

—En nuestro oficio cada día se aprende algo.

Wonderful ha sumado hasta diez bienios. Era el agente secreto mejor pagado, con todo merecimiento. Era un señor en esta profesión a la que llega tanto piernas. Supo guardar para la vejez que es la suprema sabiduría de un buen agente. Aunque, todo hay que decirlo, se soporten muchas cabronadas en este oficio, la paga de jubilación es bastante buena y los descuentos en los economatos, importantes. El otro día, sin ir más lejos, me compré un somier por cinco dólares.

En la corte de los Kennedy coexisten eunucos dálmatas —acojonados en las arenas de Long Island—, caleseros de Nanterre, cocineros suizos (excelentes), un embajador soviético, *pom pom girls* de California, viudas de cinco guerras mundiales, dos objetores de conciencia australianos, un campeón mundial de ping-pong que ha traído su mesa predilecta, tres camiseros maricas que duermen en habitaciones separadas, un gaucho disecado regularmente por Ted (precoz taxidermista desde que Rose le regaló un equipo completo el día de su primera comunión), un pelotari vasco cejijunto, media docena de cantantes suaves como un batido de vainilla, dos viejos marinos enamorados de dos gordísimas sirenas de Siracusa, diez defensores de derechos civiles con sus correspondientes defendidos, un *sheriff* malo, dos *sheriffs* buenos, un batería de jazz tuberculoso que se masturba en los retretes del todo Boston, un agricultor abisal especializado en injertos de alga Rosalind, un capador de polillas, un poeta concreto que cruje al andar, una virgen samoyeda que se perdió en el polo norte, una doctora española especializada en zonas erógenas, dos cantantes de jazz con cáncer de garganta, un defensa central del Manchester United y un interior izquierda del Manchester City, un filósofo alemán especializado en sí mismo (su mujer le precede por los pasillos pidiendo silencio a los que se les cruzan), dos presidentes de juntas de vecinos de Ankara, un primo hermano de Hitler, que se le parece mucho en el andar y en la especial entonación de la palabra «espátula», un meteorólogo, un domador de gallinas, un dentista florentino, príncipes enanos abandonados en los cubos de la basura, un campeón de partidas simultáneas de ajedrez, el traductor de Oscar Wilde al ucraniano y la verdadera princesa Anastasia, definitiva baza legal que Occidente se reserva para reclamar el trono de la URSS, un segundo antes de la agresión nuclear.

La primera vez que hablé con Kennedy fue a los pies de la estatua de Lincoln. El presidente suele pasear dando vueltas a la estatua, seguido de sus doce ayudantes negros, que se mueven con la perfección de los *boys* de Ethel Merman. Allí fue mi presentación, de la mano padrinal de Allan Dulles, sempiterno comedor de bananas que le envía en cajas especiales la delegación de la United Fruit Company desde Guatemala. El presidente rehusó compartir la banana que le ofrecía Dulles y compuso una sonrisa de fotografía de *Life*. No de fotografía a toda plana, no de fotografía a dos columnas. Más bien era una sonrisa de pequeña fotografía, de esas pequeñas fotografías sin pie que suelen acompañar al subtítulo de un artículo kennedysta en una revista femenina y kennedysta. La sonrisa J. F. K. era una sonrisa de esas pequeñas fotografías con retícula, fotografías de rincón de reportaje, voluntariamente arrinconada para destacar su humildad expresiva y atraer la sabia atención de los lectores buscarrincones donde degustar la información con verdadero *human interesting*. Era una sonrisa de padre que lleva a su hijo sobre los hombros o de joven recién casado que se vuelve hacia la joven recién casada y en el destello de sus ojos pone brillo de atardecer en Mallorca, no muy alejados los acostumbrados humildes árboles de humilde fotografía de rincón propicio, ni tampoco muy alejado el estanque de aguas deliciosamente podridas con humildad de aguas podridas, con lotos en olor a sapo y un barquito de papel abandonado por un niño contratado por el Departamento de Estado para que abandone barcos de papel en estanques de aguas podridas, cercanos a presidentes de Estados Unidos susceptibles de ser fotogénicos, sobre todo con fotogenia especial de foto de rincón de *Life*, reticulada, con bruma artificial.

J. F. K. sonrió a Allan Dulles, decía, y Allan Dulles también sonrió. Era la suya una de las sonrisas más molotovianas que he visto en mi vida, incluida la de Molotov.

Cuando Molotov sonreía, los *cameramen* de Hollywood filmaban con teleobjetivo, porque sabían lo apreciadas que eran sus sonrisas para el montaje de películas anticomunistas. La sonrisa de Dulles era molotoviana, hasta tal punto que los *cameramen* soviéticos nunca la filmaban para no hacer contrapropaganda. Dulles comía bananas con una grosería irritante. La reacción presidencial no se hizo esperar. Kennedy le quitó la banana de un manotazo que la situó, convenientemente destruida, sobre la aguileña nariz de Lincoln. Allan Dulles se puso en guardia con el brazo derecho caído, el izquierdo hostigando a su rival. Inútil. J. F. K. hizo un amago de darle en el hígado con el puño derecho y cuando Dulles se cubría, el izquierdo presidencial llegaba estruendoso hasta la nariz antagónica.

El anciano se sentó sollozante en las escalinatas. Gemía y perjuraba que de haber vivido su hermano mayor el presidente nunca se hubiera atrevido a tanto. Kennedy citó dos versos de Tennyson que no venían a cuento, como si recitara un guión malo de la Paramount en los años cuarenta. Allan Dulles sacó un Breviario del bolsillo y cantó algunos salmos de David. Fue entonces cuando Edgar Hoover retomó el asunto de mi presentación y sustituyó a Dulles en el papel de padrino. Kennedy me dio un apretón de manos. Cuando le dije que era español, el presidente recitó un verso y medio del *Libro de buen amor*. Cambió pronto de tema para demostrarme su total desacuerdo con Pérez de Ayala en el demoledor ataque a Cejador.

—Cejador es un hombre honrado.

Con todos los respetos le objeté que apañada estaba la literatura con críticos exclusivamente honrados.

—La honradez es una gran cosa.

—Pero muy poca cosa en crítica literaria.

El presidente insistió en que, de momento, la crítica literaria dependía sólo de la honradez crítica, por una parte, y de la inteligencia acumulativa del crítico, por otra. El fracaso de la metodología crítica es ostensible, remachó Kennedy.

—Claro es —añadió— que puede resultar de sumo interés una síntesis entre la crítica ideológica y las abstracciones y generalizaciones conseguidas por la rudimentaria neoestilística ya que...

La palidez del presidente nos comunicó la llegada de un molestísimo *lapsus* que corrigió inmediatamente uno de sus *boys* negros con los ojos cerrados...

—... ya que en las conquistas de Leo Spitzer y sus muchachos sobra un mucho de timidez ante el predominio de la crítica ideológica en el período de entreguerras. Yo sigo...

Pero ya el presidente había recogido el hilo y proseguía con una simpática voz, voluntariamente fallona por lo estrangulada...

—... con sumo interés los vanos esfuerzos del estructuralismo para llegar a una ciencia literaria. El estructuralismo es un vano esfuerzo neopositivista, escogido por el capitalismo imperialista para meter una cuña ideológica dentro del pensamiento marxista. Y sobre todo para restar votos al partido comunista francés, votos procedentes de los *normaliens* de izquierda y de toda la pequeña burguesía intelectual en general.

La socarronería del presidente me alertó sobre lo que descubriría días después. Uno de los secretos más celosamente guardados por la CIA es una academia de agentes estructuralistas, posteriormente infiltrados en las universidades europeas. Uno de los mayores éxitos de estos agentes fue el ataque cardíaco que sufrió Pierre Vilar cuando un alumno norteamericano le aseguró que Marx había frustrado, y por lo tanto usurpado, la posibilidad coyuntural de otro Marx más inteligente y más marxista; la época estaba en condiciones de proporcionarlo.

No fue éste el único descubrimiento que me confirmó la rotunda eficacia del *trust* de los cerebros al servicio de Kennedy. Vivir en la atmósfera próxima a Kennedy era lo equivalente a vivir en la corte siciliana del gran Federico arabizado. Si el gran Federico se vestía con turbante y adoptaba costumbres árabes, Kennedy era un apasionado coleccionista de toda clase de noticias sobre la personalidad de Fidel Castro. No ocurría otro tanto con Kruschev. Y es que frente a Castro entraba en competencia su juventud y su *sex-appeal*. Kennedy se miraba al espejo que le había enviado La Begum y preguntaba cada noche:

—Dime, espejo mágico, ¿soy el más hermoso de los presidentes?

Y el espejo contestaba:

—Depende. Para Latinoamérica el más hermoso sigue siendo Fidel Castro.

Kennedy, más al día que la madrastra de Blancanieves, no respondía con un alarido colérico. Sonreía con dos gotas de melancolía en cada juntura de los labios y se pasaba la mano por el despoblado mentón, en una pose extraída de la portada de su obra: *Perfiles del valor*. Soñaba con una invasión de Estados Unidos por imperialistas de

Costa Rica. Entonces, Kennedy, con doce de los suyos, huiría a las Montañas Rocosas y organizaría la reconquista popular de los Estados Unidos. Se dejaría la barba, como Castro, y como Castro improvisaría un discurso tan redondo como *La Historia me absolverá.* Ya veremos cómo el talento de Walter P. Reagan conseguía periódicamente satisfacer el sueño de Kennedy.

Tardíamente, a punto de conciliar el sueño, se consolaba al comprender que el rasurado es a un sistema democrático capitalista lo que el ceño fruncido al stalinismo. Rezaba tres padrenuestros a Fray Junípero Serra y entregaba su coraza humana al pegajoso oscuro vaho de la noche.

Champolión —me decía lady Bird—, *¿es cierto que orejear no dispuye la trosta dura dar carnavaco dominodo? Do yon der tupe diarianai do poyo. Do yon dai fago dura trosta chita. ¡Sai, sai, la sota direta!*

Jacqueline escribe poemas en francés. En varias ocasiones ha estado a punto de dejármelos leer, pero su intención inicial no ha prosperado, tal vez no inspiro confianza como lector amable. Temo que mi impasibilidad no haya sido tan total como yo creía. Quizá haya visto en mis ojos la punta del estilete del escepticismo. Jacqueline es tímida y no muy brillante, aunque su inglés tiene una entonación de inglés apto para decir cosas brillantes. Es una frustración similar a la de lady Churchill, a quien acompañé en las jornadas que pasó en las Bermudas en 1959, apenas iniciada mi carrera profesional. Lady Churchill es el continente del aplomo como una piel falsa sobre la carne de la irresolución.

El lenguaje de Jacqueline está frustrado. Sus cejas, su entonación, sus sonrisas, sus gestos en demanda de turno para hablar, prometen la brillantez misma. Pero de sus labios sale el 50 por 100 lingüístico restante, mediocre, apagado, aunque con una cierta gracia prestada por la sensibilidad y una buena dosis de sentimentalidad pervertida.

Soy un buen observador del lenguaje totalizador del ser humano. Más de una vez la tremenda elocuencia del silencio de mis enemigos me ha salvado la vida. En Jacqueline me quedaba un pequeño tanto por ciento por descifrar. Conocía yo los ingredientes lingüísticos de la pijería de Nueva Inglaterra, también el lenguaje convencional de joven americana ex iconoclasta con ambiciones artísticas, el condicionamiento de sus ojos no muy grandes y demasiado separados (por eso la sonrisa de Jacqueline es mucho más oral y labial que ocular), el stanislavskismo de su columna vertebral y sus brazos sueltos, con el que Elia Kazan ha impregnado el lenguaje cultural del norteamericano sensible. Pero había una pequeña zona oscura cuyo significado desconocía. Era el chupeteo del labio superior sobre el inferior, mientras la boca se distiende como en una sonrisa de pato; Jacqueline recurría a este signo cuando ironizaba o cuando quería ser de una gran precisión descriptiva, es decir, en la cumbre del devaneo brillante. Al decirme hoy que escribía poemas en francés, he comprendido que su recurso lingüístico supremo procedía de la influencia de la lírica francesa declamada en alta voz, del respeto ejercido por la pronunciación de palabras como «Mallarmé». El libro inédito de Jacqueline se llama *Le jeu de vivre*, parió el título con sumo dolor porque dudó mucho tiempo entre otros títulos posibles: *La douleur des jours, Mort a l'âme, Comme çi, comme ça...* Steinbeck se inclinaba por este último título, pero Jacqueline desistió cuando Robert se opuso, porque el título evidenciaba un escepticismo, una inseguridad que en nada beneficiaba la carrera política del presidente. John F. Kennedy fingió desentenderse, pero yo sé que durante un fin de semana en los Apalaches consoló a Jacqueline y le prometió aceptar el título *Comme çi, comme ça* cuando cumpliera su segundo mandato presidencial en 1968.

Tras mucho respetuoso rogar, Jacqueline me ha recitado uno de sus últimos poemas en francés:

Le jour beni ton nomme: amertume
quand le baiser fleuri est mort
prêt de la nuit
ton ombre
rappelle une tristesse d'adieu;
le fleuve plus noir n'oublie pas
les chants des jours méchants
et moi,
moi, je suis seule
et parcour les lourdes routes
des désirs, les lois, l'espoir d'antan.

No ha querido seguir. Con rubor me ha mirado a los ojos.

—¡Qué tonta soy! Me prometí cien veces no decir nada a nadie sobre mis versos y cien veces vuelvo a decirlo.

—Tienen un gran poder evocador.

—¿Usted cree? Mi hermana la princesa me anima a escribir. Me dedica unas cartas largas y cariñosas. Es muy buena.

He intentado que siguiera recitando.

Déjemelo leer a mí.

—No, no. Cuando estén más elaborados.

—No le haré ningún comentario.

—¿Ni revelará el secreto a nadie?

—Lo juro.

Tras mucho insistir me ha enseñado unas canciones de protesta y testimonio, claramente diversificadas.

Canción de testimonio por Jacqueline de Bouvier

Cruzan las garzas cielos luminosos
en la vieja ruta de Kentucky
y mi corazón sigue triste.
Bajo los cielos, bajo las garzas,
bajo las nubes, bajo los soles,
en la vieja ruta de Kentucky.

En la vieja ruta de Kentucky
sigue la huida de un hombre,
y mi corazón está triste.

Blanco o negro, bajo lluvia o sol,
huye por la ruta de Kentucky
y mi corazón está triste.

Si nadie huyera, pasaran garzas,
hiciera sol o lluvia, en esperanza,
mi corazón no estaría triste.

Canción de protesta por Jacqueline de Bouvier

Despierta, yanqui,
sonó el doblón;
no más dinero, no más dolor,
dolor, dolor.

Tu oro antiguo
no tiene ley;
no tiene patria su desnudez,
dolor, dolor.

Tira tu oro
a un mar humano
y así seremos, todos hermanos,
dolor, dolor.

Pueblos de Cuba
y Panamá, no más dinero
no más dolor,
dolor, dolor.

Kennedy suele ser campechano con sus servidores. Pero a pesar de las miradas de curiosidad que me lanza, comprendo que para él apenas soy otra cosa que un ayuda de cámara especializado en mirar a izquierda y derecha, con el ceño fruncido y la mano suelta. Me hubiera gustado conocer a este hombre antes de que aprendiera a ser presidente, antes de que todos sus órganos se hubieran modificado según las funciones presidenciales. Mira como un águila avizor por encima de las cabezas y las mieses, aunque la fuente democrática de su poder y la estética del sansculotismo le obliguen a echarse gotas de colirio en los ojos para darles brillo, encanto de remanso, sin quitarles ni un grado de su aquilina vigilancia. Mueve los brazos en una estudiada, aparentemente relajada parsimonia de todopoderoso. Pero nunca consigue eliminarme la impresión de que sus brazos pueden abrazar todas las fichas que puntean el tapete y llevárselas ante la impotencia legal o tramposa del croupier neofrancés. Camina como si su casa fuera el mundo. Sonríe como si su sonrisa nos salvara la vida. Miente como si no. Olvida con encanto. Un poder desodorado emana de sus axilas, que no parecen de este mundo, y en sus escasos momentos de sorprendida intimidad, se descubre pronto el carácter fotográfico de esa intimidad, como es descubrimiento continuo el publicismo de su pulso, de su respiración o de sus excrementos.

El aristocratismo campechano es uno de los más repugnantes arropes que embadurnan las buenas, malas y falsas conciencias de la aristocracia de este país. Basta ver la relación de Kennedy con sus hijos. Si me dieran un dólar por todas las veces que John John pasa por debajo de sus piernas sin que el presidente tenga la lógica, tamerlaniana apetencia de sentarse encima y aplastarle, ya habría podido jubilarme con una pensión de comerciante inglés de novela victoriana. Y me bastaría medio dólar por todas las fotografiadas caricias mejillares que el presidente ha malgastado en su hija.

Yo prefiero el talante déspota de Tamerlán. Abstenerse de estas delicias de la omnipotencia es falsearla. Por más alcohol que ponga en sus manos Armadoras de disposiciones que cambian vidas y haciendas, no conseguirá dejar de ser Tamerlán, defensor de un sistema que lucha a muerte para sobrevivir. Portador de catastrofismo y dolor, no conseguirá evitarlo por mucho que sustituya el perfil rapiñador de Henry Ford por una dulzona sonrisa céltica de irlandés bien criado y lector de Robert Frost.

Mister Phileas Wonderful me acarició con sus ojos cordiales, como un paquete de tabaco entreabierto y ofrecido, como una tapicería de sofá de tacto hogareño. Mister Wonderful acariciaba con la sonrisa de amplio vividor, ancho, alto, sesentón bien conservado, algo amarillas las abundantes canas bajo la acción de cotidianas colonias coloreantes, un detalle apenas molesto en contraste con la regularidad y blancura extasiante de una dentadura en cinerama. Elogió mis progresos a lo largo del curso de adiestramiento y planteó sin rodeos el asunto de la profesionalidad.

—Tiene usted la formación crítica de Isaac Deutscher y el *sex-appeal* de John Gavin.

—Lo reconozco. Y además la encantadora brutalidad de un miembro de las juventudes hitlerianas.

Mister Phileas Wonderful no estaba de acuerdo con

mi adjetivación. Había luchado como militante socialista en casi todos los líos europeos del siglo y finalmente había comprobado su conversión en técnico de inseguridades.

—Es cuestión de profesionalizar el amateurismo de la acción, comercializarla. El socialismo podrá imponerse sin que usted o yo muramos en la guerrilla y si lo abandonamos a tiempo viviremos mucho mejor hasta que llegue esa, hoy por hoy, lejana consecuencia. La CIA es un campo de experiencias fascinante, sobre todo cuando uno puede acceder a puestos de dirección. Normalmente, incluso nosotros tenemos una idea equivocada de lo que somos. Nuestro trabajo tiene un nivel de modificación poética de la historia: somos lo único que se enfrenta a la descarada con el avance del comunismo, precisamente porque no nos importa que a la larga gane. Se trata de un mero desafío técnico: cuánto tiempo seremos capaces de ir entreteniendo ese avance. Es una actividad mucho más bonita que contribuir al avance. La grosería moral del revolucionario salta a la vista. Un revolucionario es, como el santo, el mártir o la virgen, un ventajista repugnante. Usted mismo puede haberlo comprobado.

Cada gesto de asco le permitía enseñar un fragmento de su impresionante, irreal dentadura.

—No hay ser tan molesto como el místico revolucionario, convertido en severo juez del comportamiento ajeno desde la legitimidad de su irreprochable sacrificio histórico. En cambio, un agente de la CIA es un ser marginado, un incomprendido poeta de la contrarrevolución. Pero créame, sabrá convenir conmigo en que sin la CIA no habría ni historia ni dialéctica. Un agente de la CIA es no sólo un poeta de la revolución sino un legitimador de la revolución.

—Y está mejor pagado que un revolucionario.

—Bastante mejor.

Convino Wonderful mientras me ofrecía otro cigarrillo:

—¿Qué fumaba usted cuando era un revolucionario?

—Celtas.

—¿Qué es eso?

—Tabaco español.

—En mis tiempos se llamaban de otra manera. A lo que iba; un agente de la CIA vive una existencia poco vistosa, aunque tenga que hacer cosas supuestamente repugnantes. Nunca es víctima de la obscena solidaridad con nada ni con nadie. Es un héroe aséptico y total.

Mister Phileas Wonderful es en la actualidad un experto en propaganda norteamericana. En momentos difíciles para el prestigio USA, Wonderful sabe convertir las derrotas en victorias, los asesinatos en beneficencia, las invasiones en turismo, la coacción en protección. Wonderful es el supervisor de los slogans que en todo el mundo reciben los agentes internacionales de la USIS, en un cómodo aunque delicado retiro.

Siempre he comparado a Wonderful con Muriel. Wonderful era el anti-Muriel, por eso me tranquilizaba tanto, por eso me absorbía tanto. Muriel me mantenía siempre en la repugnante tensión de la pretendida autenticidad, sin que ella lo tuviera muy clarificado; pero sí disuelto en su sangre, sus células. En cambio, Wonderful era tan controladamente siniestro que merecía el adjetivo de delicioso. Le imaginaba a lo largo de su historia, preparando atentados, reunido con los delegados de la Internacional, cambiando de Internacional con calculado nerviosismo, apostando por bazas revolucionarias y democráticas hasta que un día se vio aplastado por un invierno de exilado, probablemente acuciado por la miseria heroica. Tremendamente lúcido como para comprender lo irrepetible de su vida, que se vive solamente una vez, que hay que aprender a querer y a vivir, que apenas si hay tiempo de hacer algo por uno mismo. Son los fantasmas que yo vi aparecer en la penumbra del campo de batalla que había quedado después de la discusión con Muriel sobre el mérito y demérito de Rousseau o Voltaire.

También Wonderful había cambiado de camisa, cargado de santa indignación liberal frente al brutalismo staliniano, como yo me había rebelado contra el purismo esquemático de Muriel. Pero progresivamente se habría hecho más sincero, más consciente de sus reales motivaciones. Ni siquiera ahora la dentadura postiza y las canas teñidas disimulaban sus rasgos de español, sus rasgos de isleño de la Historia, loco y acobardado. Wonderful sabía que yo conocía su historia, su origen. Con tablas de actor de carácter muy curtido daba por sentado que yo comprendería su arqueología, porque se correspondía en bastantes puntos con lo que ya empezaba a dejar de ser mi historia. Y a mí me fascinaba la excavación en aquellas ruinas tan bien conservadas, tan restauradas, tan declaradas de interés nacional. Amaba su libertad y la capacidad de superar el autodesprecio mediante la asunción de un total desprecio por la otredad. La vida es una sucesión de movimientos hacia el éxito, él y yo sabemos que en último extremo tenemos la posibilidad de acometer un movimiento vedado para la inmensa mayoría de los pobladores del hormiguero: el movimiento de llevar la mano a la pistola sobaquera, quitar el seguro, apuntar y no preocuparnos por el qué dirán.

La esposa del agregado cultural de la embajada de Austria es rotunda. Cuando la agregada se desnuda, sus carnes parecen como prevenidas para el desembarco y saltan por su propio peso. Parece como si cayeran, pero quedan en el aire, elásticas, algo vacilantes, pero seguras de sí mismas, como las atletas lanzadoras de peso cuando comprueban la elasticidad de la pierna que va a respaldar el lanzamiento del cuerpo. Son bicolores, semitostadas por el escaso sol de Washington y por el aparato de sol artificial.

La señora del agregado cultural austríaco mide 97 de pecho y 90 de cadera. Nadie podría hablar de lo que es una mujer sin haberla palpado. El frío de las posaderas tiene una consistencia extracamal, una consistencia de fruto inexistente. Recorrer con el cuenco de la mano el tomo de su pierna es un viaje del que nadie quisiera volver.

La señora del agregado cultural austríaco aprendió el amor en la Escuela de Viena. Es el suyo un estilo inconfundible. Sus gemidos son de una pronunciación perfecta y sus aleteos finales superan en delicadeza la muerte de Margot Fonteyn en *El lago de los cisnes.* Desde la melena hasta el diseño de los dedos del pie, la agregada cultural es un perfecto animal. Cuando la agregada cultural va vestida, sólo experimentan deseos de agresión un 65 por 100 de la población masculina de Washington y un 44,3 por 100 de la femenina. Pero cuando la agregada se desnuda, pese a que el Instituto Gallup no lo ha verificado, los agresores serían el 98 y el 76 por 100, respectivamente.

Los labios de la agregada cultural son fibrosos y adhesivos. Practican un doble movimiento de posesión y despegue cuya lentitud sólo podría compararse al ralentí de un salto de caballo. La agregada cultural siempre camina con expresión concentrada, como los cazarrecompensas. Vive las veinticuatro horas del día pendiente de su arte. Imagina nuevas técnicas, ejercita continuamente ante un espejo de siete lunas que le regaló Sukarno, agradecido.

Nunca ha tenido una hora baja. Nunca ha tenido un minuto de ridículo afeminamiento. Su disposición para el amor es perfectamente viril, en sus acciones no se conduce con el falso aplomo de la tímida experimentada, ni con la brutal seguridad de la buscona. Es como si el acto de acoplamiento se hubiera elevado a la categoría de deporte olímpico y la agregada ganase siempre, siempre, la medalla de oro.

Cuando la agregada ha conseguido lo que quería, nunca se despide. Se viste en silencio, te da la espalda y se marcha antes. Si te enamoras de ella, te abandona, y si te suicidas por ella, *no comment.* En las recepciones nunca habla, sólo una vez se ha desnudado en público.

Dicen que ocurrió en Londres, que una tremenda angustia explotó en el pecho de los comensales. Pero sólo uno lloró, como si se le hubiera muerto el hijo predilecto.

El rumor ha circulado durante horas incontrolable.

El FBI ha comunicado que tal vez Pepe Carvalho había penetrado en el país a través de la frontera canadiense. Primero, Hoover me lo ha informado con una sonrisa confiada en los labios. Para él Pepe Carvalho es un buen profesional del crimen, pero no por ello deja de ser lo más parecido a un puertorriqueño. Para Hoover el único gallego importante es el general De Gaulle.

Los conocimientos históricos de Hoover están en relación inversa con su obscena confianza en sí mismo. Ha consultado el tablero electrónico situado en los sótanos de la Casa Blanca. El intruso pronto ha sido localizado a cincuenta kilómetros de la frontera. Pero no era Pepe Carvalho. Durante unos minutos he tratado de saber quién era. Los recelos de Hoover son evidentes y me ha negado, con cierta elegancia, la información. Ya estaba dispuesto a exigírsela cuando todo lo ha trastocado la brusca irrupción de Bob Kennedy en la estancia.

El rebote de la puerta contra el muro, el rayo de sol arrancando destellos de su flequillo movedizo, el espacio rápidamente engullido en tres zancadas, la tensión del cuerpo electrizado por la indignación, la sonrisa de despecho y desprecio, las manos asidas a las caderas... Bob Kennedy ha provocado un silencio que yo había olvidado desde mi estancia en las sedes policiales en papel de víctima o incluso desde mi primera infancia, cuando mi padre o algún profesor saciaban vampirescamente sus impotencias en el terror que podían leer en mis ojos. Es el silencio del terror y la culpabilidad. Bob acusaba a Hoover con el índice.

—¿Por qué no me ha avisado? Un criminal peligroso penetra en los Estados Unidos con el fin de matar nada menos que al presidente y yo soy el último en enterarme.

Hoover ya se había repuesto. Sin contestar ha vuelto la espalda al ex fiscal general para seguir el examen del mapa electrónico con las manos en los bolsillos. Las venas del cuello kennedyano estaban al tope, los delgados labios se han abierto y adelantado para escupir la palabra:

—¡Cerdo!

Hoover se ha reído levemente, ha disculpado el insulto con una cabezada condescendiente. Dos agentes del FBI se han acercado a Bob para colocarse a su lado. Pero no bien establecidos, ya Bob ha lanzado un codazo lateral al de su derecha, mientras con la izquierda daba un golpe de karate en la nuez del otro agente. Después parecía que iba a lanzarse sobre Hoover. Éste ya le daba la cara y era la suya una cara sonriente, tranquila. En la mano de Hoover adquiría evidente consistencia su Parabellum negra preferida. El cañón de la pistola ha topado con el duro estómago de Bob. El aliento de los dos hombres era casi uno solo.

Poco a poco han distendido los músculos del rostro, ha ido asomando una primera vergonzante, finalmente decidida sonrisa. Después, la risa les ha apartado como repelidos por una descarga eléctrica. Sin apenas poder hablar.

—¡Edgar, Edgar, eres grande!

—¡Oh, Bob; tú, Bob, Bob, qué entrada!

—Lo venía preparando por el camino.

—Parecías James Cagney en sus mejores tiempos.

Han caído al suelo vencidos por la risa. Cada vez que recobraban la compostura, bastaba el cruce de una mirada para que las carcajadas y las lágrimas volvieran a fluir. Hoover se ha tomado unas pastillas contra las emociones y ha seguido riendo sentado en el suelo.

He salido de la estancia tras los pasos de Bob. Al llegar a la zona más oscura del pasillo, Bob se ha revuelto rápidamente y me ha arrinconado contra la pared.

—¡No le quite el ojo a Hoover! ¡No me fío!

No he tenido tiempo de cerrar mi oreja al aliento fonético de Bob. Un puñetazo cortante, kennedyano, contra mi bajo vientre, me ha doblado. Poco después, semiinconsciente todavía, he visto pasar ante mi nariz las dos rayas perfectas del pantalón gris de Hoover.

—¡Este Bob!

Iba diciendo y reía.

Jacqueline me cuenta, a veces, fragmentos de su vida. Me veo entonces en la obligación de corresponder. El otro día ella se explayó sobre el tema de la suegra y las cuñadas. Yo intenté transmitirle el fondo y la forma de mis relaciones con Muriel, de mis perplejidades ante nuestra hija. Pero entre Jacqueline y yo había una desconexión lingüística evidente. Yo hablaba como un *playboy* nostálgico de su etapa de romanticismo pequeño-burgués y ella como la directora de un consultorio sentimental. Derivé entonces a una burda narración de mis trabajos: agitados unos, rutinarios otros. Así desbordé el didactismo de Jacqueline, que parecía sorprendida por la brutalidad de algunas situaciones que yo había protagonizado y por el cinismo expositor de mi relato.

—¿Pero eso lo hizo usted?

—Es posible.

—¡Cómo es *posible*! ¡Lo hizo!

—No lo niego.

Jacqueline me dijo casi en serio que yo era un tipo peligroso y que empezaba a comprender el abandono de que me habían hecho objeto mi mujer y mi hija. Me resultó duro admitir que mi niña me hubiera abandonado. Pero probablemente era lo cierto.

La conversación con Jacqueline sirvió de detonador para que se abriera el televisor de los recuerdos. Allí estaba Muriel, miope, sonriente, con toda su ideología a cuestas, convertida en cuerpo mismo. Por ejemplo, aquel empecinamiento suyo en no depilarse las piernas porque era una inadmisible concesión a la manipulación cosificadora de la mujer convertida en objeto sexual. Pero tenía unas piernas bastante bonitas que no podía enseñar por culpa de la asombrosa tenacidad de su vello, lanzas negras que atravesaban sin piedad incluso la dura lana negra de los más historiados leotardos. Hablar, vivir, con Muriel era un duro ejercicio de gimnasia ideológica. El uno dos, uno dos, nos acompañaba de día y de noche y, en ocasiones, al borde mismo del acto del amor, me obligaba a comentar el último texto político o la última polémica derivada del turbio asunto de una línea política general demasiado contemporizadora.

—Estamos empeñados en el asalto a la contradicción de primer plano y tendemos a olvidar el asalto a la contradicción fundamental.

... podía musitar Muriel, por ejemplo, mientras yo intentaba desabotonarle la chaqueta del pijama a las dos de la madrugada. Yo me veía entonces obligado a contestar:

—No hay dos impulsos dialécticos sucesivos. Sería una regresión a la dialéctica lineal hegeliana. En el asalto a la contradicción de primer plano está el asalto a la contradicción fundamental.

—Qué brillante eres...

... musitaba Muriel, ya en la esperada frontera del espíritu y la carne. No era mucha su carne, es cierto. Pero pese al escepticismo de los testigos exteriores, estaba mucho mejor situada de lo que falseaban sus maneras y sus usos de vestuario. Y en los momentos decisivos, pocas mujeres me han compensado mejor que Muriel, ni siquiera hay una distancia excesiva entre su habilidad y la de la agregada cultural austríaca, pese al *décalage* profesional.

Tal vez sea la distancia temporal. Pero veo de inmejorables colores nuestras vicisitudes políticas y económicas de la adolescencia. Los terrores que compartimos. Nuestro mutuo apoyo cuando se precipitó sobre nosotros la noche negra de la Historia. Y tal vez mi vida a su lado hubiera proseguido un devenir lógico sin aquella discusión provocada por el siniestro biólogo, luego he comprobado que con la intención de distanciarnos y sacar tajada del asunto. También yo llegué condicionado a la discusión sobre Voltaire y Rousseau. Me pareció excesivo que Muriel, la mañana del mismo día, comprara agua destilada para lavar la cara y el culito de la niña. Todo porque lo había leído en un manual pedagógico de la URSS. La tormenta que no estalló por la mañana tuvo sus rayos y truenos por la noche. Y allí estaba el ángel nocturno que se aprovechó para romper nuestras vidas y convertirse en el heredero de mis funciones fatalmente nocturnas (Muriel tenía aversión a hacer el amor a la luz del día). Aunque no hay mal que por bien no venga y desde que me separé de Muriel y cambié de camisa, no me puedo quejar de cómo me han ido las cosas. Pero debería ser más fuerte y prescindir de cualquier literatura para satisfacer mi apetito ético, estético o sentimental. Es una debilidad impropia de un hombre como yo, con una potencia de pegada similar a la de Floyd Patterson y una envidiable, envidiada potencia amorosa.

—Ser español es un problema.

Había pensado en voz alta para derivar del todo la peligrosa conversación sentimental con Jacqueline.

¿Qué estarán haciendo Muriel o la niña? Seguro que la pobre chiquilla estará sometida a un riguroso programa de lecturas graduadas. A los nueve meses la dejé y ya Muriel había comprado *Así se templó el acero,* de Ostrovski, para que lo leyera en cuanto pudiera. Yo quería bastante a mi niña, aunque siempre la miré con la prevención que merece toda mujer que irá a parar a brazos de otro hombre.

Mister Phileas Wonderful solía concederme el placer de su conversación con más frecuencia que a los demás cursillistas. Lo justificaba por el paisanaje, pero yo sabía que le atraía la propia imagen trucada que en mí le devolvía el espejo que siempre le separa del mundo. Durante las primeras charlas mantenía el pudor ideológico inicial para justificar su actitud, que ya era la mía. El stalinismo era intolerable y había traicionado la esperanza revolucionaria; en estas condiciones, ¿íbamos a hacerle el juego?

Pero un día dijo, como si no hablara conmigo, como si hablara desde un proscenio, encantado por la hipnosis de las candilejas:

—Todo empieza cuando descubres que eres el ser más inmotivado de este mundo. Que has perdido una guerra, un país, la cara, todas las patrias convencionales. Lo descubres semiaplastado por la orografía de Manhattan, bajo caedizos rascacielos que amenazan tu inexistente esqueleto de gusano. Tienes frío por debajo del frío, la angustia ya te ha abandonado el estómago, ya está en tus pies, convertidos en plomo horroroso. Y en el año cuarenta en Nueva York. Absurdo. Iba de puerta en puerta. De abrazo en abrazo de antiguo ex combatiente de la Brigada Lincoln. Todo eran promesas, hasta que alguien empieza a decir cosas coherentes. Entonces me juré que nunca más pasaría frío, del físico ni del otro. Que nunca más perdería nada. Que nunca más tendría miedo. Que nunca más tendría en la garganta la bola del mundo. Que recuperaría nombres y apellidos, sonrisa en los labios de los ascensoristas, respeto en los ojos de un policía.

A partir de aquí, Wonderful siguió hablando en inglés. Había mueca de asco en su cara súbitamente envejecida, como si se le hubiera borrado el atezado y reaparecieran las arrugas ocultas por el maquillaje. Una mueca de asco dirigida a algo o alguien entrevisto en un rincón de la sala vacía. Crucé la frontera de las candilejas y me acerqué a lo que tanto asco o terror daba a mister Phileas Wonderful. Un viejo hombre, pajarillo desplumado, flaco, vestido bicolor, desdentado, barbado, con las uñas negras y los zapatos relucientes, una maleta de cartón a su lado, los oídos llenos de silbidos de tren, en los ojos amarillos y blandos, sonrisas de pánico, confiado en que nadie tendrá ningún interés en acrecentarlo. Tras la espalda del hombrecillo, a través de la ventanilla del tren, corría un paisaje monegral, de oteros grises y espinos sin madre, secos y rodantes bajo el sol y detrás del viento.

—¿Gusta?

El hombrecillo ofrecía un pedazo de lengua de vaca estofada. Goteaba salsa marrón encebollada desde el borde de la navaja hasta la tapadera de aluminio de la fiambrera.

—¿Gusta?

La lengua empujaba cortesías a través de la brecha dental enmarcada en dientes de oro y encías rojiblancas.

—Mister Wonderful, mister Wonderful —dijo la secretaria. Se rompieron los cristales en los ojos del viejo Tobías—. Mister Wonderful —dijo la secretaria.

Wonderful se me adelantó unos pasos para recoger el aviso confidencial con la oreja inclinada hacia los labios de la muchacha. Al regresar, su rostro había recuperado la sonrisa de anuncio.

EPÍSTOLA *URBI ET ORBI*

Leída por el presidente Kennedy en el día de acción de gracias de 1963, en la explanada central del Palacio de las Siete Galaxias, en presencia de un 60 por 100 de los cargos ejecutivos de la nación y de la totalidad del cuerpo diplomático.

—Señoras y señores:

»En días como el de hoy es cuando más lógico resulta hincarse de rodillas, levantar la mirada confiada hacia la paz del cielo y decir: gracias. Gracias no tanto por los bienes recibidos como por las evidencias asumidas. Y la asunción de las evidencias es el mayor bien que puede recibir un pueblo. Y es evidente que la más preclara evidencia que podemos asumir nosotros, el pueblo norteamericano, es la de nuestro destino privilegiado al frente de la marcha histórica de la humanidad. Para los que sólo conciben la marcha de la Historia como una evolución material desprovista de toda trascendencia que no sea lo positivo de los resultados, cada vez más positivos, yo recito hoy mi oración, porque nosotros, el pueblo norteamericano, sabemos que no hay destino humano sin providencia y que no hay grandes comportamientos históricos sin providencia. Dios condujo a su pueblo más allá del Nilo y le dio un guía: Moisés. Y allí nació la historia de Occidente, bajo el dedo protector de la providencia.

»Y en esta hora difícil en que el destino del hombre cristiano se halla comprometido en la más dura de las luchas por la supervivencia, repito, gracias. Gracias en nombre de mi pueblo, que me escogió como conductor y guía y que me confirió esta alta misión sin más prerrogativa que la de sus mismas vacilaciones y esperanzas. Yo, como norteamericano, soy uno más entre vosotros, en cuanto a lo que aspiro y en cuanto a lo que temo. Mis fuerzas son las vuestras y, como vosotros, confío en esas fuerzas extras que Dios concede a quien se alinea en su bando. Y con esa ayuda hemos de vencer. En un día como el de hoy hemos de proclamar cuál es el instrumento de nuestra victoria. Ese instrumento no es ningún arma terrorífica cuya capacidad de destrucción agarrote los músculos del valor, no. Nuestra arma no será mortífera, ni es secreta. Es el arma de la evidencia del ejemplo victorioso. Que nuestros enemigos abran los ojos y vean en la salud de nuestro pueblo la evidencia de nuestro destino óptimo y en la salud de nuestras obras la eficacia de un método de comportamiento coordinado con la voluntad divina.

»Somos la nación más rica de la tierra. Pero bien poca cosa seríamos sin la riqueza espiritual. Si alguien me preguntara por qué con ese convencimiento en la superioridad espiritual no descuidamos la fabricación de proyectiles teledirigidos, yo le diría que los caminos de Dios son insondables e imprevisibles y quién sabe cuál es su instrumento, quién sabe o quién conoce el lenguaje del más allá. En la disuasión de la fuerza no hay que ver tanto una proclama de escepticismo como un acto de humildad ante las explicaciones que nos exceden.

»San Agustín, en cierta ocasión, paseaba por una playa.

»Vivía una de sus épocas de máximas vacilaciones, dudas, preguntas ante el misterio de la vida y la muerte. Espíritu liberal y democrático, San Agustín lo cuestionaba todo, porque ésa debe ser la actitud de la honestidad intelectual. Paseaba, pues, como he dicho, por una playa y se encontró con un niño que iba echando agua en un hoyo en la arena. Hacía uno y otro viaje con un cubito de plástico. Una y otra vez. Una y otra vez.

»—¿Qué haces, pequeño? —preguntó el santo.

»—Quiero meter en este hoyo a todo el mar.

»—Pero —dijo el santo sonriendo ante tanta maravillosa pureza e ingenuidad— eso es imposible.

»El niño se puso grave y le contestó:

»—Más imposible es desvelar los designios de Dios.

»Desvelar, desvelar; en la raíz de esta palabra está la sabiduría misma. Quitar el velo que nos separa de la verdad es el camino para llegar a la sabiduría. Pero todo hombre lúcido sabe que hay un velo que está demasiado lejos y que hay que reservar un más allá de misterio que impide quitar el último velo. Ésta es la humildad que ha hecho grande a nuestro pueblo. Dejar para Dios la última explicación de nuestro comportamiento y no caer en el pecado de querer ser tan conscientes como el Gran Visor de la Eternidad.

»Desde este instante de eternidad, desde este lapsus de Historia que nos ha tocado conducir, gracias, Señor, por los frutos a que nos has llevado, por las metas que nos has fijado.

No considero ni siquiera tema del *Reader's Digest* el asunto de Pepe Carvalho. Bacterioon es otra cuestión. ¿Cómo entra en contacto Pepe Carvalho con Bacterioon?

He intentado convencer a Hoover de que las investigaciones han de ir por allí. Morrison, mi inmediato superior, es de la misma opinión. Pero Hoover, que no nos puede tragar a los de la CIA, se empeña en la *búsqueda del cuerpo*. Ninguna descripción de Carvalho coincide con la anterior y ya no queda ninguna esperanza de que pueda coincidir con la ulterior. En La Paz, tras el atentado contra Paz Estensoro, Carvalho era un hombre delgado, alto, aquilino, muy moreno, de ojos magnéticos. En Siria, después de la última intentona del Baas, Carvalho es un oscuro, pequeño hombre calvo con lentes bifocales. En Kenia sería un tragasables rubio panocha. ¿Quién es Pepe Carvalho? Todos los informes sobre él son muy secretos, pero también muy inútiles. Con él llega la muerte, silba y se lleva las vidas como imantadas. No tiene una línea previsible de acción. Ni siquiera sus acciones son continuadas, más bien diríase que alterna la acción rápida con largos períodos de inacción que sirven para el desarrollo de su mito. Hoover cree que Carvalho no existe, que Bacterioon no existe, que todo es obra de las fuerzas tradicionales: las internacionales de la masonería, el comunismo y los sodomitas.

Pero la existencia de ambos es tan evidente como misteriosa su relación. ¿Cómo una sustancia no orgánica puede llegar a una relación inteligente con un ser humano?

Yo comprendo la indignación ciega de Hoover.

Es como luchar contra el aire, como mantener una alerta ante cada respiración. Que por primera vez acepte la colaboración de la CIA ya es una prueba de cuánto le preocupa el tema. Sean Poverty, el agente responsable de mantener el orden público en torno al Palacio de las Siete Galaxias, opina que Carvalho es una potencia sobrenatural, diabólica, como las deidades negativas de su Irlanda natal. En cambio, Khan, tras utilizar calculadores analógicos de la tercera generación, opina que Carvalho puede existir en un 70 por 100 de posibilidades y no existir en un 30 por 100.

¿Quién es Pepe Carvalho?

La pregunta levanta cejas, hunde omoplatos, pone en huida muchas miradas. Normalmente los profesionales juzgamos con bastante distancia las hazañas de nuestros colegas. Sólo nos entusiasma, y siempre hasta cierto punto, la excepción real. Incurrimos en la mitificación muy de tarde en tarde. A veces transigimos y la mitificación es algo así como una debilidad voluntaria que nos relaja, como si jugáramos a creer en los Reyes Magos. De esta manera al mitificar a un colega le cargamos con un montón de tensiones que en el fondo sabemos intransferibles. Es el juego equivalente al de tomarse en serio a James Bond, juego practicado con excesiva frecuencia entre nosotros. Yo, que he tenido a Bond al alcance, casi, de mi mano, podría hablar mucho sobre el gallito Bond. Pero no conviene tirar piedras sobre el propio tejado.

Pepe Carvalho, en cambio, no es un mito literario. Es un ente real mitificado, casi totalmente desconocido y que les sirve de punto de referencia a la inmensa mayoría de mis colegas. Yo sé que Pepe Carvalho amanece todos los días con la misma problematicidad de casi todos nosotros. Que su prestigio es tan hijo de sus circunstancias como de una desesperada voluntad de sobresalir en el oficio. Reniega de su trabajo como cualquiera y tiene la común tendencia a justificar la última moralidad de lo que hace por la evidencia de lo que ya está hecho.

Por lo demás, la mínima biología constituye el principal apoyo para su oficio de vivir. Los mínimos estímulos del sobrevivir le deben ayudar a pasar los ratos perdidos y a olvidar cualquier sospecha de que también se pierden los ratos no perdidos. En fin, que Carvalho tiene sus problemas, como todos.

Khan habita en la parte superior de la cuarta galaxia. Está por encima del mismísimo trust de los cerebros que rodea habitualmente a Kennedy. Tiene un hilo telefónico especial en conexión con la isla californiana donde un grupo de científicos vaticina el devenir de todo mediante el cálculo de probabilidades.

Existe un proyecto secreto de hibernar a Khan y a Walt Disney, con el fin de hacer de ellos testigos de excepción del mundo posterior al año 2000. En el caso de Khan sería en premio a sus servicios por haber sabido descifrar lo que nunca pasará (gracias a sus prevenciones, Khan espera controlar el futuro). En el caso de Walt Disney se persigue que la retina technicolor de la cosmogonía rooseveltiana sobreviva a las lentes de contacto con el áspero tacto de la realidad. Ambos poetas de la imagen (el número imaginario y el Pato Donald) merecen la opípara jubilación de la eternidad.

Khan, al igual que su gran amigo y rival, Sylvester, es un profeta tranquilizante. La guerra atómica nunca ocurrirá, según él, y será definitivamente sustituida por la serie de guerras convencionales (guerras civiles entre el bien y el mal) en zonas marginales de la tierra. La guerra de España, según Khan, ya fue un ensayo general de la nueva estrategia. Claro que allí no se daba como contexto el peligro de una destrucción nuclear, pero sí el peligro de un conflicto universal, que pese al resultado óptimo de aquella guerra no pudo evitarse.

Lo importante, según Khan y sus asesores, es que las grandes naciones conductoras de la civilización industrial no se vean complicadas en enfrentamientos mutuos. Los desfases de equilibrio potencial entre los países socialistas y los capitalistas deben arreglarse mediante guerras marginales que afecten a zonas, en sí mismas, marginales: estas zonas se corresponden con países situados, ya para siempre, al margen de la dirección de la Historia. Todo este equipo de pensadores está muy influido por las teorías del profesor Sylvester, cuya hegemonía intelectual nadie discute en Washington. El profesor Sylvester se dio a conocer a los setenta años de edad gracias al programa televisivo *Usted sabe y nosotros le premiamos.* Sylvester, funcionario de correos jubilado, que había hecho un curso de filosofía por correspondencia, participó con el tema «Comportamiento sexual del arador de la sarna». Dos semanas después era famoso en todo el país y le imitaba Bob Hope en el *show* de Ed Sullivan.

Las opiniones de Sylvester empezaron a cotizarse en cualquier terreno del saber humano. Pronto se comprobó que Sylvester era a Khan lo que la presentelogía a la futurología. Sylvester sostenía que las suertes derivadas de la revolución industrial ya estaban echadas. Los países que se situaron a la cabeza son los conductores de la Historia. La categoría superior de la etapa actual de la humanidad no puede ser el poder factual, porque el poder factual implicaría el riesgo de la destrucción. La categoría superior es el poder potencial o poder disuasorio. Ese poder potencial consecuencia del desarrollo industrial y del nivel tecnológico se traduce en el control de los medios de destrucción-disuasión nuclear y en los medios de comunicación y expansión espacial. El control de la vida y de la relación espacio-tiempo determina los atributos del poder y están en manos de los Estados Unidos y la URSS. Después hay que tener en cuenta a un número limitado de *peones privilegiados (sic transit)* o potencias de cierto desarrollo industrial y tecnológico que no han podido subir al carro triunfal de la subera atómica. Y el resto, el resto del mundo es silencio y lo mejor que puede hacer es permanecer en silencio. Las verdades ideológicas, emotivas, biológicas (en el sentido no bioquímico de la palabra), apenas si tienen poder determinante. Tampoco sirven apenas las verdades dialécticas aportadas por el marxismo, ya han sido utilizadas para dar de sí todo lo que podían: la aparición de un poder antagónico a escala universal, la URSS. El industrialismo en su etapa superacional y la progresiva racionalización del mercado universal han convertido la dialéctica en dinámica racionalizada y racionalizadora.

Khan es menos optimista que Sylvester. El viejo ex funcionario cree que la Historia y la Geografía dependen fundamentalmente de la Estadística y la Topografía. Su lema predilecto es: «La Humanidad será perfecta el día en que prescinda definitivamente del principio idealista de que el hombre es la medida de todas las cosas». Khan, de acuerdo en el fondo, sostiene que hasta llegar a la plena asunción de esta filosofía media un período histórico muy peligroso en el que serán liquidadas las verdades morales, ideológicas y emotivas. Pero ambos monstruos se entusiasmaron con la aparición de Kennedy: «Kennedy —declaró Sylvester al redactor de *Christian Science Monitor*— dará un acelerón considerable a ese período de liquidación, al mismo tiempo desarmará a la derecha americana y a la izquierda universal».

Sylvester y Khan están muy divididos en el asunto Bacterioon. Sylvester opina que es un poder reaccionario y que puede manifestarse por lo tanto bajo formalizaciones revolucionarias o de extrema derecha. Khan ve en Bacterioon una estratagema más de la internacional comunista y sus centros impulsores: China, Cuba, Vietnam del Norte, Corea del Norte, La Sorbona, Berkeley, el barrio madrileño de Argüelles y las comunidades catalanas de benedictinos y capuchinos de Montserrat y Sarriá. Sylvester hila más fino: «Bacterioon es la sustancia del relativismo y de la duda de la propia duda, pero esa sustancia está manipulada por un cerebro fanático antihistórico. De momento, ante la estrategia kennedysta, se disfraza de escepticismo, pero pronto sacará la pistola». Sylvester reconoce que es difícil mantener la capacidad de entusiasmo, una vez castrados los órganos emotivos y racionales individuales. Pero para ello hay más de cuatro marcas de pastillas no alucinógenas, que a partir de 1964 serán repartidas con carácter gratuito en todas las escuelas públicas de un país marginal (Austria) a título experimental. De no ser nocivos los resultados, todos los niños norteamericanos recibirán las mismas tabletas durante su diaria toma de leche federal en polvo.

Khan, que está en todo y es, en el fondo, un opositor entusiasta de Sylvester, ha convencido a sus computadores para que programen un plan nacional de Tabletas Para la Integración (TPI). De momento están en fase experimental, entre simios jóvenes, las pastillas contra el marxismo-leninismo y contra la opinión, muy extendida, de que unas razas tienen el pene más largo que otras.

El ayuda de cámara de los Kennedy me ha hecho un regalo espléndido. Tres trajes del presidente que apenas si se ha puesto en dos o tres ocasiones y media docena de pares de zapatos muy usados. El sastre presidencial me los ha probado, en quince días estarán a mi medida.

Me ha ido de perilla porque empezaba a estar mal de ropa y estas cosas en Washington son caras. Creo que este regalo presidencial puede reportarme algún disgusto. El embajador de una nación con la que nos unen entrañables lazos de amistad también iba detrás de los trajes y ya le había lanzado alguna indirecta a Jacqueline. Ella, que es una delicia de mujer cuando no se ve en la precisión de expresar abstracciones, le respondía invariablemente: «Calma, calma, habrá para todos». Que conste que yo no moví ni un dedo para conseguir el regalo.

Hay un tipo de intelectual ingenuo que durante casi treinta años se ha adueñado de la crítica cultural. Las emociones de ese intelectual se exteriorizan preferentemente en la solitaria sensibilidad de su esfínter anal. Los latidos del esfínter han subrayado toda su predisposición al cabalismo. Cuando se insinúa la posibilidad de seres extraterrestres, el intelectual ingenuo se estremece porque ¿acaso la Atlántida no pudo ser una colonia marciana? ¿Escepticismo lingüístico?: Rimbaud. Todo es para él una novela policiaca inducida. ¿Marcuse?: Nietzsche y el Nazartn de Pérez Galdós. Cuando el intelectual esfínter posee una daga malaya y lleva un kimono más o menos japonés, su cabalismo es extremo oriental y las abundantes dinastías chinas le aportan improbables personajes que nadie se toma la molestia de identificar históricamente. Yo, que no soy un intelectual, que soy un agente secreto con cultura autodidacta, hoy he jugado al cabalismo. Ha sido cuando he visto llorar a John F. Kennedy al enterarse de la muerte de dos niñas negras atropelladas por un *jeep*. Entonces me he inventado una máxima poética china del siglo III a. C. (hacia mediados de siglo). Dice así:

Los altos montes azules
se fingen a veces cielo.
Sólo la continuidad del río
conoce la sombra de sus valles,
su consistencia muerta
de piedras caídas de una altura sorda.

Nuestra tribu llevaba plumas en el corazón y pintura de guerra en el alma. En las reuniones, yo, a veces, conseguía distanciarme, situarme en la noche, más allá del cristal. Desde allí veía la fragilidad de mi gente en la inmensidad hostil del mundo, entonces me reconciliaba incluso con el perverso biólogo, porque estaba condenado a muerte, como todo el mundo, y además iba a llevar una vida muy perra mientras tanto. Yo ya sabía que la actitud épica, incluso tan oscura como podía serlo en nosotros, proporciona mucho alimento moral y un pequeño lugar en la Historia, del que uno toma posesión no sin enjundia. A veces, la conciencia de estas compensaciones me hacía devaluar nuestro compromiso. Pero luego me evadía, salía fuera, me situaba detrás de los cristales y contemplaba la precariedad biológica de mi tribu. Cuán aplastables eran, qué débiles de uno en uno, frente a las ventoleras, qué víctimas propicias frente a los poseídos por el miedo a la Historia, qué patéticas podían ser, en cualquier momento, sus plumas y sus pinturas.

Muriel era siempre la más emplumada, la más pintada. Agresiva como un gallo peleón, alzaba el cuello por encima de nuestros abatimientos, en busca de la cabeza en que cebar el pico. Cuando le daba por la histeria épica yo me echaba a temblar y procuraba distraerla con conversaciones tangenciales: por ejemplo, la teoría del valor en Ricardo, Marx o Keynes. Muriel había leído quince veces *El capital,* había dirigido tres o cuatro seminarios sobre el librito y no lo entendía. Una vez, durante la lectura de un libro de Sweezy, gritó como víctima desganada y me señaló, convulsa, una página de letra pequeña:

—¡Aquí está todo, aquí está todo! Por fin lo entiendo.

Desde entonces aquella página de Sweezy fue en nuestro hogar algo así como el padrenuestro en el de los abuelos de usted, amigo lector, porque los míos no rezaban.

Muriel tenía sus vencimientos, casi siempre provocados por la tarta de manzana y las ancianas. Le angustiaban las ancianas y procuraba ayudarles siempre a cruzar la calle, muchas veces sin consultar primero con ellas. La vejez le daba casi tanto miedo como la muerte: eran la obscenidad misma, eran la Obscenidad Absoluta, enseñando el culo arrugado y cárdeno en el fondo de un paisaje que entonces se revelaba absurdo. Muriel odiaba la literatura del tema de la muerte. Decía que estaba manipulada siempre por la clase dominante para evitar que la gente se preocupara por la vida y la realidad. Incluso las medievales danzas de la muerte le parecían burdas farsas alienantes que servían para compensar *postmortem* las justas aspiraciones del proletariado medieval. Cuando yo intentaba oponerle la precisión de cuán difícil es aplicar el término «proletariado» a las clases populares de la Edad Media, Muriel se irritaba hasta la desconsideración.

Irritada era otra persona. Se hacía las necesidades en mis antepasados más tópicos e inmediatos, me acusaba (y cuánta razón tenía) de contrarrevolucionario y, finalmente, si mi superior riqueza de vocabulario la desbordaba, se echaba a llorar y se encerraba en el retrete. Más de una vez soñé en la posibilidad de que pudiera perderse para siempre por el agujero de la letrina. ¡Con qué satisfacción, en muchos momentos, habría yo tirado de la justiciera cadena!

Pero ella no era rencorosa. Poco después salía y buscaba niveles de discusión más estables: la deficiente interpretación de Lefebvre al tránsito de la cantidad a la cualidad o el idealismo implícito en las posiciones de Narville, por una parte, y de Jean-Paul Sartre, por otra. Por cierto que a Sartre no lo podía tragar y en lugar de llamarle Juan Pablo le llamaba Juan Jacobo, para marcar gravemente cuál era la real ubicación temporal del pensamiento sartriano. Era su único rasgo de humor cultural.

Por lo demás estoy seguro de que me quería y que nunca comprendió ni comprenderá el lento odio que acumulé contra ella a lo largo de nuestro Camino de Perfección. Y es que en cinco años de convivencia cotidiana no conseguí darle ni un *baiser florentin.* Cometí el error de decirle que había aprendido este desliz erótico en la lectura de Apollinaire.

Muriel siempre le había considerado un poeta reaccionario.

He leído un folleto inquietante. Lo edita una asociación de antiguos *beatniks* de Boston. Es una especie de testamento ideológico y sentimental, pero, en mi opinión, preñado de amenazas. Para ellos, Kennedy es el enemigo público número uno. Hasta Kennedy, los Estados Unidos habían demostrado al mundo su impotencia para asumir el desafío dialéctico de la revolución. Sólo el nefasto Roosevelt —dice el folleto— jugó inteligentemente la carta de un posible progresismo americano universal. Roosevelt intentó sustituir el conflicto por la competición: en Teherán, Yalta y Potsdam se sentaron las bases de la paralizadora coexistencia pacífica. Era sólo el principio.

Entre Roosevelt y Kennedy, una vuelta al realismo americano, al Gran Garrote y al Gran Gendarme del Universo. ¡Aquéllos eran tiempos! No había desfase entre escaparate y trastienda. En cambio ahora, bajo el kennedysmo, el fascismo americano *(sic transit)* se disfraza de jeffersonismo.

He enseñado el folleto a Kennedy. Le ha hecho mucha gracia. Dice que el estilo le recuerda mucho la escritura de un amigo suyo de Harvard, en la actualidad un alto ejecutivo de la Tidewater Oil Company.

—Me gusta mucho este párrafo en el que dice que yo he convertido la ley rooseveltiana de la competición en la superley de la integración.

Por si acaso he realizado algunas investigaciones sobre la gentecilla que ha redactado, impreso y divulgado el folleto. Como siempre se trata de una mescolanza de confusas gentes que no usan ropa interior, son poco aseados y procuran ser vegetarianos, aunque sin dogmatismos aparentes sobre la cuestión alimenticia.

Y es cierto, el cabeza visible ha estudiado en Harvard y era hasta hace muy poco un alto ejecutivo de la empresa de Paul Getty.

Cuando en el banderín de enganche para agentes secretos se me preguntaron los motivos de mi decisión, pregunté a mi vez si les interesaban motivos épicos, ideológicos, sentimentales o criminales. El supervisor, que conocía muy bien a los líricos griegos arcaicos, quedó maravillado por la sutileza de mi falsa pregunta y me aceptó sin más. La verdad es que no sé por qué busqué este oficio, un oficio que ideológicamente, entonces, me repugnaba. Fue una tarde de septiembre. Llovía y para mayor tristeza llevaba una gabardina azulada. Con las manos aplastaba los regueros de agua contra la tela y el tacto húmedo me daba ganas de llorar. Era una de esas tardes aciagas en que uno está dispuesto a la autocompasión y se excita la emotividad con recuerdos trucados. Ante un café espeso, rodeado de jóvenes estudiantes que salían del Hospital General cercano, en el aire agror de vinagre y solaje de pescado enharinado y frito, reflexioné sobre mi condición social. Repasé, atónito, la lista de cosas que debía pagar en los próximos quince días. Busqué un culpable y no lo había. Era una mecánica vital. Doscientas voces de diccionario ilustrado equivalían a tres plazos del televisor, un alquiler, seis bragas de plástico para la niña, tres bistecs de unos ciento veinte gramos, dos kilos de patatas, dos de naranjas, una cajita de nuez moscada en polvo, una revista ilustrada, diez duros a la portera por vaciar cotidianamente nuestro cubo de la basura, dos sesiones cinematográficas para dos personas, una botella de whisky tamaño petaca. Y no, no llegaba para pagar el plazo en la librería, si acaso para darle algo al vendedor de libros a domicilio. Recordé con repugnancia la cantidad de libros que había comprado y que no había leído. Qué peste a muerto echaban. Los utilizaba para hacer construcciones arquitectónicas. Libros sólidos en la base: las obras escogidas de Marx y Engels editadas por la Academia de Ciencias de la URSS. Los editores me habían hecho una pequeña jugada: los tomos no tenían el mismo grosor. Entonces debía equilibrar uno de los dos libros base con ayuda del estudio de Ráfols sobre la pintura del Renacimiento. El Ráfols tenía la ventaja de su encuadernación en pasta dura.

Bien sentadas las bases, los muros deben ser libros chaparros y gorditos, por ejemplo: *Cumbres borrascosas, Guerra y paz,* un tomo de las obras completas de Pérez Galdós. La primera techumbre ha de ser delgada pero dura (hago notar lo descalificadas que están las ediciones modernas para este juego arquitectónico). Un buen techo era una vieja edición del *Robinsón Crusoe,* tampoco iba mal una edición no menos vieja del *Robinsón suizo.* Es importante que las paredes maestras sean de libros encuadernados en cartoné, en cambio el tabicado bien pueden resolverlo los libros en rústica. Mis mejores tabiques los constituían *El estado y la revolución,* de Vladimiro; *Los ojos del padre eterno,* de Zweig; *Las noches blancas,* un catecismo de tercer grado, el primer manuscrito, las lecciones de cosas, etc. Los parterres, tapias, cancelas, montes, arbolados, los conseguía mediante los cuentos infantiles checos que Muriel se hacía traer para el futuro lector de nuestra hija.

Otro recurso era jugar a la carta más alta a base de libros. Se vacían las estanterías y se forma un montón de libros en el centro de una habitación. Los jugadores han de sacar los libros del interior del montón. Un árbitro valora el libro y da el ganador. Por ejemplo, yo sacaba *Canguro,* de Lawrence, y Muriel *Americanismo y fordismo,* de Gramsci. Si el juez era una persona normal daba la victoria a Lawrence. Pero si el juez era un asqueroso progresista, entonces triunfaba Gramsci. Había lances espectaculares, decisiones difíciles, roturas irreconciliables. El día en que Muriel, mi mujer, y yo nos acometimos a cuchillada limpia fue consecuencia de que yo canté *Cándido* y ella *Emilio*. Yo siempre he opinado que Rousseau era un perfecto idiota, que tuvo la inmensa suerte de vivir en una época que dictaba las ideas. En cambio, Voltaire era un tío. De Rousseau me molesta esa cachondería de bragueta irresponsable; esos niños entregados al hospicio. Además la cachondería de Rousseau es la cachondería de amanuense culo gordo que empuja los genitales y los electriza para todo el día. En cambio, Voltaire era un señor.

Pues bien, el árbitro era el alfeñique biólogo, con gafitas, barros y varices, voz atiplada y seborrea capilar. De sus labios imperfectos salió el veredicto:

—*Emilio,* de Rousseau.

—¿Por qué?

MURIEL.— ¿Por qué? Pues porque lo ha dicho el árbitro.

ÁRBITRO (*sonriente*).— Me atengo al juicio crítico emitido por la enciclopedia soviética. Allí os enteraréis de quién ha sido más importante para la historia del movimiento obrero, si Voltaire o Rousseau.

El esbirro del Kremlin me miraba dióptrico y legañoso, con un ligero tembleque de contracción del esfínter de su cloaca.

YO.— ¡Rousseau era un hijo de puta, y un sinvergüenza, y un burócrata y una rata de biblioteca, y era suizo!

MURIEL.— ¡Ya vuelve con sus apriorismos geográficos!

ÁRBITRO.— El pueblo suizo, más tarde o más temprano, se incorporará a la lucha pacífica en pro de una democracia nacional y social. Guillermo Tell y Rousseau son las muestras del genio de una raza.

Yo.— ¡Es un pueblo de esquimales, de alemanes disfrazados de suizos!

Árbitro (*grave y cariacontecido*).— Debo recordarte la larga lista de mártires del pueblo alemán en defensa del socialismo.

Muriel.— Además he ganado yo y ya está.

Yo.— ¡Por cada mártir alemán en defensa del socialismo hay quinientos mil socialistas mártires de los alemanes!

Muriel.— Ya salió el maximalismo pequeño burgués, ¡ya salió!

Árbitro.— ¡Lo contaré todo, todo!

Yo.— ¡Tú a callar, burócrata!

Árbitro.— ¡Eres un aliado objetivo de los enemigos de la clase obrera!

Yo.— ¡Mastuerzo! ¡Hijo de la gran puta!

Muriel (*me araña*).

Yo (*le pego un puñetazo en la nariz*).

Árbitro.— ¡Fascista! ¡Fascista!

Yo (*casi mato al árbitro de un guantazo*).

Muriel ha abierto la ventana y grita a pleno pulmón: ¡Socorro! ¡Socorro!

Yo me dirijo al público en medio de un silencio sólo roto por los alaridos de Muriel. Recito:

Ésta es la historia de una exasperación;
amé la victoria y la revolución,
el virus del consumo fue mi perdición,
neurótico hice el juego a la contrarrevolución.

(De los bastidores empieza a descolgarse un camarada vestido de obrero metalúrgico, con los brazos en cruz y la boina bien encasquetada. Sobre su camiseta azul lleva el rótulo «Héroe positivo».) Dice:

Castigo ejemplar merece tu audacia,
pactar con el virus de la tecnocracia;
por no leer a los clásicos perdiste la gracia,
el pecado de orgullo será tu desgracia,
vendrán argos tiempos de gran abundancia
si amante confías en tu burocracia,
caerá el gran maná que toda hambre sacia.

(Un agente del fascismo internacional entra en escena disfrazado de camillero de la Cruz Roja. Con disimulo me da un cheque firmado por valor de tres mil dólares.) Grito alborozado para que el público se entere:

¡Tres mil dólares! ¡Tres mil dólares!

(Caigo de rodillas con los ojos desorbitados y las manos agarrotadas sobre el cheque.)

¡Gracias, Rockefeller, gracias!

(El héroe positivo se saca un pulverizador del bolsillo y me fulmina.)

En una de las dependencias laterales de la Casa Blanca se ha instalado un bar provisional destinado al personal más o menos subalterno. Es un rincón agradable, decorado según el estilo de los refugios montañeros. Jacqueline lo hizo ambientar por el especialista en decoración de la cadena de albergues Valley; tiene la frescura de una vieja casa de piedra en verano, el calor de una vieja casa de piedra en invierno. Allí nos reunimos a veces los agentes especiales y algunos mandos de la policía al servicio de vigilancia del presidente. Con ellos pasé el último fin de año y con ellos consumo algunas de mis veladas, jugando al póker, charlando de mujeres o escuchando canciones representativas de las distintas nacionalidades de los agentes. Predominan los norteamericanos, pero también hay un buen puñado de irlandeses auténticos, algún escandinavo e italiano. No hay agentes ingleses. Kennedy no quiere agentes ingleses porque los considera lentos de reflejos.

Sean Poverty es el más charlatán. A veces me carga como sólo puede cargar un irlandés o un gallego charlatán. Es decir, un celta charlatán es mucho más cargante que cualquier sudamericano o meridional europeo charlatán. Porque los celtas son monótonos en la inflexión de la voz, sus dejes son poco variados y siempre parece que cuenten la misma historia. Pero, a veces, Sean Poverty está tocado por una invisible vara mágica inspiradora y cuenta historias interesantes. Sean había pertenecido al séquito del ex presidente Horty. Cuenta cómo el presidente escudriñaba continuamente el suelo por si veía algún céntimo perdido. Estuviera donde estuviese, Horty se agachaba y cogía la moneda. Cuando era joven intentaba disimular o hacía un comentario sarcástico para demostrar su desinterés real por la cantidad adquirida. Pero, después, Horty recogía la moneda sin recato y se la guardaba en el bolsillo del chaleco. Horty, según Poverty, creía en las brujas y era muy mal hablado. Le gustaba la carne muy hecha, casi reducida a fieltro requemado, y se hurgaba las narices con los dedos y los entredientes con las uñas. En cambio, no toleraba llevar una camisa más de cuatro horas.

Sean Poverty fue pescador de bacalao y conoce todos los mares de todos los nortes de este mundo. En cambio, teme los mares del sur y cree en la leyenda del Salto infinito, según la cual a partir del ecuador las aguas se precipitan en una catarata que nunca llega a ninguna parte; una perpetua catarata prolongada hacia la profundidad absoluta. No se sabe si a media profundidad, más arriba o más abajo, habita una doncella inmortal, con siete tetas, cuatro pies y dos ojos rojos fosforescentes. Es una doncella cárdena que se alimenta de aletas de peces transparentes y ciegos. Se llama Maureen y es hija de Sistorix el Azul, gran rey del viento malva del atardecer. Trágico destino el de este rey, capado por un ballenato lleno de perversidad y lujuria a quien las brujas de Erín condenaron a dar vueltas sobre sí mismo eternamente. Por eso, unos metros antes de precipitarse la cascada, un pequeño remolino constante señala la presencia del ballenato loco que gira y gira sin poder parar por los siglos de los siglos.

A Sean Poverty le llamamos «el Cuatrero» porque robaba gallinas en Irlanda para cometer abusos deshonestos. Fue encarcelado por tan aladas costumbres y pasó dos semanas en la celda de castigo, pero un guardián, movido por el aprecio del paisanaje, le llevó a la celda un plato especial a base de cerdo guisado con berzas. Fue aquel guardián un hombre providencial en su vida. Abrió ante sus ojos las perspectivas de una existencia honrada y constructiva. Confió en Sean y le ofreció el puesto de jefe del economato de la cárcel; allí, Sean pudo cebarse a base de latas de sardinas, jamón de York, bacalao seco y judías pintas. Se hizo amigo del gordo cocinero, un abortero al que se le escapó el control de una aguja de hacer punto y abrevió la existencia de una muchacha de la campiña de Dublín. El cocinero era una de las atracciones de los guardianes y los presos selectos. De noche le sentaban sobre una pequeña silla con la ayuda de cuatro hombres, le ponían manto de cubrecama, corona de cartón y báculo de escoba. El gordo cocinero llegaba pronto al trance y recitaba las letanías de Enoch Connolly en convocatoria de las Siete Doncellas Aladas. Después se organizaba una pintoresca comitiva tras el cocinero que recorría las galerías radiales de la cárcel, penetraba en las celdas donde dormían los novatos y les obligaba a bajarse los pantalones entre las luminarias de velas lagrimeantes. Entonces el cocinero sopesaba con la cuchara el cuelgo de los cojones y, en caso de desaprobación, daba un cucharazo en cada pelotilla que provocaba alaridos y algún intento de rabioso desquite que los guardianes impedían para evitar escándalos.

Una noche el cocinero se durmió mientras recitaba las letanías de Enoch Connolly y un marinero inglés bujarra le prendió fuego al manto real. El cocinero notó el calor en su pálido, inmenso, terráqueo culo; corrió cuanto pudo con el grito por delante y el fuego por detrás. Caído, pisoteado, manteado, dejó de ser cocinero en llamas, pero también hombre. O al menos así clamaba con lágrimas en los ojos al día siguiente. Sean fue uno de los que opinaron que el cocinero nunca lo había sido, que su hija no era su hija y su mujer, menuda pero bien formada, no era su mujer en la cama como no era pelirroja de nacimiento.

Sean era un pozo de historias. Un pozo tan hondo como el desplome de la catarata del Salto infinito. A veces, cuando le veo rompiendo una pancarta con la mano derecha, agarrando una melena fugitiva con la izquierda, con una rodilla sobre las entreingles de un cuerpo caído y el pie de la otra pierna semihundido en un estómago sorprendido, me hago cruces y no concibo cómo tal nivel de eficacia puede corresponder a un hombre tan dado al recuerdo y a la fantasía.

Lady Bird:

Me molesta que huela usted mis camisas cuando yo no estoy en la habitación. Muchas veces, con la lupa, descubro la huella de la puntita de su húmeda nariz roja sobre mis impecables pecheras. También noto que me registra usted los bolsillos, los cajones, que chupa mis bolas de naftalina y se limpia los dientes con mi cepillo.

Si vuelvo a descubrirle en estos actos o espiándome por los pasillos disfrazada de dios romano de plástico, según el diseño de Walter P. Reagan, juro que se lo contaré todo a su marido.

Morrison es un capitán.

Un capitán a lo Errol Flynn: el capitán. Nos inspecciona como herramientas delicadas, en muchos momentos yo diría que incluso nos conduce con una fuerza energética ocular que nos acompaña a lo largo de todo el día. De no ser por su manía de frotarse continuamente la cara, como intentando borrarse los millones de pecas, uno no comprendería por qué Morrison ha sido tan torpemente desconocido por los cazatalentos del cine. Cuando se frota la cara con sus manazas, arrastran a su paso la consistencia de sus facciones y se revela lo gelatinoso de su musculatura facial. Parece entonces un monstruo víctima de quemaduras horrorizantes. La gelatina del rostro forma como un abandonado manotazo de masa blanda de harina y huevo, en el que destacan las rasgaduras de los ojos y la boca a punto de diluirse.

Morrison se frota el rostro cada dos o tres minutos, esté donde esté, y de no sospechar que tiene el cerebro y el alma como ladrillos, yo diría que el oficio le angustia, le molesta y quiere borrar su identidad culpable. Pero por lo demás siempre es un capitán. Le falta la lancha de desembarco, el tremolar de las banderas acosadas por los obuses o las flechas, le sobra agua en la cantimplora y su úlcera de duodeno no le permite ingerir más de diez latas de alubias en su jugo por año. Y sólo cinco si las judías se fríen con tasajo de tocino salado. Pero sus ademanes nos reclaman desembarcos cuerpo a cuerpo, acciones heroicas y desesperadas que nunca estamos en condiciones de realizar.

De pronto, tras la composición del más épico de los falsos cromos de álbum infantil, Morrison se relaja. Hunde su no muy robusto cuello en el pecho y se calza las manos en los bolsillos de los pantalones. Camina entonces en un vaivén de puntilla y talón rapidísimo, que le permite alejarse sin que el espectador apenas lo advierta. Parece como el final de un *gag* afortunado en el que Jerry Lewis ha fingido ser Errol Flynn, ha dado el pego durante unos minutos, pero descubierto, Jerry Lewis camina en un vaivén de puntilla y talón rapidísimo, hacia un mutis de delirio, cuando la sala revienta en sus junturas por los aplausos.

Morrison me respeta.

Gracias a él he conseguido penetrar en el puro meollo Kennedy y apenas me distrae con otras ocupaciones. Jackie y John le tratan con mucha menos consideración que a mí, por ejemplo nunca le invitan a cenar. Pero le tienen confianza. Más que a mí. Kennedy me dijo un día que no soporta las maneras de los agentes de la CIA más corrientes. Morrison, según el presidente, conserva esa inquietud ciática que le lleva a estirar el cuello sin ton ni son y a mirar a izquierda y derecha, incluso cuando va al cine, como si la tensión vigilante no le abandonara nunca.

He fracasado cuantas veces he intentado llegar a sus vivencias extraprofesionales. No contesta nada que pueda situarle más allá de la realidad en que coincidimos. Si le preguntas qué color prefiere, encoge el cuello y se cuelga de las facciones un mohín de indiferencia. No sé si le gusta el boxeo o las mujeres. Una vez le hice un comentario sobre las nalgas de unas muchachas que paseaban más allá de las verjas de la Casa Blanca. Le dije algo así como cuánto me gustaría darles con mi porra en las nalgas y Morrison dijo que eso es cosa de la policía de uniforme. Cuando le aclaré el sentido de la palabra «porra» no pareció afectado, ni siquiera se creyó obligado a respaldarme con una sonrisa de recepción. Me dejó en el aire, desairado, con el comentario envolviéndome la cabeza, como una molesta nube que yo mismo había situado allí.

No tiene opiniones políticas muy claras, aunque a veces se muestra muy radical en su derechismo. Ahora que apuro el recuerdo, resulta que hace ya algunas semanas me comentó que Kennedy es tan honesto como ingenuo.

—Cree en la posibilidad de la coexistencia exterior e interior.

—¿Tú no?

—Da lo mismo. Yo cumplo mi trabajo. Es posible que pudiera estar de acuerdo con él, pero sé en qué país vivo y él no; me temo que el presidente no sabe en qué país vive.

Como demostración me enseñó un artículo de Walter Lippman que llevaba recortado en el billetero. En él se comparaban las virtudes americanas de Kennedy y Johnson. Según Lippman, Kennedy es un presidente de lujo, excesivamente culturalizado, desconectado del nivel del país. En cambio Johnson es más «americano». Morrison estaba de acuerdo con Lippman. Me sorprendió su faceta lectora. Me sorprendió un inédito Morrison cargado de opiniones propias o compartidas con Walter Lippman. Le traspasé parte de mi sorpresa.

—No, no son opiniones mías. Ya hablaremos. ¿Te gustaría asistir a una reunión de amigos? No es nada subversivo. Son gentes de la John Birch Society. Muy fanáticos. No estoy totalmente identificado con ellos. Pero me gusta escucharles. Son sanos.

Morrison nunca habla de su mundo afectivo. No se le conoce un acompañante femenino. Parece haber nacido en las caballerizas del poder por generación espontánea.

Con respecto al palacio y a los Kennedy, parece como el antiguo aprendiz de tienda de ultramarinos, que ha crecido en la tienda y con él el guardapolvo, monstruosa mixtura de pariente y criado que finalmente goza de la protección del dueño de la tienda para hacerse algún día con colmado propio o de arriendo. Morrison parece criado a la sombra de los Kennedy, hasta tal punto es un apéndice perfectamente encajado en la mecánica biológica del palacio. Pero nunca podrá tener el poder, ni en arriendo ni en propiedad. No le supongo ambiciones. Aunque puedo equivocarme. Siempre me ha recordado el feroz personaje del sargento de la novela de Mailer *Los desnudos y los muertos.*

Incluso le pregunté si alguna vez había posado para la novela de Mailer, y su catastrófico sentido del humor le hizo contestarme que había combatido en Europa y que el único literato próximo había sido un poeta lírico de Toledo (Ohio). Compañeros de tienda, el poeta había muerto cerca de Dresde, en un tiroteo absurdo entre soldados ingleses y americanos.

Días después, Morrison me trajo un papel amarillento en el que conservaba un poema del compañero muerto.

—Todo el día hablaba del libro que estaba escribiendo. Se titulaba *A la sombra de las muchachas sin flor.* Era un libro verde, nos decía.

El poema del amigo de Morrison no era malo. Soportaba los restos del postromanticismo de la promoción de poetas ingleses del 30, pero ya se adivinaba en ellos la muerte del tiempo y el espacio, el amortajamiento de la experiencia personal:

Paseo por una ciudad
sin orillas;
miente la tarde,
espejos, despedidas, humos
que denuncian retornos
me deja solo
el paso de muchachas alejadas,
no pronuncian mi nombre, no decretan
mi muerte,
entonces regreso
a los artesonados pasillos del recuerdo
pieles, carnes, repletas siluetas
en sus cueros
el ruido de los párpados al cerrarse
y tal vez
tal vez un grito literario puso nombre
al instante en que fui feliz
a la sombra,
siempre a la sombra,
de las muchachas en flor.

Por un momento, muy fugaz, creí que el poema era del propio Morrison. Pero allí estaba, a unos metros, en plena preparación de un recorrido de Kennedy, con todas las pecas fijas sobre un tablero iluminado en el que proyectaban irreales sombritas como topos, con el ceño de Errol Flynn al borde de un desembarco en una Normandía.

Era del todo imposible.

Uno se encuentra cumpliendo este oficio para evitar el desempleo o cualquiera de las variadas formas de subempleo que se establecen en los países que no son desarrollados ni subdesarrollados, sino todo lo contrario. En esos países, nada sirve para nada y nadie para nada. Vivir la historia se basa siempre en un simulacro de realidad y de comportamiento. Estos países podrían desaparecer del mapa y apenas se notaría, todo en ellos es pequeño y escaso, y sólo esa rara sentimentalidad que saben destilar los pueblos para no recurrir al suicidio colectivo impide que sus habitantes se lancen al mar como las ratas que huyen de un movimiento sísmico. Son países que no pueden hacer la revolución ni construir un capitalismo de verdad; por esta doble condición, las castas dominantes no pueden ser liberales ni dictatoriales, pero tampoco pueden recurrir a una síntesis que, en definitiva, sería una concesión liberal. Y entonces son alternativamente dictatoriales y menos dictatoriales. Todo el mundo teme de todo el mundo, porque todo es precario y provisional, eternamente provisional, inamoviblemente provisional. Las minorías se cuentan de uno en uno y las mayorías de tres en tres (aunque la tendencia hacia la represión sexual y las fachadas encaladas impide que los tercetos progresen como protoforma de vida colectiva). La economía de estos países se puede compilar en un solo libro de Debe y Haber y bastaría un economista seisdedos para que pudiera llevar la contabilidad nacional. En cuanto a la cultura más vale no hablar, o bien, hablemos. Allí se establecen las reglas de un mercado *comme il faut* y los profesionales de la cultura se aplican a la tarea de crear mercancías. Esas mercancías se dividen básicamente en dos clases, correspondientes a dos estuchados diferentes: artículos para diccionarios enciclopédicos y horas de clase para adolescentes repetidores. Excepcionalmente, algunos intelectuales con años de profesionalidad encuentran el chollo de poner pies de foto a ciertas obras en papel satinado, donde salen negras en sus propias tetas y el puente colgante de Bilbao. Otra serie de intelectuales con horas de vuelo pueden dar siete u ocho conferencias a viajeros en cursos de estudiantes americanos. Estas conferencias se pagan en dólares.

Y todo lo demás es miseria o, lo que es peor, premiseria o postmiseria, económica e intelectual y vana palabrería fascista, liberal y marxista. Y hay que ver cómo presumen de institucionalización de lo no institucionalizable, de liberalización de lo no liberalizable y de lo propicio de las condiciones objetivas.

La madre que les parió.

Hoy me ha preguntado Jacqueline mis opiniones sobre los toros y la poesía de España. Que quién era más valiente: «el Litri» o Dominguín. Que quién era más valiente: el Goytisolo o el Blas de Otero. Le he dicho que lo bueno del Goytisolo es el volapié y que «el Litri» siempre me ha parecido monacal y algo reaccionario.

La verdad es que, o se está con Muriel o se está en la CIA. El otro día lo pensaba a las cuatro de la madrugada, cuando me despertó con sobresalto la frenética llamada en una puerta que no era la mía. La llamada me recordó cuántas veces temimos oírla Muriel y yo, con la angustia por el otro en la piel más sensible.

Y también, la verdad sea dicha, esto de la CIA es una bicoca.

El presidente, hoy, ha recibido una invitación formal para visitar Dallas. El gobernador de Texas, Connally, ha insistido con argumentos que a Kennedy le han parecido muy válidos. No se puede vivir de espaldas al petróleo del país, sobre todo en un momento en que la Alianza para el Progreso obligará a reajustes al sur del Río Grande, en detrimento de la hegemonía de algunos petroleros texanos. Kennedy ha dicho algo así como que la democracia químicamente pura ya sólo puede ejercerse equilibrando lo que está desequilibrado por las reglas del juego de la espontaneidad. Connally no le ha entendido y creo que Robert Kennedy tampoco, pero asentía. Robert no asiente como pelotillero, asiente porque él sí es un inmejorable instrumento de expresión política. El presidente ha filosofado con desparpajo sobre el futuro de la democracia. El liberalismo, venía a decir, es algo más que una doctrina política-económica-social. Es un temple, en el sentido existencial de la palabra. Algo que recuerda mucho aquellas afirmaciones de Breton en el primer manifiesto surrealista: *Únicamente la palabra «libertad» tiene el poder de exaltarme. Me parece justo y bueno mantener indefinidamente este viejo fanatismo humano. Sin duda alguna se basa en mi única aspiración legítima. Pese a tantas y tantas desgracias como hemos heredado, es preciso reconocer que se nos ha legado una libertad espiritual suma.* Lionel Trilling, que asistía a la entrevista, ha dudado sobre la fidelidad de la cita de Breton. La ha considerado excesivamente dogmática y antiliberal. Para Trilling, el final de la cita debiera variar... *es preciso reconocer que se nos ha legado una POSIBILIDAD de libertad espiritual suma.* Kennedy ha recurrido a una edición de Breton y la cita era exacta, pero Trilling ha insistido: en los anales de las declaraciones de Kennedy la cita debiera aparecer reformada. El presidente ha empuñado el teléfono con decisión y ha solicitado línea directa con París. De Gaulle estaba en La Vendée acariciando niños vestidos con trajes regionales, y el contacto se ha demorado unos minutos. Por fin, De Gaulle al aparato. Ha dado su visto bueno a la corrección, siempre y cuando Breton sea consultado. En los archivos del FBI, André Breton seguía teniendo ficha como comunista. Kennedy ha rogado a Trilling que viajara a París para negociar la suave enmienda del Primer Manifiesto Surrealista. Trilling ha pedido unas dietas de viaje abusivas, en opinión de Edward Kennedy, que es algo tacaño.

El presidente ha hecho un mohín delicioso y un amplio y vano gesto que traducía exactamente el *laissez faire, laissez passer.*

Sólo he presenciado una fiesta de gala en el Palacio de las Siete Galaxias, pero jamás la olvidaré. Las siete esferas de cristal resplandecían con una luminosidad percibible desde el Potomac, cada esfera adoptaba una tonalidad diferente, que no correspondía con los colores tradicionales. Jacqueline me dijo que los colores luminosos del palacio eran: indoor, kegisem, duluen, corís, salial, paudá y balisem. El kegisem es el color del palacio de las recepciones. Se prepara con polvo de ala de libélula y zumo de lilas en estado de buena esperanza. Es indispensable que el mezclador de color sea un alquimista indio que sólo viaja de noche y se alimenta de incienso muy relavado. El alquimista debe ponerse casulla de obispo y braguitas de doncella quinceañera. Ha de rodear siete veces el crisol del Bulu Domenián y ha de decir:

Dolisa dalei dondia siminem
dalei dosiá uliante cosima

Los colores del palacio están estudiados para hacer frente a la infiltración de Bacterioon. Las partículas de Bacterioon forman un polvillo en torno a las esferas, se agitan exasperadas bajo la lente de un gran microscopio colocado en un satélite artificial. A simple vista no se perciben y los viejos del lugar señalan que las oleadas invasoras han remitido considerablemente desde el inicio del cerco en 1956. Entonces Kennedy sólo era senador, pero ya las brujas del Egeo propagaban las nuevas de las sibilas y hasta en las charcuterías de Mac Arthur Street se sabía que Kennedy llegaría a la presidencia más tarde o más temprano.

A medida que los invitados llegan, penetran en el gran zaguán de cristal donde la familia Kennedy les recibe bajo un arco iris artificial. John Kennedy se mueve dinámico, estrecha manos, pero todo el mundo sabe que su ligero encorvamiento se debe al trono semiinvisible que ha diseñado para él Charles Eames. Cuando Kennedy se cansa, adopta la postura de sentado y el trono se revela bajo su cuarto anatómico, lleno de pedrería del plástico más caro de este mundo incrustado en hojalata selecta.

Cuando los invitados están distribuidos, brotan por doquier jardines colgantes, ascendientes, trepadores y daniásicos. Sólo entonces Kennedy adopta una pose solírica y los kerosoles del pativien se dejan querer por las artas satisfechas. Entonces, los introductores de embajadores tocan clarines electrónicos y comienza la cabalgata de los nuncios. Aparecen lenguas de fuego con sus colores nacionales sobre sus cabezas y una voz en *off*, profunda como el firmamento, va diciendo sus nombres y la naturaleza del obsequio que ofrecen al presidente.

España: Miel y arrope, un borreguito de Ocaña y un cántaro negro de Cangas de Narcea.

Portugal: Requesón de Évora, elaborado por las diez manos más cortas de las doncellas más delgadas del lugar.

URSS: Una tonelada métrica de siemprevivas azules, cultivadas junto a una laguna sin nombre del Ural.

Francia: Una botella de oro llena de Beaujolais, cosecha 345 a. C.

Gran Bretaña: Una gaita que no suena. Había pertenecido a un mariscal que nunca existió, vencedor en cien batallas y pariente lejano de un vencedor en Wimbledon.

Siam: Una virgen de pechos pequeños y trasero salido, que ya nació con pose de bailarina, con las palmas de las manos hacia arriba y media sonrisa nacarina.

Italia: Un cuadro sinóptico creado por un grupo de sacerdotes progresistas especializados en lenguas semíticas y campeones del mundo de ciclo-cross:

Tosquedad Aliento	*Te voglio bene*	Adriana
Dioptría Esquina	dolmen	

Checoslovaquia: Un pan dormido, de color amarillo, realizado por una campesina eslovena que estuvo a punto de ser madre de un cosmonauta soviético, pero abortó.

Alemania: Un caracol de acero oxidable.

Segovia: Un perro canelo mal llamado «El Rubio», refugiado en una vieja iglesia románica del Temple.

Grecia: Una sirena congelada, de ojos sin pupilas, escamada en tornasol.

Kennedy acogía todos los regalos con una inclinación de cabeza y Jacqueline daba una palmada cariñosa en las cabecitas de los niños que los entregaban.

Finalizadas las ofrendas, todos nos sentamos y por los altavoces se dijo que T. W. Adorno iba a pronunciar una lección magistral sobre el *twist*. Después, del centro del salón ha emergido una gran tarima con la Orquesta Filarmónica de Viena dirigida por Von Karajan. Adorno actuaba de solista y sólo hablaba cuando Karajan le daba la entrada. Ha formulado una severa condena del *twist* y ha lanzado una advertencia a los adolescentes del mundo entero. Como no dejen de bailar ritmos castrantes, él, T. W. Adorno, dejará de pronunciar conferencias radiofónicas sobre la correspondencia entre George y Hofmannsthal. Al acabar la conferencia varios adolescentes cultos (entre ellos el hijo mayor de Bob Kennedy) han acudido al lado del maestro para disuadirle de su decisión. Tras largo forcejeo lo han conseguido y Adorno ha aplazado su decisión hasta el próximo año lunar.

Toynbee iba por los salones diciendo en voz alta, para quien quisiera escucharle, que bajo el reinado de Kennedy los historiadores dirán que «florecieron las artes y las letras». Kennedy (lo he leído en sus ojos) ha vacilado entre arrojarle a los perros o sonreír modestamente. Después le ha arrojado a los perros. Algunas voces de protesta fueron ahogadas por las impertinentes estridencias del arco de Casals, con el que el maestro reclamaba silencio.

Después se ha iniciado el baile y Jacqueline ha llenado en seguida su carnet con los nombres de jóvenes húsares de Alejandra. En el centro del salón ha brotado un surtidor de martini seco y algunos jóvenes diplomáticos han intentado lanzarse vestidos al pequeño mar interior que Kennedy ha dispuesto en la segunda galaxia. El viejo Joe Kennedy les ha echado a bastonazos.

Hace unos días estuve a punto de contraer un compromiso formal con Nancy Flower, una puericultora de la institución Ann Mary Moix. La recogí a ocho kilómetros de Washington, calada por la lluvia, con el pelo rubio convertido en ramo de pasamanos colgantes sobre los hombros. Nancy se quitó las medias nada más sentarse a mi lado y de refilón pude ver la exacta curva de su pantorrilla mientras la media abandonaba poco a poco la carne, como una piel que se resiste a la soledad. La muchacha se frotó las piernas repetidas veces y con la boca pegada a las rodillas intentaba calentarlas con el aliento. A veces perdía su ojo izquierdo sobre mis manos al volante o en el recorrido de mi perfil enfrentado a la autopista. Después practicó un largo desperezo con la espalda contra el asiento y los brazos cruzados tras la nuca: entonces comprobé que el pecho de Nancy era escaso, que su talle era alto y delgadísimo y que la línea que se iniciaba en la punta de la barbilla y terminaba en la punta de sus pies, tras el recorrido por el cuerpo sentado, era un espacio geométrico abierto y perfecto, que pedía la admiración de una mano curiosa y educada. Nancy, experta en gestos adecuados, ha dejado caer después la cabeza sobre el hombro izquierdo y así he podido ver su rostro de frente, unos segundos, porque Nancy, con un delicioso vuelo de cuello, ha dado un giro de 180° (aproximadamente) y su rostro se ha enfrentado al paisaje tránsfuga y hervido bajo la lluvia. Desde su precario mirador me ha hablado con una voz espesa, como la mermelada de frambuesa. Sí, yo era extranjero. ¿Cómo lo había notado? ¿Tan malo era el escaso americano que había utilizado en nuestro breve diálogo? Mi americano no es muy bueno, pero por otra parte mi forma de conducir es reveladora. Un americano no conduce con las manos sobre los radios del volante, tampoco mira con ese escepticismo los reclamos publicitarios de los márgenes ni empieza el examen visual de una muchacha mirándole las pantorrillas. Tres sofismas evidentes, pero que di por lógica de la buena e incluso me admiré facialmente con la más encantadora de las muecas.

Era mi día libre. Cenamos en Gilber's House un excelente *goulash.* Después, Nancy se dejó desabrochar la blusa a tres manzanas de su casa. Mi mano derecha ya conocía la notable consistencia de sus senitos cuando aparqué el coche ante la puerta de su casa. Después, Nancy tuvo el buen gusto de mantener su mano agarrotada en torno al conmutador de la luz mientras descendíamos al eufemístico abismo del placer. Poco después, descendimos por segunda vez y Nancy volvió a asirse al conmutador, detalle que me agradó sobremanera.

Al día siguiente nos encontramos en un *snack* de Monroe Street y paseamos bajo las farolas encendidas de Hudson Square. Nancy dio de súbito unos pasos de ballet, asió un farol con una mano y giró a su alrededor. Se detuvo ante mí y sin apartar sus ojos de los míos cantó:

Esta noche parece
más estrellada que las restantes,
hasta las azoteas
parecen al alcance de mi mano,
mi corazón dice
que me enamoré de un rey extranjero,
pero mis labios
desconocen el lenguaje del amor.

Yo di unos taconazos de claqué y con los brazos ora en cruz, ora unidos por las manos sobre mi regazo, di unas vueltas en torno a Nancy, que volvía a girar alrededor del farol. También canté:

El amor no necesita palabras,
necesita besos, caricias y el tacto limpio
de sábanas desnudas, como el deseo
que permite decirse a los amantes:
todo es felicidad lo que yo veo.

Nancy insistía:

Esta noche parece
más estrellada que las restantes...

Yo no cejaba:

El amor no necesita palabras,
necesita besos, caricias y el tacto limpio...

Nuestro duelo canoro duró un cuarto de hora. Finalmente nos sentamos, cansados, con los pies metidos en el redondel de un alcorque y la espalda enfrentada al tráfico nocturno. Nancy dijo en un tono desenfadado: *I love you*. Recordé a Muriel. Recordé aquel pequeño piso sobre descampados en el que iniciamos nuestra vida en común, que empezamos a llenar con los primeros objetos de nuestra propiedad, que pronto estuvo continuamente ocupado por las voces de nuestras discusiones. Muriel tenía la cara pequeña. A veces, cuando dormía, bastaba un hoyo en la almohada para que su rostro desapareciera de mi visión. Tenía los ojos algo redondos, pero muy incisivos, y cuando sonreía, uno siempre quedaba con la sensación de que aquella sonrisa merecía algo a cambio. Muriel y yo estuvimos caminando con las manos unidas hasta el minuto antes de nuestra separación.

Yo quedé con la vista fija en su largo cuello por si volvía la cabeza. Preparé mentalmente una frase ingeniosa para reparar la cadena de nuestros días y nuestros deseos. Tal vez eligiera un mal paisaje para aquella despedida: la calle más comercial de la ciudad, la de más sabrosos escaparates, la más repleta de promesas. La cuestión es que Muriel no regresó sus ojos a mi inmóvil esperanza y tal vez nunca la volveré a ver.

Sarro, piojo, piorrea, caspa, lechuga, orinal, mierda, mastuerzo, cojones, por cojones, de cojones, mis cojones, gargajo, correoso, padre, madre, colgajo, cascajo, cojo, manco, lisiado, tarado, mamón, capullo, tierra, yermo, bierzo, cierzo, pipí, pis, meaos, cagarro, pulga, arador de la sarna, sarna, sarpullido, sinvergüenza, pendón, entraña, mis entrañas, hijo de mis entrañas, hijo, culo, nalga, cogolludo, cojonudo, paja, manirroto, ojete, mostrenco, capar, capador, orgánico, órganos, huevos, gallinejas, mollejas, pendejo... Mi lengua se frota de esta manera por la cueva de mi boca, las jotas me arrancan la fina piel de la campanilla y hasta los residuos más escondidos de todas las leches que he mamado salen tras las palabras de mi idioma.

A veces es imprescindible realizar estos ejercicios con un cigarrillo entre los dedos, a medio consumir. Atardecido, Washington se oculta tras los cristales, bajo la neblina. La losa del mundo pesa sobre el centro del propio cerebro. Nuestra sinfonía de jotas apenas si puede cosquillear el relajado horizonte anglosajón, siempre a medio pronunciar, siempre ambiguos los sonidos, como si las palabras no se tomaran en serio.

Uno de los divertimentos de lady Bird consiste en atravesar a su marido con agujas de hacer punto. Son agujas de pasta y metal plateado, muy finas. El matrimonio alega que se trata de una variante kiowa, antropológicamente inexplicable, de la acupuntura. Pero hasta los más lerdos saben que es un continuo intento de asesinato prolongado por toda su historia matrimonial y especialmente sañudo ahora que llegan a la flor de la vejez.

Cuando Johnson era un niño, el médico de cabecera dijo a sus padres que tenía el corazón en la punta de la nariz y por eso la tenía tan gorda. Nadie le creyó. Lo interpretaron como una broma suscitada por el niño, algo narizotas. Pero es sabido que Johnson no tiene el corazón en su sitio y lady Bird le clava las agujas por si alguna vez lo encuentra. La señora Truman le aconsejaba que probara traspasarle la punta de la nariz.

Lady Bird tiene miedo a que sea verdad, a que allí tenga el corazón y el juego termine con un éxito de su paciencia que pondría fin al placer de ejercerla.

Bacterioon sólo es visible bajo la potente lente del microscopio Davy Crocket, instalado en el satélite artificial *Moonstar.* Con todo, la visión es insuficiente para aclarar todos los misterios que plantea esta sustancia bactericida, que sólo ofrece el aspecto de una difusa pulverización, cada vez más presente, en abierta competencia con el mismo aire, infiltrándose por todas las ventanas abiertas de la materia viva y de la materia muerta, enturbiando los canales sanguíneos del hombre y cubriendo poco a poco, como una suave tela, hasta sus más pequeños rincones. Nada se sabe sobre la real naturaleza de Bacterioon. Se la supone presente en todo tiempo y lugar, autogestante y autolúcida. Más misteriosa es la mutación que le permite entrar en relación inteligente con los seres humanos y formar, entre otras asociaciones, la de los cuerpos especiales de agentes secretos que van activando en todo el mundo la lenta pero segura conquista de Bacterioon. Quien ha tratado de defender a la humanidad de este peligro sólo ha conseguido aplicarle vagas palabras que se aproximan apenas a algunos de los efectos de Bacterioon. Esas palabras son «relativismo», «asepsia», «escepticismo»..., pero todo lo quieren decir y nada dicen. La palabra «destrucción» es la que más traduce la complejidad de significados de esta potencia misteriosa. El astrólogo Niemeyer sostiene que se trata de una sustancia bioquímica que se crió en la epidermis de los *clochards* de París y se extendió por todo el mundo. En cambio, Nosdratus, gran alquimista y hechicero del *Labour Party,* jura y perjura que Bacterioon nace con la misma humanidad y sólo se desarrolla cuando se dan las condiciones óptimas para su crecimiento. Los historiadores partidarios de las explicaciones menstruales dicen que la acción de Bacterioon se renueva cíclicamente cada trescientos años. Según parece todo empezó para ellos en el paraíso terrenal. Fue el bacterionismo lo que impulsó a Eva a jugarse el destino del género humano por una manzana. Fijar la aparición de las siguientes apariciones cíclicas es muy difícil hasta la caída del Imperio romano. Después, ya todo cuadra perfectamente: la invasión árabe; las discordias unitarias europeas en cuanto a política y religión se refiere; la putrefacción moral del Renacimiento; la funesta revolución liberal que hundió los principios de la familia, el sindicato y el municipio. Trescientos años después, es decir, a fines del siglo XX, Bacterioon volverá a hacer una sonada. Se aprecian gérmenes de relajamiento moral a escala universal. Bacterioon actúa a través de las formas más impensadas y en general mina ante todo la moral y las costumbres. Así, De Foe, Addison, Steele, Swift, Rousseau, Diderot, Voltaire..., los grandes agentes intelectuales de Bacterioon en el siglo XVIII, se aplicaron ante todo a destruir toda clase de normativas, cualquier forma de constancia de la lógica del comportamiento del *ancien régime.* En la actualidad, los profetas del nuevo anarquismo y del libertinaje son agentes de Bacterioon. Y de no mediar una enérgica acción por parte de la URSS y Estados Unidos para resucitar el pionerismo, el escultismo y los juegos educativos y olímpicos, es muy probable que las próximas generaciones abran de par en par las puertas de Troya y los chinos se aprovechen de una situación que ni les va ni les viene.

Pero yo sé, mejor que nadie, que Bacterioon no es nada de esto. Yo sé que Bacterioon no es otra cosa que el miedo histórico al cambio, pertrechado en sus últimas fronteras, resistiendo el asalto definitivo de la razón, desesperadamente opuesto al nacimiento de la libertad, obligando a luchar por lo que es evidente. Y si alguien me preguntara por qué Kennedy, la CIA, el stalinismo, Bacterioon, el fascismo real o encubierto luchan por lo mismo y son aparentemente antagónicos, yo le diría que en último extremo no se combaten entre sí. Se limitan a vigilarse como sistemas de seguridad que garantizan los fallos y los fracasos sucesivos hasta llegar a Bacterioon: la definitiva retaguardia de la no-verdad.

Kennedy quiso que yo estuviera presente en la audiencia concedida a un grupo de republicanos españoles exiliados. Antes presencié la introducción del nuevo embajador de Thailandia y una breve entrevista-salutación de Kennedy y Johnson. El vicepresidente le ha pedido a Kennedy una plaza de embajador para un tejano, amigo suyo de la infancia. Kennedy, a cambio, ha conseguido que el Congreso apruebe el presupuesto espacial que presentará dentro de una semana. Johnson se ha quejado de los rumores que circulan sobre las próximas nacionalizaciones petrolíferas en Brasil, Argentina y tal vez Perú. Los industriales del petróleo están nerviosos ante el riesgo de que cunda el ejemplo. Kennedy ha argumentado que el consentimiento de estas medidas es indispensable para el buen éxito de la Alianza para el Progreso y que a costa del sacrificio de determinados intereses petrolíferos se conseguía un compromiso político interesante ante la opción revolucionaria del castrismo. Johnson ha dicho que la cosa, en Tejas, se hubiera resuelto con un buen garrote y Kennedy, mientras le palmeaba la espalda despidiéndole, le ha prometido un par de entradas para el partido de los Yankees contra los Gigantes.

Después ha penetrado la delegación española. La operación de entrar en el despacho ha sido laboriosa. Algunos ancianos políticos iban en sillas de ruedas, otros en parihuelas, no faltaban tampoco los peatones, pero entraban poco a poco, dando a su andadura un cierto aire de solemnidad. Han inclinado la cabeza ante Kennedy y han formado un círculo a su alrededor. Es una expedición que está dando la vuelta al mundo. Venían en vía directa desde Lourdes, donde habían ido con peticiones políticas. Uno de los ancianos, el más inválido, no ha parado hasta que se ha hecho el silencio y hemos podido escucharle:

—¡Yo ya se lo dije a su padre en 1940, excelencia! ¡Ya se lo dije! ¡Su padre me dijo: Mestres, cuento con usted! ¡Recuérdelo, excelencia, Mestres, cuento con usted!

Ante la perplejidad de Kennedy, uno de los asistentes ha aclarado que Mestres creía que Kennedy era el hijo de Roosevelt y que han sido inútiles todos los intentos de disuadirle de su error. Kennedy ha bajado la cabeza con brillo de lágrimas sintéticas en los ojos y ha dicho:

—Cuánto sufrimiento consume la Historia. Como diría Dürrenmatt: ¡Qué tiempos éstos en los que hay que luchar por lo que es evidente!

Un anciano secretario de municipio burgalés, ex miembro del partido de Martínez Barrios, ha pronunciado unas palabras en nombre de todo el grupo:

—Excelencia, desde 1939 hemos tenido varias veces el honor de dirigirnos a un presidente norteamericano. Una vez más recordamos a su excelencia la deuda contraída por Estados Unidos con España desde los tiempos de la Independencia. Claro es que la ayuda estatal fue entonces concedida a los revolucionarios por razones de estrategia antibritánica. Pero las clases ilustradas del país, los españoles que defendían las luces contra la oscuridad, eran la génesis moral de esta actitud estatal. Y, en definitiva, excelencia, somos aquellos mismos españoles. Sobre nosotros ha caído la maldición del holandés errante. Los españoles liberales conocemos un exilio alternativo desde 1814. Ya dijo un gran poeta español, excelencia, Antonio Machado, San Antonio Machado podríamos llamarle, que en España a todo movimiento progresista de superficie se le opone otro en profundidad que acaba por anularlo. Un día llegará en que por fin nazca la España aplazada una y otra vez. En sus manos está gran parte de la fuerza moral y material del mundo libre. No queremos ser esclavos del Kremlin, pero tampoco esclavos de las fuerzas más retrógradas. Una vez más, excelencia, pedimos la ayuda de su gran pueblo.

Kennedy les contestó:

—Señores, cada vez que pienso en España siento una punzada en el corazón. Es lo que siente todo americano que con mayor o menor proximidad siguió los acontecimientos de vuestra guerra civil. Pero la política se sustenta de realidades. Y la realidad actual es la firmeza del régimen político español, el interés estratégico anticomunista que tiene la España de Franco. Les propongo otra audiencia. ¿Por qué no van a Madrid a parlamentar? Los años han pasado, las heridas deben cicatrizar. Yo les enviaré una carta de recomendación y conseguiré garantías de que podrán entrar y salir de España sin problemas.

Mestres interrumpió el discurso presidencial:

—Yo se lo dije a su padre en 1940... Y su padre me dijo: «Mestres, cuento con usted». Después no volví a ver a su padre... Venía conmigo Prieto. Entró en el salón como si nada y le dijo: «Franklin, chico, qué bien te conservas». Y su padre de usted, señor presidente, le dio un abrazo enorme, como la plaza de toros de Barcelona. Su padre me dijo: «Mestres, cuento con usted»... Churchill ya me lo había dicho, Mestres, cuento con usted... Attdee... Stalin... Mestres, cuento con usted.

A Jacqueline le gusta pasear por las orillas del río artificial que cada miércoles forma meandros en torno a las galaxias, mágicamente ingravidado por el talento programador de Walter P. Reagan. Le place coger flores, cargarse el halda, puesta a manera de blanda cesta en las que se las voy arrojando. La muchacha canta deliciosas canciones cargadas de nostalgia, mientras no la abandona una cenefa floral iluminada con colores Caran d'Ache.

Una cruz, la losa fría,
cuatro flores ya marchitas,
eso es todo lo que queda
del vivir de nuestra vida.

Cuéntale al mundo tus dichas
y no le cuentes tus penas,
que más vale que te envidien
que no que te compadezcan.

Jacqueline entonces, cuando se me confía en castellano tiene la misma voz que la del doblaje de Grace Kelly en las películas españolas.

—Dígame. ¿Me considera usted hermosa?

—Me está prohibido galantear a la esposa del presidente.

—Prohibido, ¿por quién?

—Por mi honor, señora.

Grita Jacqueline mientras inicia el correteo por el bosque al que me tiene acostumbrado cada miércoles. Mientras corre, desparrama las flores sobre la grama espontánea, sobre las setas apetitosas que nadie me permite coger porque no confían demasiado en mis seguridades y temen que desencadene una epidemia. En vano les digo lo ricos que son los rovellons con butifarra de La Garriga. Reagan no programó el asunto, las setas no estaban previstas.

Para ser feliz me basta
un libro que me entretenga,
unos labios que sonrían
y un beso que me sostenga.

—¿Sabe usted? —dice Jacqueline mientras corre y parece dejar atrás un 53 por 100 de corta melenita—. No soy feliz.

Se detiene de súbito con estudiada reducción de marcha y punto muerto.

—Lo he intentado todo, todo. Mi hermana la princesa me invita a cruceros con gente fabulosa, pero después vuelvo y retorna la tristeza.

—Los cruceros son muy agradables.

—No lo sabe usted bien. Hay gente fascinante. Aristóteles.

—¿Onassis?

—Una magnífica persona. Créame. No un personaje. Una persona.

Afirmaba apasionadamente Jacqueline con los ojos cerrados, los hombros adelantados y el labio inferior muy chupado por el superior.

—Pero aquí, en Washington, no le faltan incentivos. La gente también es interesante. El propio presidente.

—¿Interesante, John? Si usted lo dice. Pero es muy pesado. Un verdadero rollo, se lo juro. Si yo le contara. Algún día tal vez se lo cuente. Y usted no sabe lo pesados que son los demás. John es un encanto al lado de los demás. Sobre todo de ese grupito de cerebros que le rodean. De cerebros nada, aquí entre nosotros... Pero una es buena y se contiene, ¿sabe usted?, porque una sabe cumplir sus obligaciones. No soy como otras, y no lo digo por señalar a nadie, no. ¡Pero si una hablara! ¿A que no me coge?

Y entonces, como cada miércoles, corremos hasta las puertas de palacio. Si entonces me vuelvo, como la mujer de Lot en añoranza de horizontes perdidos, descubro, como siempre, que el río ha desaparecido, sustituido por una impecable noche estrellada en el technicolor de la Columbia de los años cuarenta.

Pero yo no me vuelvo estatua de sal.

Cada vez que me acuesto con Nancy Flower o con la secretaria especial de Robert Kennedy, o con una camarera del Stuart Hotel, salgo del lance con la cabeza llena de imágenes de rotos recuerdos. Después reconstruyo los rostros a partir de los fragmentos y siempre resultan fotografías irreales de vivencias con Muriel. A veces es el peso sostenido y tibio de su cara encajada en el hueco de mi mano. A veces es el espionaje de su respiración. A veces la maraña de su pelo sobre la almohada o sobre la arena de la playa. Una sonrisa. El embarazo de una despedida o una llegada emocionada. No es que Muriel sea mejor o peor que estas muchachas, tampoco su cuerpo era más hermoso, sobre todo si lo comparo con el de la secretaria especial de Robert Kennedy. Muriel, la incómoda Muriel, era un testigo interesado de mi vida y aunque todo interés sea ambiguo y en el interés de poseer yace el sustrato de la destrucción, la posesión abriga como una manta vieja de tiempo, pero llena de la vitalidad de una lana conocida, adaptada a la piel desnuda como una patria tibia.

Mantener la unidad de una pareja es un ejercicio artificial, pero yo conozco muy pocos ejercicios rigurosamente naturales: comer, orinar, cagar, dormir y, tal vez, fornicar, aunque este acto cada vez se me revela más cultural. Sí, es un ejercicio artificial que precisa el continuo cálculo de las pérdidas y las ganancias. Sobre este precario equilibrio es posible mantener una vida en común, incluso duradera. Pero a veces, y sobre todo bajo la opresión de las circunstancias exteriores, el equilibrio se pierde y pierdes rueda como el ciclista que ha quedado retrasado con respecto al que marca el tren de marcha y abre el viento. Y sucede que nunca más recuperas esa distancia y cada vez quedas más lejos de una situación pasada.

Tal vez retorno siempre a la rota imagen de Muriel porque me asalta la angustia del ciclista que pedalea solo y con la sensación de que ya no puede ganar esta carrera, ni otra siquiera porque tampoco nunca podrá abandonar la carrera que nunca ganará. Resulta muy complicado sustituir unas convenciones vitales por otras y, en definitiva, esta sustitución siempre se revela absurda porque la vida, lo tengo muy estudiado, es una sucesión de movimientos sin éxito.

Kennedy, sobre todas las restantes zonas del palacio, ama un pequeño despacho de ex presidente en el exilio, que se ha hecho decorar por el precoz Alexander, el gran rival de Walter P. Reagan. Uno de los sueños más acariciados por el presidente es la posibilidad de un derrocamiento, un azaroso exilio romántico en una ciudad marinera y el retorno triunfal por encima de la mortificación de la derrota.

Alexander ha ambientado la dependencia con un franciscano *style* pasado por la influencia de escenografías de *Los justos,* de Camus. El vestuario del ex presidente en funciones está a la altura de las circunstancias: no falta el tosco jersey cuello de cisne, ni la chaqueta de pana, ni la sobada pipa que Kennedy muerde con probada entereza frente a las tribulaciones históricas que padece. Muerde la pipa con rigor dental, muy utilitario ante la acristalada ventana desde donde escruta el mar imaginario por donde llegará la fragata todopoderosa del *todo está dispuesto.*

Kennedy encanece algo cuando penetra en la estancia de sus sueños. Encorva más la espalda, pero compensatoriamente su semimirada es más fiera y se le cierra la barba en un alarde tecnológico que Reagan no había conseguido y Alexander sí, dueño de los resortes que convierten la arquitectura humana en naturaleza misma. Pisa el presidente la tarima deslucida de la que crece una vieja mesa de roble con la parsimonia del que sabe esperar. Allí se retira para meditar el malogrado ex presidente las decisiones que escapan a la consulta del *trust,* y son muy pocos los llamados a conocer ese definitivo reducto de su intimidad.

Por eso pronuncié el fatídico «no sé si debo» cuando el presidente me invitó a merendar en cámara tan secreta. Ante mi sincera turbación de súbdito emocionado, Kennedy sonrió como sólo puede y debe sonreír un presidente kennedysta. Asumió, pues, mis rubores, mis respetos, mi distancia, y me poseyó mediante una pernada espiritual que yo aún debía agradecerle.

Penetré en su reducto a las cuatro de la tarde. Kennedy oteaba el horizonte marino con el catalejo. Con vago ademán, apenas voluntario, me indicó silencio y asiento.

Escogí un viejo arcón cubierto de herrajes entre bruñidos y cuidadosamente enmohecidos. Kennedy volvió de su atalaya, borró de su ojo con la mano la frustración y el sueño de horas y horas de acristalada espera. Bebió un largo trago de ron en una barrica holandesa y eructó patética, exiliadamente. He olvidado describir el semantema de su tuertedad, a la que sólo he aludido al hablar de su semimirada. Pues en circunstancias como la que describo, Kennedy está tuerto y bien tuerto, luce un impagable diseño de Peter Chermayeff a manera de ojera piratesca.

Devolvió un libro sobre una alacena de vieja madera nudosa y se dejó caer, como es lógico debido al agotamiento literario que suelen padecer los personajes en estas situaciones. Cayó bien caído sobre el sillón de barco, lógico en el contexto decorativo, levemente modificado por un gabinete especial de diseñadores de la firma McGuire.

—Créame, Salvador —me dijo—, la mayor calamidad de la vida humana no es la peste ni el hambre, sino las pasiones humanas no puestas en razón; por lo cual dijo San Juan Crisóstomo: «Entre todos los males es el hombre malísimo mal; cada bestia tiene un mal, y ése es propio de ella; mas el hombre es todos los males. Aun el diablo no se atreve a llegar a un justo; pero el hombre llega a despreciarle». Y en otra parte dice por la misma causa: «Comparado se ha el hombre a los jumentos; pero peor es compararse que nacer jumento; porque no es culpable estar por su naturaleza privado del uso de la razón; pero que el hombre, dotado de la razón, sea comparado a los brutos, éste es el delito de la voluntad».

»Y así nos hacen de peor condición nuestras pasiones. No es creíble lo que padecen los hombres de los mismos hombres: de un envidioso, de un colérico y de cualquier apasionado. David, ¿qué es lo que padeció de la envidia de Saúl? Destierros, hambres, peligros, guerras. A Elias, ¿cómo le paró el deseo de venganza de Jezabel? Más le afligió que una pestilencia, porque del mismo vivir tuvo hastío. A Nabot, la codicia de Acab le quitó la vida más presto que se la quitara la peste. ¿Qué garrotillo o pestilencia hubo como la ambición de Herodes, que acabó con tantos miles de niños? ¿Qué contagio más mortal se puede temer que la condición de Nerón y de otros que, poseídos de su pasión, quitaron a muchos las vidas por darse a sí un gusto? No, por favor, Madariaga, no me interrumpa. Usted sabe que el gran Tulio había escrito "Los deseos son insaciables, y no sólo destruyen a personas particulares, sino a familias enteras, y aun a toda una república arruinan. De los deseos nacen los odios, los pleitos, las discordias, las sediciones y las guerras". ¿Qué géneros de tormentos y muerte no ha intentado el odio y crueldad humana? ¿Qué suerte de venenos no ha hallado la pasión de los hombres? Orfeo, Oro, Medesio, Heliodoro y otros muchos autores hallaron quinientas maneras de dar veneno encubierto, y otros muchos las acrecentaron. Pero respecto de lo que pasa en algunas partes el día de hoy, fueron ignorantes; porque ya no hay cosa segura, pues se han dado veneno, aun cuando se daban las manos de amigos, los que se reconciliaban; sólo en el sentido del oído no ha topado puerta la ponzoña; de los demás ya se ha señoreado.

Yo escuchaba con mi propia personalidad transfigurada. La maravilla de Alexander, preformando programas de vida, me había hecho asumir incluso la textura física de don Salvador de Madariaga. Kennedy contemplaba ahora amargamente el esqueleto de un martín pescador, directamente importado de los cuatro cuartetos de Eliot. Por el ojo presidencial pasaba un shakespeariano cortejo de muerte, sobre un fondo de duras batallas entre comparsas de categoría. En un rincón de su pupila, Jacqueline, con postiza melena rubia de Ofelia enloquecida, arrojaba flores a los miembros del senado. Una música de orquestina empezó a dar entradas para que el presidente prosiguiera su reflexión en alta voz. Kennedy se subió a la quinta, con la voz perfectamente ajustada al tono que le marcó la orquesta:

—Las mayores miserias de todas son las que los hombres se causan a sí mismos con sus desenfrenados afectos. Por éstos dijo especialmente el Eclesiastés aquella notable sentencia en que excedió a lo que los filósofos dijeron de la miseria humana. «Alabé —dice— a los muertos más que a los vivos; juzgué por más dichoso que unos y otros a aquel que aún no ha nacido ni vio los males que se hacen debajo del sol»; porque no hay cosa que más ofenda a la vida humana que las sinrazones de los hombres, odios, desafueros, violencias, inhumanidades que causan las pasiones. Por lo cual hubo filósofos que aborrecían grandemente a todo el género humano, por verle guiarse por pasión y no por la razón, entre los cuales Timón, filósofo ateniense, fue el inventor y el más apasionado predicador de esta secta, porque no sólo se nombraba enemigo capital de los hombres, diciéndolo a todos en su cara; pero hacía obras tales, que confirmaban sus palabras, como fueron no conversar ni morar entre gentes, vivir siempre en el desierto con las bestias y fieras, apartado de toda vecindad y poblado, porque nadie le visitase, y viviendo en aquel desierto, jamás quería ser visto, hablado ni visitado de hombre, si no fue de un capitán ateniense, llamado Alcibíades; pero a éste no trataba por amor ni por amistad que con él tuviese, sino porque entendía había de ser azote de los hombres, nacido para su tormento, especialmente porque sabía que sus vecinos, los atenienses, habían de padecer por su causa muchos trabajos y fatigas. Ni se contentaba con ese aborrecimiento que tenía a los hombres, ni con huir su compañía, como de animales furiosos y crueles; pero procuraba hacer todo el daño que podía para destruir y arruinar al género humano, inventando nuevas maneras para asolar y acabar los hombres. Para esto hizo poner entre los árboles de su huerta muchas horcas para que todos los desesperados y cansados de vivir se fuesen a ahorcar allí. Y como algunos años después, para ensanchar su casa, le fue forzoso derribar aquellas horcas, se fue a Atenas, donde, sin vergüenza ninguna, hizo congregar al pueblo, dando gritos por las calles como pregonero que quiere pregonar algo de nuevo. El pueblo, oyendo la voz ronca y bárbara de aquel tan horrendo monstruo, sabiendo (días había) de qué humor pecaba, se le allegó luego, esperando alguna novedad. Viendo él ya los más de los ciudadanos principales y plebeyos juntos, comenzó a decir a voces: «Sabed, ciudadanos de Atenas, que por cierta necesidad que me ha sobrevenido quiero hacer derribar las horcas de mi huerta; por eso, si alguno tiene devoción de ahorcarse, sea luego». Y sin hacer otra arenga, acabada tan amorosa oferta, se volvió luego a su casa, donde acabó el resto de su vida en esta opinión, filosofando siempre de la miseria del hombre. Cuando le tomaron las ansias de la muerte, aborreciendo a los hombres aún hasta la postrera boqueada, mandó que su cuerpo no fuese enterrado en la tierra, por ser el elemento en que comúnmente reposan y toman su descanso los hombres, y en donde comúnmente se entierran los cuerpos humanos, temiendo que sus huesos no fuesen de los hombres vistos y sus polvos tocados de ellos, sino que le enterrasen a la orilla del mar, donde la furia de las ondas estorbase a todas las criaturas y defendiese el paso de su sepultura, en la cual mandó se pusiese este epitafio, que refiere Plutarco: «Después de mi vida miserable, me enterraron en esta agua honda, no cures de saber mi nombre, lector, que Dios te confunda». En dos palabras, Madariaga, estoy cansado del poder y pienso abdicar en mi hermano Robert nada más consiga arrojar del trono a los usurpadores de la dinastía Orange. Los Estuardos somos invencibles.

Con la espada en alto, iluminada mediante un resorte que Kennedy apretaba en el pomo, Kennedy parecía dispuesto a abalanzarse sobre mí en un fatídico tajo. Pero se calmó poco a poco y ambos miramos hacia la ventana. Caía lluvia artificial más allá del cristal. Una lluvia paralelísima, algo lenta, no muy conjuntada, pero de gruesos lagrimones, presente, irrefutable. Kennedy limpió el polvo de los libros de la alacena con un plumero envejecido. Paseó un dedo ante los libros, pendiente de caer en picado sobre los libros elegidos. El alcotán vio las presas y separó dos volúmenes que el presidente me tendió, uno en cada mano. La distancia impedía que yo los cogiera y la voz de Kennedy me sirvió de nexo informativo:

—El pasado de mi formación espiritual y el futuro.

El pasado era *The temporary and the eternity,* de Juan Eusebio Nieremberg, S. J., y el futuro, *The Way,* del P. Escrivá de Balaguer.

—Acabo de recibir este libro. Lo he devorado en una noche, es sobrecogedor. A usted recurro, don Félix, por el paisanaje que le une al autor. Está usted mucho más próximo de su definitiva comprensión. Al calor de la influencia de este libro estoy dispuesto a que germine la semilla de los nuevos Estados Unidos de América. Yo plantaré esa semilla y la espiga crecerá hasta el cielo. El *american way of life* pasará por el camino hacia la *New frontier* que ha de llevarnos a la *Great Society.* Quiero que usted me asesore, Félix. Precisamente usted.

Me guiñó un ojo, cómplice pero grave.

—Estoy preparando la reconquista espiritual de los Estados Unidos, porque la dualidad jesuítica entre lo espiritual y lo temporal condicionaba mi manera de ver las cosas hasta ahora. La dualidad entre lo temporal y lo eterno está superada estratégicamente. Hay que espiritualizar lo temporal cargándolo de proceso hacia la eternidad, cargándolo de sentido de marcha, de camino, en una palabra. Ya dijo San Antonio Machado: «Caminante no hay camino, se hace camino al andar».

—A Dios rogando y con el mazo dando.

Intervine tan afortunadamente que el presidente me contestó:

—La paz sea contigo.

Kennedy había recuperado la plena verticalidad, calzaba pata de palo y renqueó hasta la ventana. Se crispó sobre el catalejo. Volvió su rostro, ya sin tuertedad, hacia mí y gritó congestionado:

—¡Por fin, Lequerica, por fin!

Lady Bird mete gatos muertos en el depósito de agua de mi retrete. Sé que dice cosas desagradables sobre mis relaciones con Jacqueline. Hoy he intentado clarificar las habladurías con el presidente y Kennedy no me ha dejado terminar. Ha convocado a toda la corte, a Jacqueline, a lady Bird, a mi modesta persona. Sin dar explicación alguna nos ha cogido la cabeza con las manos a Jacqueline y a mí y nos ha besado las frentes con una pureza de obispo ciego, cojo y manco.

Nancy Flower tiene piel de irlandesa, cabello castaño rojizo de irlandesa, calorcillo de muchacha celta propensa al flujo, manos delgadas y frías, tobillos algo dilatados y un culito glotonamente redondo. Quiso ser actriz de teatro, pero perdía el aplomo cuando pisaba el escenario. Durante la representación de *El zoo de cristal*, de Tennessee Williams, en un teatro de aficionados, cometió un desliz tan lamentable que nunca más volvió a la escena. Desempeñaba el papel de Laura, la hermana-hija tan encantadora y frágil. Al llegar a la escena segunda del acto segundo, cuando entra por el foro de la izquierda, evidentemente desfallecida, los labios trémulos, los ojos desmesurados y fijos, avanza unos pasos seguros hacia la mesa:

—Oh, mamá..., lo siento muchísimo.

(Se tambalea. Tom la aferra y la conduce al sofá-cama de la sala.)

Nancy era consciente de que lo había hecho muy mal y no se le ocurrió otra cosa que balbucir una disculpa ante el público: soy joven aún.

Desde entonces yo no sé bien a qué oficios se ha dedicado. Pero debe haber viajado mucho porque conoce geografías insospechadas: por ejemplo, ha visitado en varias ocasiones los países del campo socialista y tuvo un novio turco con el que no llegó a acostarse nunca.

Ha ocurrido un hecho insólito en los anales de la historia de la tercera generación de calculadores analógicos. Durante toda una noche los computadores han actuado incontrolados a partir de una pista informativa: la genealogía de los Kennedy. Las conclusiones de estos jóvenes calculadores son muy interesantes. Según parece, con anterioridad al tronco común del i-e (indo-europeo) hay un embrión lingüístico original: el kenedeset, lengua de un rincón de Prusia, donde se originaron las razas nobles. La palabra «kenedet» quiere decir eso: palabra, y de ella procede el apellido Kennedy. Los kenedets fueron la casta dirigente del pueblo kenedem: sacerdotes, caudillos, acróbatas y misses Universo. Una rama de los kenedets participó en la defensa de Troya y hay una notable infidelidad histórica cometida por Virgilio que ha impedido durante siglos el rastreo de la verdad. El caudillo troyano que tuvo amores con Dido, reina de Cartago, no fue Eneas, sino Keneas, y era un kenedet auténtico. Eneas recibió de los dioses el encargo de fundar Roma; eso dice Virgilio, pero no hay que olvidar que era, prácticamente, un escritor a sueldo de Octavio Augusto. Lo más probable, según los calculadores de la tercera generación, es que el encargo divino fuera mucho más ambiguo y que Virgilio se aprovechara de las circunstancias para llevar agua a su molino.

En cambio, cada día prospera más la tesis sostenida por algunos historiadores irlandeses de que Keneas no se detuvo en Roma, sino que siguiera la ruta del Mediterráneo en busca de las tierras del ámbar a las que habían llegado los fenicios y cuya ruta secreta conocía Dido. Eneas o Keneas repostó agua y combustible en la Atlántida y emprendió el rumbo del norte. Al fin, extenuado, llegó a las costas de Irlanda. Allí continúa la extirpe keneana a través de sus descendientes. El cansancio palatal de los irlandeses (de sobras conocido por nuestros lectores) les llevó a buscar un descanso para la lengua después de alzarla para pronunciar el «ne» de «Keneas». La lengua ya estaba arriba y en lugar de neutralizarla para que saliera la «a» sin obstáculos, la lengua de los irlandeses aprovechó el viaje y se apoyó en los dientes superiores: «d». Primeramente, la fonética se mantuvo ligada más o menos a la sonorización histórica. Así, «Keneas» se convirtió en «Kenedas». Pero la terminación en «y» se impuso y llegamos al apellido histórico moderno: Kennedy. Resulta que el encargo de los dioses a Keneas no había que interpretarlo como dirigido a él, sino a su descendencia. Y la cosa se ve clara cuando descubrimos cómo en el siglo VI de la era cristiana algunos Kenedas se apuntaron en las expediciones vikingas hacia el Mediterráneo. Un Keneda se estableció en Génova y sus descendientes montaron un negocio de palomas mensajeras. La gente les llamó los «Colombos» (palomos) y con el tiempo adoptaron el apodo como apellido. De ahí que nunca se haya sabido hasta ahora que un Keneda fuera llamado impropiamente Cristóbal Colón y que otro Keneda haya instaurado en Estados Unidos la monarquía católica, social y representativa.

Me topé por última vez con Wonderful en Madrid.

Yo iba en el séquito de Leonardi y Wonderful estaba destinado allí, donde consumía plácidamente los días que le separaban de la jubilación. Intentó presentarnos una secretaria de embajada amiga común, que apenas se sorprendió al comprobar que ya nos conocíamos. Wonderful pasaba los días en un cargo burocrático, escribía sus memorias y poemas rimados de exaltación de hechos de la historia de España y Estados Unidos (los comuneros de Castilla, el atentado contra Lincoln, Pearl Harbor, las luchas entre el PSUC y la CNT y el POUM en el mayo barcelonés de 1937). Tenía un bien rimado poema dedicado al bandido catalán Serrallonga y le llamaba «Fidel Castro de Cataluña».

Le pregunté si había cambiado su opinión sobre Fidel Castro: un peligro mundial, me contestó.

¿Entonces?

—Bueno, una cosa es la literatura y otra la realidad y

otra, además, la profesión. Soy incapaz de escribir un soneto sobre Foster Dulles y en cambio era capaz de descargar una pistola entera sobre la cabeza del que le tocara un solo pelo.

Wonderful ya se teñía entonces las canas a la descarada, incluso perdía con frecuencia la contención que le había hecho famoso y fuerte. Me cogía por el codo con una lamentable afectuosidad de viejo chocho guiando los pasos inexpertos del joven hijo adoptivo. Era un gesto sentimental de la preguerra. Wonderful, en muchas cosas, había vuelto a la juventud.

—En cierta ocasión vine a Madrid con Companys, cuando ya era ministro de Marina. Lluís era muy juerguista, un buen compañero para pasarlo bien.

—¿Políticamente?

—Un Kerenski, un Kerenski como una casa.

Se reía con las manos conteniendo tópicamente la recién estrenada tripita.

—Un peligrosísimo Kerenski.

Y seguía riendo. Aproveché su fuera de juego para ligar con la secretaria de embajada que me contó cosas sustanciosas de Wonderful. Por ejemplo: ha abierto cartillas de ahorros a sus cinco nietecitos, hijos de los hijos que no había vuelto a ver desde 1939.

A Kennedy le ha bastado inclinar el cuerpo para que la piedra ni le rozase. Un instante después yo notaba entre mis manos una confusa mezcla de cabello y de nuez aguda, desagradable como la piel muerta de la gallina. En milésimas de segundo he aplicado una llave de judo y el hombre ha saltado por encima de mi cabeza. Sus riñones se han estrellado contra el canto de la acera y su cabeza después ha rebotado contra la rodilla de un policía. Mis manos se han hundido en la pechera del hombre, como las manos de los augures entre las tripas del chivo expiatorio. He acercado a la mía su cara negroide, la profundidad del miedo de sus ojos, el reguero de sudor que descendía hacia sus cejas espesas. Mis nudillos no han acertado con la mejilla y han chocado contra una sien. Después mi puño se ha hundido en la juntura del alto con el bajo vientre y en mi rodilla se ha roto su grito entre un estrépito de dientes y barbilla.

Lo he levantado como a un payaso roto y mi empujón le ha precipitado en la negrura de una furgoneta. El contraste del sol con la fresca oscuridad de la furgoneta era agradable y me he sentado en uno de los bancos laterales con una intensa sensación de relax. El hombre estaba acurrucado en una esquina y nos miraba con y sin miedo, como si vacilara ante la adopción de una actitud definida. Un joven agente le ha pegado una patada en el costillar, pero el capitán Morrison se ha interpuesto.

Al llegar al Palacio de las Siete Galaxias le hemos empujado hasta la entrada de la rampa que conduce al sótano. Sus piernas han resistido la primera parte del declive, pero un nuevo empujón le ha hecho caer y rodar hasta el término de la rampa de hormigón. Después ha quedado derribado en el suelo, bajo el chorro luminoso de una campana verde cenital. Morrison le ha hecho poner boca arriba y después le ha puesto el pie suavemente sobre los genitales. Morrison no sonreía con sadismo. El sadismo lo tenía en la palma de su pie que se hundía o subía alternativamente sobre los aullantes cojones del caído.

Diez minutos después ya sabíamos que era un espontáneo, licenciado en Bioquímica por la Universidad de Denver, miembro de una asociación en contra de toda clase de Derechos Civiles porque no creía en esas trampas del capitalismo... Tal vez era homosexual porque cuando otro agente le ha descubierto las nalgas para rompérselas con un vergajo de esqueleto metálico, se ha vuelto hacia nosotros riendo y ha dicho que aquello apestaba a vaselina.

Lady Bird viste de madrastra,
levanta el polvo de los pasillos,
atraviesa telarañas con el estoque,
pinta sus uñas-garfio de lila,
usa colmillos amarillos,
riega las petunias con orín de gato ciego,
aspira el polvo malva de las estrellas perversas,
agencia cadáveres de niños,
mete su torpe nariz en las cerraduras
y en mis camisas
cuando ríe se le rompen los pómulos como el cristal
y la sangre le baña las mejillas,
gotea hasta el suelo
para entonces desaparecer
como un presentimiento.

Cuando los Kennedy están sentados a la mesa se revela la existencia de una galaxia familiar, con sus soles y reglas de traslación. El viejo Joe hace de moderador, papel que muchas veces cede a la madre, Rose, en una graciosa condescendencia de irlandés-americano emancipado. El que tiene prioridad en el uso de la palabra es John y a continuación Robert y Edward; las mujeres pueden pedir turno una vez consumidos los tiempos varoniles. Con motivo del santo del presidente se nos ha permitido asistir a la comida familiar. John ha comido con un hijo sentado en cada rodilla y, sin embargo, no ha apartado los codos de los costados ni los ha apoyado sobre la mesa. Rose, la madre, le miraba llena de orgullo. En cambio, tal vez me equivoque, en cierta ocasión he creído ver un matiz de censura en la mirada que dirigía a Ethel, que se ha permitido rebañar un plato sin la ayuda del tenedor.

Los fotógrafos de *Life* han filmado casi exclusivamente la tríada formada por el presidente y los dos niños. Cuando han acabado la película, los niños han sido enviados con la nurse y la hierática faz del presidente comensal se ha distendido, como liberado de una intensa preocupación. La locuacidad de Kennedy ha aumentado a partir de este momento y ha hecho media docena de chistes históricos relativamente afortunados. Robert no los reía, los sonreía. En cambio, a Edward le faltaba quijada para morder las carcajadas que se le escapaban. Rose repartía dos miradas, la una, admirativa, la dirigía a su hijo al término de cada chiste; la otra, valorativa, la esparcía entre el grupo de mirones que alternábamos el bocado de tarta helada con la hilaridad filo-presidencial.

Ya con los primeros frescores de la atardecida, John se

ha relajado, ha abandonado su espina dorsal al capricho de la ley de la gravedad y de su asiento y se ha dirigido a Robert.

«—A ver, Robert, si tú fueras Presidente y te encontraras con Kruschev, vamos a ver, en Copenhague, por ejemplo... Más claro..., en una conferencia cumbre..., ¿qué le dirías?»

John miraba de reojo hacia los mirones en espera de sus comentarios faciales ante la respuesta de Robert.

«—Le saludo a usted en nombre del pueblo americano.»

Una salva de aplausos y una monótona salmodia de Edward: muy bien, muy bien, muy bien... Steinbeck le ha dicho algo al oído y Edward se ha corregido inmediatamente: O Kay O Kay O Kay (horas después, cuando Truman Capote le ha preguntado el porqué de su queda corrección, Steinbeck ha contestado que la expresión «Muy bien..., muy bien...» era poco popular y un Kennedy III debe empezar a cultivar su fisonomía pública).

La fiesta ha terminado con un partido de baloncesto entre hermanos y hermanas Kennedy contra cuñados y cuñadas. Peter Lawford ha llegado justo en el momento de iniciarse el match. Lo ha desembarcado un helicóptero especial y ya venía vestido de baloncestista. Después apenas si ha jugado. En cambio, Sargent Shriver, pese a que le sobran algunos kilos, se ha revelado como un excelente pivote.

Los Kennedy auténticos han ganado por 173 a 19, pero todos han reconocido que ni Jacqueline ni Lawford tenían su día.

Todas las asistentas del Palacio están graduadas en el Converty College, la mejor central de asistentas del hemisferio occidental. Por eso, cuando vi lo compungida que estaba una de ellas y los sollozos entrecortados con que jalonaba la uniforme salmodia de: «No hay derecho..., eso al presidente no se le hace...» he temido lo peor. La emotividad de una asistenta del Palacio de las Siete Galaxias es una de las emotividades más controladas de este mundo. Sobre todo desde que una camarera filipina derramó una cafetera hirviente sobre la bragueta del jefe de Estado Mayor. Ocurrió unos días después de la jura presidencial de Kennedy y sólo la invasión de Bahía Cochinos pudo impedir que un golpe de estado militar derribara la democracia americana.

He acelerado mis pasos por el túnel secreto y al llegar a la antesala presidencial he visto cómo Hoover y Allan Dulles cuchicheaban en un rincón. Morrison, el jefe de agentes, se había entregado a la voluntad de un enorme sofá que lo tenía casi engullido. Sus ojos estaban rojos y se estrujaba las manos una vez por minuto. El plan Bowles se ha filtrado. El embajador soviético en Viena ha insinuado a nuestro embajador en aquella capital que era muy posible un conocimiento del plan Bowles por parte de la Unión Soviética. El embajador norteamericano ha inclinado la cabeza por el peso de la sonrisa y le ha felicitado cordialmente.

Kennedy está furioso. Ha mandado azotar a Salinger para aplacar algo sus furias. No porque Salinger tenga algo que ver con la filtración, sino porque Salinger es el único masoquista de todo el trust. Lo peor ha sido la nueva muestra de mezquindad soviética que ha dado la agencia Tass al divulgar un resumen del plan. De buena mañana, Kennedy ha llamado al embajador soviético y le ha vociferado una protesta más que enérgica. El embajador ha dicho que su país se había movido en aras del espíritu del mutuo entendimiento y que en la comprensión de las dificultades que plantearía la publicación del plan por parte de Estados Unidos, ha preferido adelantar acontecimientos. Kennedy le ha llamado cínico y el embajador ha contestado que el presidente confundía el cinismo con la dialéctica.

La cuestión es que el resumen del plan ha aparecido en el *New York Times* de esta mañana, y que antes de las once ya había cola de embajadores ante el palacio, en demanda de explicaciones sobre las repercusiones del plan en sus países respectivos. El plan Bowles es una traducción estratégico-política de la filosofía de Sylvester. Se trata de un intento de racionalización político-económica a escala universal, con una vigencia posible de cien años, con un cálculo bastante perfecto de toda la posible evolución político-económica de la Tierra. Ante todo, el plan presupone un reparto de la galaxia en la siguiente proporción: 55 por 100, Estados Unidos; 40 por 100, la URSS; 5 por 100 a repartir entre Alemania, Inglaterra, Francia, Japón, China Comunista, Canadá y Australia. En cuanto a la tierra, la reestructuración de las zonas de influencia no se ha detenido esta vez en un simple reparto político. Estados Unidos propone además una distribución de funciones con relación a una bipolaridad económica evidente: el campo socialista y el capitalista. Dentro de cada uno de esos campos, pero en especial dentro del campo capitalista, el plan Bowles ya prefigura una ordenación racional de cada economía nacional con relación a un mercado unitario internacional identificado con la zona de influencia. Así España, por ejemplo. Según el plan Bowles, España estará dividida en dos zonas fundamentales.

1.ª España sin periferia. Una especie de círculo central dedicado a la producción de determinados productos agrícolas, a saber: coles, berzas, boniatos, judías, garbanzos, avena, rábanos, lechuga, coliflor y tomate (rigurosamente prohibida la producción de laurel, por ejemplo, debido a que Grecia goza de esa concesión en régimen de monocultivo).

2.ª Periferia de España. Dedicada al Turismo, las Artes y las Letras. Casi toda la población española que no se haya destinado a la repoblación de la luna deberá someterse a planes de estudios muy severos para cubrir los puestos de trabajo que corresponden a la división. Un mínimo destinado a la agricultura, ya que se prevé una total mecanización del campo. Un sector importante de población se dedicará a las artes y a las letras, siempre y cuando sean artes y letras aplicadas. Podrán escribir en castellano si se trata de literatura de consumo interior, pero el inglés será obligatorio en caso de ser literatura de consumo zonal. Finalmente, el tercer sector de población se dedicará a profesiones relacionadas con la hostelería: desde camareros hasta limpiabotas, más un cuerpo especial femenino destinado al Patrullaje Sexual de Costas, de uso exclusivo de los demandantes de turismo.

Planes similares afectan a todas las naciones del mundo y los embajadores han acudido al Palacio a discutir punto por punto todo cuanto afecta a sus países respectivos. Ha habido nuncios especialmente afortunados. El embajador sueco ha conseguido que el cupo de producción de tenedores de acero inoxidable se haya visto aumentado y, además, Kennedy le ha prometido estudiar con cariño su propuesta de que a Suecia corresponda la fabricación de todos los saleros de mesa de la zona capitalista. Otros han sido muy desafortunados en su gestión. El embajador irlandés, que ha entrado muy sonriente y palmeado la espalda de Kennedy, mientras decía:

—... John, ¿es cierto que quieres convertirnos en un país de católicos y pastores?...

... Ha salido de la audiencia con la punta de los hombros superando la altura de la cabeza. Kennedy no sólo ha mantenido la solución irlandesa del plan Bowles, sino que además, en castigo por el desenfado del embajador, les desecará el lago Shanon. Más de un comentarista exterior ha pronosticado un conflicto armado entre Estados Unidos e Irlanda. Fuentes generalmente dignas de crédito informan de que el presidente De Valera ha encargado diez frases históricas a un especialista español. Éste le ha proporcionado una lista de trescientas dieciocho y De Valera ha seleccionado las siguientes:

1.ª Dios hizo antes al último irlandés que al primer americano.

2.ª Lucharemos por una Irlanda exacta, verde y libre.

3.ª América para los Estados Unidos, pero Irlanda para los irlandeses.

4.ª La dignidad de un pueblo no se mide por su fuerza de agresión, sino por su capacidad de resistencia moral.

5.ª (Variante.) La dignidad de un pueblo no se mide

por su renta nacional per cápita, sino por la cantidad de valores eternos per cápita.

6.ª Hay un salvajismo peor que el prehistórico. Es el salvajismo de los pueblos que no han sabido asumir su propia Historia.

7.ª Irlanda será lacustre o no será.

8.ª Que cada niño irlandés se convierta en un testigo de la agresión. Y que no la olvide (esta frase ha sido muy elogiosamente comentada por el poeta chino HasHua-Pyu, de la dinastía Ming).

9.ª Que vengan los americanos. Nosotros no nos iremos.

10.ª Dios nos libre de nuestros amigos, que nosotros ya nos cuidaremos de nuestros enemigos (plagio evidente de la frase con que el Che Guevara liquida su polémica con Bettelheim).

Ante la magnitud del desafío irlandés, el presidente Kennedy se ha apresurado a enviar un obsequio a De Valera y la promesa explícita de que el Shanon no sería desecado. De Valera ha encargado inmediatamente una frase de agradecimiento a François Mauriac y a vuelta de correo ha recibido la que a su vez ha remitido a Kennedy:

Aunque tú por modestia no lo creas,
las flores en tu sien parecen feas.

Morrison me ha llevado a una reunión de la John Birch Society. Iba a ser una reunión fascinante, me adelantó, porque se planteaba el debate de si Goldwater podía competir con Kennedy en las elecciones de 1964 con alguna garantía de éxito. En un saloncito marrón, lleno de sillas de tijeras sucias enfrentadas a una tarima sobre la que pendía una lámpara verde, las gentes más conscientes de Washington cruzaban las últimas palabras y cuchicheos antes de que los conferenciantes iniciaran el debate. Yo tenía mis bolsillos y mis manos llenos de folletos: *The Blue Book, The life of John Birch, Color, Communism and Common Sense, American Opinion, None are call it Treason, Towards a Socialist America.* Tres oradores sermoneantes se han declarado antipacifistas y han citado a Lenin para demostrar que el pacifismo aliado con la subversión constituyen las termitas de Occidente. En éstas la puerta se ha abierto para que entrara, con una plena conciencia de que estaba entrando, un enorme supermán con sombrero tejano y el habano de rigor. Es mister H, me ha susurrado Morrison con expectación y respeto. Mister H se ha sentado a nuestro lado y con un ademán ha invitado a los silenciados oradores a que prosiguieran su exposición. He respirado profundamente por si percibía efluvios de petróleo dispersados por los rincones del cuerpo de mister H. Pero olía a la más cara lavanda del mercado. Llevaba desodorante hasta en las uñas.

—En las reuniones de sociedad —estaba diciendo un orador—, los liberales, sean machos o hembras, son lamentables. Se muestran aburridos, doctrinarios y estúpidos. Son incapaces de ponerse cómodos y de encontrar interés en una conversación animada. Si la conversación versa sobre literatura o cualquier otra clase de arte, los liberales intentan desesperadamente tomar la palabra y en general lo consiguen. Se muestran más ruidosos e insistentes que las personas normales. El autor de un libro anticomunista ni siquiera debe ser discutido: no es una persona seria, es una «bestia fascista» (risas y siseos). Si el autor es un liberal poco importa que el libro sea un infecto montón de estupideces. Es *importanteeee* y aún es mucho mejor el libro si lo ha escrito un negroooo. Pero por encima de todo, los liberales aprecian la novela pornográfica. Cuanto más innobles sean los detalles, mejor. Es literatura honestaaaa...

Las risas coreaban el dislocado fonetismo del orador, un cura de no sé qué patrulla religiosa de Oklahoma. Yo mismo he reído varias veces porque los liberales siempre me han parecido algo afeminados, más mujeres que hombres. Mister H disfrutaba como sólo puede disfrutar un millonario tejano cretino, un millonario tejano cretino de película dirigida por un liberal de Hollywood. Las risas de mister H complacían muchísimo al orador que, enloquecido, ha proseguido el *in crescendo* de su inspiración. Ha adornado la condena del liberal como hombre social con todos los gestos del repertorio teatral pre stanislavskiano, yo diría que era un estilo derivado del gran Taima y de alguna manera asumido por el inmenso Enrique Borrás. Al llegar al momento en que sostenía que todos los liberales roncan, el orador se ha puesto a roncar y su propio ruido ha sido como un freno roto para su reprimida imaginación de podrido Lewis Carroll. Del ronquido ha pasado a imitar al cerdo, al cuclillo, ha fingido volar por la estancia comunicándonos una sensación de amenaza, nos ha dado el culo y ha soltado una incivil ventosidad que sus labios atribuían a los usos y costumbres de los liberales, ha abofeteado a sus compañeros de terna y ha intentado bajarle las bragas a una descolorida muñeca escolar que hasta entonces le escuchaba con arrobo. Poseído por el mal, sin controles, se arrastraba por la tarima como un poseso de lujuria y crimen en una clara encamación del malvado espíritu de Jefferson. Hasta tal punto se ha esforzado en hacernos evidente el peligro liberal, que mediante una concentración suprahumana ha conseguido convertirse en un alacrán zumbador y agresivo que mister H ha tenido que aplastar con sus botas de millonario tejano.

Todos nos habíamos refugiado en el fondo de la sala. Sobre la tarima, mister H pisoteaba una y otra vez al alacrán. Morrison tenía en la mano la pistola. Yo tenía mi mano cobijada en el calor del sobaco por si acaso. Mister H nos ha asegurado que no volvería a repetirse.

El presidente Kennedy hoy ha visitado la Academia Nacional de Cosmonautas. Se ha interesado por todo el proceso de selección y por todo el entrenamiento que convierte a un hombre normal en un superhombre. Ante todo, le han dicho, un cosmonauta es preferible que sea casado, fuerte de constitución pero normal, tirando a vulgar de aspecto, con un mínimo de dos hijos. Estas características son fundamentales para que el americano medio se solidarice con sus representantes en el espacio. Nada más entrar el presidente en la nave donde comían los cosmonautas, el decano le ha dicho: «Hola, presidente, tiene usted mejor aspecto que la última vez que le vi por televisión». Kennedy ha palidecido y Werner von Braun ha tosido al borde de la congestión. Resulta que el cosmonauta ha malgastado la frase que debía decirle a Kennedy en el momento del amerizaje después de la proeza, no en el momento de la visita presidencial. Un compañero cosmonauta ha dado un codazo al olvidadizo y éste ha enmendado su *lapsus*: «Presidente, bienvenido a esta antesala del espacio. ¿Se viene con nosotros?». Un suspiro de alivio colectivo ha precedido a la carcajada de Kennedy, perfectamente ensayada durante tres días en presencia de Lee Straferg. El aplauso ha sido bastante nutrido y un cosmonauta le ha dado a Jacqueline un ramo de gladiolos.

He creído observar que los cosmonautas, viciados por sus prácticas antigravitatorias, caminan a saltitos. En general se agrupan en equipos de tres y uno de los tres es seleccionado por su vis cómica. Otro presupuesto selectivo es la pureza étnica y la variedad de nacionalidades originarias. Sin que se exija un certificado de ario puro, sí hay una discriminación basada en el ángulo de la quijada y en el trazado de la nariz. La adoración que sienten los americanos por los orígenes germánicos, escandinavos y anglosajones ha sido compartida por los técnicos de la NASA y, especialmente, por Von Braun. Malas lenguas aseguran que el científico ex alemán alberga en su casa a Martin Bormann y a Hitler disfrazados de chófer y jardinero, respectivamente. Sin embargo, se insiste, sólo lo hace por motivos sentimentales, ya que la posibilidad de una segunda carrera política por parte de Bormann e Hitler es prácticamente inviable.

Una de las experiencias más interesantes de la visita ha sido la asistencia a la clase de oratoria espacial. Mister Ronald Samuelsson (un recomendado de Adlai Stevenson) hacía recitar a todos los cosmonautas una serie de frases a pronunciar desde sus metas. En caso de que la meta fuese orbital terrestre la frase ensayada era:

Hola, chicos, me estoy metiendo la tierra en el bolsillo.

Y, tras un silencio algo grave:

En verdad os digo que Dios está presente en la cumbre del Everest y en la fosa de Tonga.

Si la meta es una experiencia alrededor de la luna se admite un lenguaje más enfático.

La maravilla que contemplo es similar al efecto que puede producir en un ciego la recuperación de la vista. Gracias, Dios mío.

Se ha entablado una polémica sobre el empleo de la palabra «Dios» en estas frases. Kennedy no era partidario de su abuso; en cambio, Robert insistía: «Lo que diga un cosmonauta allí arriba es como una sublimación de la filosofía norteamericana de la vida».

Kennedy se ha molestado algo por esa desviación intelectualista de su hermano y ha contestado agriamente que entonces lo mejor sería recitar una frase de Pearson o Dewey. Como Robert no sabía de quiénes le hablaban se ha escondido bajo el follaje de su flequillo y no ha abierto la boca en el resto de la visita. Kennedy ha pontificado a continuación sobre el empleo de la palabra «Dios», que no debe hacerse en vano. El presidente de la NASA ha declarado que había recibido presiones por parte de la Conferencia Mundial de las Iglesias para que la palabra «Dios» estuviera presente en un 65 por 100 de las primeras frases del cosmonauta. La NASA había planteado una contraoferta y estaba a punto de llegarse a un acuerdo sobre las siguientes bases: la palabra «Dios» aparecería en un 45 por 100 de las primeras frases del cosmonauta en todos los viajes espaciales a realizar hasta el año 2000 y en un 32 por 100 de todo el diálogo restante con la central de Houston. Kennedy ha dicho que le parecía un porcentaje excesivo, pero que se rendía ante la evidencia de su utilidad. Dean Rusk, que no seguía la conversación de cerca, ha sorprendido a muchos preguntando qué daba la Conferencia Mundial a cambio. Ha sorprendido a muchos, pero no al director de la NASA, que ha contestado sonriente:

—Garantiza el apoyo propagandístico del clero bajo su control a todo el programa espacial. Sólo reserva un 10 por 100 del clero a las diatribas retrógradas; es decir, se está usurpando el espíritu de la creación, etc. Y otro 10 por 100 del clero será autorizado a recordar las ofensivas terrestres del imperialismo norteamericano cada vez que lleguemos a algún hito importante.

Después hemos presenciado una fase del entrenamiento. Casi todos los cosmonautas han sido aviadores y algunos tienen formación previa, científica o técnica, sobre estas cuestiones. Son todos de derechas, sin llegar al extremismo, y tienen una cultura general que les permite hacer alguna observación interesante durante el viaje post-hazaña. Por ejemplo, saben que si llegan a París han de decir al cicerone oficial: «Quisiera hacer un hueco de media hora para darme una vuelta por el Louvre». Si llegan a Estocolmo han de preguntar por la casa donde nacieron Greta Garbo y John Gilbert; si la visita es a Madrid, deben interesarse inmediatamente por la caída de la «d» en posición intervocálica; si llegan a Roma, deben decir, más o menos: «La Roma de César sigue siendo la Roma de César».

Capítulo aparte es la selección de esposas, que ha motivado más de un drama familiar. En cierta ocasión, se rumorea en los mentideros, un cosmonauta fue obligado a cambiar de esposa durante los veinte días posteriores a la hazaña porque la de verdad tenía los dientes superiores montados sobre el labio inferior, y las fotos familiares parecían incompletas sin la presencia de Jerry Lewis. En otra ocasión se sometió a una operación de cirugía plástica a la esposa y a la suegra de un cosmonauta, ya que vivían todos en la misma casa y era muy violento pedirle a la suegra que no saliera en las fotografías. En los primeros tiempos las cosas eran diferentes y así se consintió que la esposa de Glenn apareciera con los brazos sin depilar. Pero desde que Jacqueline ha llegado al poder, la fotogenia y la gracia media de una esposa de cosmonauta son cualidades sine qua non para la conquista del espacio.

Cuando nos marchábamos, Kennedy ha cogido a un mono experimental y ha posado con él en brazos. El mono ha dado un beso en la boca al presidente y todo el mundo ha dirigido una mirada inconsciente, fugaz mirada a Jacqueline.

He sido requerido por la embajada española. Una invitación para almorzar con el agregado cultural. Unas judías navarras con chorizo y pimientos rellenos a la vasca. El agregado cultural es de Balmaseda. Me ha pedido una información, personal, de lo que hablaron el otro día Kennedy y la oposición española. Se lo he contado todo de pe a pa. Me ha preguntado varias veces si había comunistas entre los asistentes. Ni por el color, ni por el acento, ni por el aliento, ni por la andadura reconocí a ningún comunista. Uno de los asistentes estaba más serio que los demás y ante las intervenciones ajenas se llevaba la mano tras la oreja y la obligaba a dirigirse hacia el que hablaba. También tomó algunas notas. Ése es el comunista, me dijo el agregado. Yo no lo creo porque no intentó poner orden en ningún momento, pese a las frecuentes interrupciones y robos de palabras que se practicaron.

Curiosamente, Morrison no estaba bien acabado. Le faltaba esa gorra que la cultura de los *mass media* ha puesto rodante en manos de criados embarazados. Toda su persona era una gorra, intranquila, manoseada. Mister H, consciente de la fascinación, le lanzaba de vez en cuando miradas de serpiente gorda. Listo el tejano. Me ha tratado como a un europeo. Basaba la entrevista en una supuesta complicidad mutua, ante la perplejidad embarazada de Morrison.

El triste intermediario presenciaba, más alelado que sorprendido, el vuelo de las sutilezas tejanas y europeas. Mister H ha agradecido mi visita y después ha justificado su manifiesta curiosidad por conocerme.

—Quiero comprobar si nuestro presidente está bien guardado.

¿Han visto ustedes películas de Hollywood mejor o peor promocionadas por siniestros productores liberales y dirigidas por no menos siniestros directores salvados de la Gran Depuración, en las que aparecen zafios millonarios tejanos, parafascistas, sanguinarios, tragones, jodedores y desescrupulados? Pues me ahorran la descripción de mister H y me brindan la oportunidad de decir dos palabras sobre teoría literaria. Aunque suene a digresión, es el momento de valorar lo que ha hecho la cultura de masas por las reglas de la comunicación. Si yo les digo que mister H es una mezcla de Rod Steiger y King Kong, me ahorro tres capítulos de cualquier novela del todavía hoy inédito* escritor madrileño Juan Benet y casi una novela entera de Robbe-Grillet.

A lo que íbamos. Mister H tenía un rostro tan malvado como el de Rod Steiger en el momento de flagelar a una huérfana que acaba de perder a su padre en un naufragio y tiene la madre paralítica. Tiene, además, la presencia física de King Kong con sombrero tejano de *souvenir.* Hablábamos de hombre a hombre y de cigarro a cigarro, con los labios entre el lenguaje y la chupada y los ojos entorpecidos por el humo.

Cuando me ha dicho:

—La vida de un presidente tiene un precio elevado.

Me he limitado a preguntar:

—¿Cuánto?

—Un millón de dólares.

* Las memorias que reproducimos están escritas en 1963.

Al oír esta cantidad, Rod Steiger se transformó rápidamente en el Orson Welles de mister Arkadin. Mister H ha consultado ocularmente con Morrison, pero sin demasiada confianza. Sin aguardar su respuesta me ha sonreído mientras hacía equilibrios con el puro apenas prendido por la película de saliva de los labios.

—Uno y medio.

—Pero yo no lo hago. Yo me limito a consentirlo.

—Entonces es muy caro.

—Lo hago yo y dos millones. No discutamos más.

—Muy caro.

—Muy barato. Le hago un precio especial porque Kennedy me cae muy gordo.

—Es increíble. Un europeo como usted. Yo pensaba que Kennedy sólo nos caía mal a los americanos.

—Es un payaso democrático que cree desempeñar el papel de augusto y desempeña el del que recibe las bofetadas.

—Eso suele ocurrirnos a todos —musitó Morrison, pero en tan bajo tono de voz que incluso supuse haberle entendido mal, dada la evidente profundidad chejoviana de lo que había dicho.

Mister H me ha prometido los comprobantes del ingreso bancario condicionado una hora antes de la muerte de Kennedy. Morrison ha seguido mi retirada a través de los pasillos del club J. Casi me pisaba físicamente los talones. Sin verle la cara ya sabía que me odiaba. Por eso he parado en seco ante la puerta circulante, con el codo retrasado para que se le clavara en el costillar. Me he disculpado con mínima convicción.

El presidente ha estado muy nervioso todo el día. Durante una semana no ha hecho otra cosa que leer novelas del *Far West,* especialmente aquellas que tienen tejanos como protagonistas. Quiere causar buena impresión a los tejanos, camina arrastrando los pies como caminan los vaqueros tejanos en las novelas, no se quita ni a sol ni a sombra un sombrero blanco de ala ancha y también arrastra las palabras como los tejanos. El jefe de protocolo de Robert Kennedy ha intentado convencerle de que aprendiera a echar el lazo y que nada más llegar a Dallas enlazara al gobernador Connally y le derribara. Este acto tendría un doble simbolismo: el poder federal sobre el poder de cada estado individual y, a otro nivel, la atracción sexual que Washington experimenta hacia los distintos estados. Tras una consulta de los más reputados psiquiatras de Washington, el jefe de protocolo ha sido internado en la fundación John Dewey Sr., donde testigos presenciales de su ingreso cuentan que ha entrado maquillado con pomada blanca y recitando las majaderías que Shakespeare (autor prolífico y excesivamente mitificado) pone en boca de la pálida Ofelia tras la muerte de su padre, escondido tras una vergonzante cortina.

El menú del presidente ha cambiado. Pese a su afección hepática, come un bistec de quinientos gramos, con dos huevos fritos encima, para comer y cenar. Dos veces en una semana ha celebrado barbacoas en los jardines artificiales del quinto palacio, aderezadas con salsas aterradoras que provocaban llamaradas verdes de todas las bocas kennedystas. El ex embajador Joe Kennedy se ha resistido a estas comidas, pero Robert se ha impuesto y casi a la fuerza le ha metido en la boca un trozo de carne sanguinolenta de cinco centímetros cuadrados, untada con un tabaco tan fuerte que casi hacía ruido al incidir sobre el paladar de los comensales. Hay que tener en cuenta que los paladares de las razas nobles (y los anglosajones están emparentados bastante directamente con los arios a través de los sajones) no soportan los picantes. Por suerte, los Kennedy son troyanocélticos y están fisiológicamente mucho mejor preparados.

Yo, la ventaja de ser latino, me lo he comido todo sin pestañear y Jacqueline, que cuando exagera la amabilidad llega a parecer tonta, me ha puesto como ejemplo ante el resto del servicio.

Quedamos citados en la cumbre del monte. Muriel llevaba una túnica de organdí, rosas frescas en las manos, piernas blandas de sueño. Los cielos teñidos de licores infantiles (grosella, menta, *elixir d'amour,* naranjada) circulaban hacia el pozo rojo del poniente. El decorado vegetal había sido facilitado por una empresa muy acreditada dentro del ramo y la música de fondo la ponía el mejor de los violinistas más ciegos, probablemente extraído de una minúscula edición de *El músico ciego,* de Korolenko. Dos mil atletas olímpicos corrían vestidos de negro sobre el cielo cambiante, portaban antorchas humeantes pero sin llama. Cinco mil vírgenes desgarraban los jerséis de pura lana virgen tejidos para cinco mil novios marinos, ahogados en el fracaso que interpretábamos, en el mejor crepúsculo literario de la historia de los siglos.

Muriel era consciente de la trascendencia del acontecimiento y había redactado unas cortas líneas de presentación, un orden del día y un análisis político de los hechos. En mí había un *avida dollars* con claros apetitos pequeño-burgueses que me conducían a una actitud singularizada ante mis semejantes. Yo estaba esclavizado por mis relaciones de producción de intelectual, productor individual, con remuneración a destajo, lo que me impedía una mínima comprensión de la realidad a partir de una conciencia de clase y por lo tanto la aplicación de una moral de clase a las normas correctas de la convivencia. Por otra parte, mi condición de productor individual me había condicionado una estructura mental de pequeño propietario agrario, individualista, francotirador, insolidario, que podía llevarme al exceso de una supervaloración subjetiva de los valores de la cultura burguesa, subjetivismo claramente manifestado en la sospechosa elección de Voltaire frente a Rousseau.

Ante evidencias tan sumarias, se le hacía difícil no ya la convivencia constante conmigo, sino incluso la intimidad sexual. La profunda desconfianza hacia mí le planteaba una barrera en las participaciones definitivas y desde hacía dos meses y siete días no había conseguido llegar a niveles orgásmicos satisfactorios. Durante todo aquel tiempo no había manifestado sus profundas insatisfacciones porque esperaba que una adecuada reeducación, un programa de sanas lecturas y compañías podían ayudarme a superar, o al menos a ser consciente de la alienación padecida por la mecánica de mi trabajo. Pero la brutalidad parafascista del día anterior había puesto en evidencia lo difícil de superar mis condicionamientos y tal vez la imposibilidad final de frenar mi irremediable declive hacia las más terribles simas del fascismo teórico y práctico. No es que se sintiera muy alentada a sacrificarse toda la vida a una convivencia que no le satisfacía, pero aún hubiera postergado una decisión tan tajante, de no mediar la existencia de la niña, gravísimamente dañable en el futuro por la educación de un padre que no sabía distinguir el bien del mal.

Por todo ello me rogaba que atendiera a razones, que no creara sucios problemas legales, pues de todos es sabido y reconocido que el Derecho es una superestructura en conexión con los intereses de la clase dominante y que, en definitiva, todas las prerrogativas de la patria potestad eran consecuencia de la solapada conspiración para que la jerarquización familiar respondiera a la jerarquización parafeudal de un sistema parafascista.

No tenía inconveniente en que yo visitara con cierta frecuencia a la niña, siempre y cuando fuera en su presencia o en la de una persona ideológicamente responsable que pudiera poner freno a mis desmanes. Me agradecía de antemano cuanto pudiera hacer en el futuro por el bienestar de mi hija, ya que ella nada necesitaba de mí y la libertad tiene una indudable base económica.

Le respondí que se metiera a la niña en el culo.

Hoy, Kennedy se sentía filósofo. Está rodeado del pleno de su corte, incluida la reina Ginebra y Erec Kennedy; también estaba Perceval Kennedy y Lanzarote Sinatra.

Kennedy ha hecho un brillante análisis de la filosofía americana de la vida, desde Emerson hasta los novelistas pensadores de la generación *beat.* Ha hablado del espíritu frustrado de la pradera y del horizonte sin límites, del individualismo creador y aniquilador, de las tostadas con melaza y de Lewis Carroll, del *star system* y de Tennessee Williams. El presidente tenía un día inspirado y los asistentes han permanecido en silencio mientras Federico II peroraba. Ha comparado a Nelson Algren con Baroja, incluso su mediocridad ideológica. Ha sido excesivo para mí. He salido en defensa de Baroja ante el escándalo de todos. La mediocridad ideológica de Baroja es un mínimo defecto que sólo se revela en sus libros de opinión, pero que en cambio queda perfectamente disimulada en cuanto recurre a la simple narrativa como procedimiento. Las novelas reportaje de Baroja, incluso las escritas en torno a la temática de la caída de la monarquía y el advenimiento de la república, son tan extraordinarias como las mejores novelas reportaje de Hemingway. Robert Kennedy ha gritado que quedo automáticamente desterrado al Ponto Euxino, pero Kennedy ha intercedido e incluso se ha interesado por las fuentes críticas en que yo basaba mi argumentación. Le he contestado que no hay más fuentes críticas ni más leches que el vago sustrato cultural que a uno le queda después de haberse tragado dos o tres mil libros. El presidente, que ha leído treinta y tres mil, ha cabeceado un sí rotundo y todos han emitido un suspiro de alivio. Sin proponérmelo me he convertido en el segundo centro de atención de la sesión y aunque me he remitido al último rincón de la estancia, notaba las miradas puestas en mí. Era el fetichismo del éxito, por mínimo que sea, que a todos estos americanos les pone calientes, como un par de tetas perfectas o el supuesto culo de la estatua de la Libertad. El embajador soviético se me ha acercado en un descanso y ha hecho un simpático gesto paródico del aplauso. Hemos sostenido una breve conversación sobre el tiempo en Washington y los baños de mar en Crimea. He sido extraoficialmente invitado a visitar la Unión Soviética en mi primer período de vacaciones. Al despedirse me ha encarecido una vez más que cuidara del presidente. Es un excelente muchacho.

Una noche espléndida intentaba imponerse al lucerío de la ciudad. Desde la azotea última del séptimo palacio la recuperación del aire natural me ha paralizado como una evidencia o la sorpresa de un buen recuerdo. Después ha caído sobre mis codos mi propio peso y el peso de una cierta tristeza que reservo para estos momentos propicios. Y, como en las películas americanas de los años cuarenta, una mano femenina de los años cuarenta se ha posado sobre mi hombro. Yo me he vuelto y he exclamado con fingida sorpresa:

—¿Usted?

Pero ya tenía unos labios pegados a los míos, y después en el lazo de mis brazos ha quedado el cuerpo exacto. Nos hemos puesto a contemplar la ciudad que disimulaba el sueño bajo luminarias blancas y naranjas.

Después intenté apresarle un seno. Atraerla hacia mí. Besarla. Pero Muriel me rechazó con decisión e inició el descenso de la montaña.

He sorprendido otra vez a lady Bird mirando por el ojo de la cerradura de las habitaciones privadas de Bob Kennedy. La he zarandeado para que advirtiera mi presencia y ha intentado salir del paso imitando con los labios el sonido del cuclillo.

—Soy un cuclillo, soy un cuclillo.

Mi cara de escepticismo la ha devuelto a la realidad. Pero aún ha intentado revolotear para mantener la ficción. Con gran sorpresa por mi parte, ha conseguido arrancar el vuelo al tercer intento, aunque con una torpeza propia de un cuclillo de su edad. Se ha roto un ala contra el estucado del techo y ha quedado a mis pies bastante rota, con una sonrisa implorante de solidaridad.

La he devuelto a su marido con la advertencia de que sea la última vez que vuelve a dar un escándalo semejante.

Con los preparativos del viaje a Dallas apenas si veo a Nancy Flower. Por eso nuestra cita de hoy ha sido casi un reencuentro. Estaba algo deprimida, tenía rota la conversación y no hemos hecho el amor. Me ha dicho que algunos días le asalta una extraña sensación de extranjería. Su propio cuerpo, los demás, las cosas, la orografía..., todo le parece una misma, gelatinosa continuidad de materia repugnante. Es la obscenidad de formar parte de algo, es la obscenidad de estar comprometido sin permiso con la biología y la geografía. Le he dicho que los americanos de su generación tienen el gran slogan vital de la Nueva Frontera y ha hecho amago de vomitar. Después, Nancy se ha puesto inclusive pedante y ha hablado de los incentivos para vivir y coexistir, tan lamentables como los incentivos para matar. La he besado, pero ha apartado la cara. Me he puesto a ojear un *Life* atrasado y ella ha intentado leer algunas líneas de una novela de Malcom Lawry. De reojo he visto cómo me observaba con fijeza y he creído que había llegado el momento. He dejado la revista, me he colocado a su espalda y he bajado mis manos hasta agarrar sus senos. Oh, no. Oh, no. Hoy no. He dado algunas vueltas por la habitación. Se ha echado a llorar. No le pasaba nada, ha contestado a mi pregunta. Otra vez: no me pasa nada. He cogido una rodaja de jamón embutido de la nevera y un resto de pan de molde de un cajón. Nancy seguía llorando con la cabeza entre las rodillas. Le he preparado un buen vaso de ron con canela, como a ella le gusta. No. Tampoco ron con canela. Y me ha indignado mi propia mecánica de solidaridad. ¿Qué me importa Nancy Flower con angustia metafísica? ¿Qué me importa Nancy Flower al margen de la convención de una cama? Nada. Absolutamente nada. Su tristeza es un estorbo y un obstáculo que frustra el día de hoy. Por estética le he preguntado si necesitaba algo. No. Cuando ya me iba me ha abrazado y me ha jurado que nada de lo nuestro había cambiado, pero que tiene días así. He pronunciado algunas frases de asunción, pero no muy entusiasmadas. Nancy me ha dicho que si yo quería lo haríamos. No. Ahora he negado yo, porque realmente no tenía ganas. Por si acaso, me la he mirado de arriba abajo. Pero el apetito no ha retornado. Vuelvo mañana. No, mejor, vuelvo después. Mañana me voy a Dallas. Después será imposible. Nancy es igual, lo comprendo perfectamente. Nancy se ha puesto a llorar más intensamente y ha necesitado una silla para soportar con éxito las convulsiones. Desde la floristería de la esquina le he hecho llevar un ramo de flores.

Primero intenté alcanzarla. Después pensé que era mucho mejor dejar que consumara ella el crimen. Ya volvería, pensé. No, no volvería. Era evidente. No es que me importara gran cosa. Era consciente de que el escozor producido por la idea de no volver a ver a la niña era un escozor cultural, repugnantemente condicionado por toda una educación que crea cordones umbilicales falsos entre los padres y los hijos para garantizar la obscenidad de la biología. Pero el resultado era una angustia que me impulsaba a alcanzar a Muriel.

Aceleré el paso y me puse a su altura en las estribaciones de la ciudad. La negrura brotaba de las primeras calles del extrarradio, caminamos juntos en su silencio hasta llegar a la primeras aceras anchas e iluminadas.

—Es probable que me vaya —le dije, sin respuesta por su parte—. Tal vez se pueda arreglar algo por aquí. Pero yo estoy cansado de romperme una y otra vez los cuernos.

Las luces de los comercios ponían iluminaciones en las hieráticas facciones de Muriel. Pensé que la mujer de Mao debió avanzar con idéntica expresión hacia la caldera donde la arrojaron las tropas de Chang Kai-Shek o que Sacco y Vanzetti caminarían con idéntica firmeza hacia el ajusticiamiento, y que aquel rostro no distaba mucho del de Ives Montand cuando interpretaba en el Olympia *Le chant des partisans.* Incluso me parecía oír el canto interpretado por los transeúntes, acelerantes de su marcha entusiasmados por la canción, braceantes, multitud en torno a nosotros, generando un calor que ponía rubores en las mejillas de Muriel. La multitud nos rodeaba y coreaba *Le chant des partisans.* Los niños de teta clamaban ser los que rompían los barrotes de las prisiones para sus hermanos, los tranviarios ponían dinamita en los cojones de las estatuas, los mineros salían de las cloacas con sus cascos-linternas iluminando el único camino. Muriel dirigía la manifestación vestida de *pom pom girl* decente y yo marchaba a su lado como *pom pom boy* consorte. La niña revoloteaba sobre nuestras cabezas con carita de Lenin y alas de Camilo Cienfuegos. En éstas sonaron las descargas y tras las balas llegaron los obuses.

La bomba atómica cayó a las nueve de la noche, a las nueve en punto de la noche. Cuando en el cielo todo eran misterios y en el mar estelas borradas por el sepia nocturno, cuando el frío te hiela todos los ramajes interiores del cuerpo, huesos o venas y el helor te pone agua en los ojos y un aire amargo mal situado entre los pulmones y el corazón.

—Adiós.

Me dijo Muriel. Aceleró sus pasos. La seguía con la

mirada por si se volvía. Pero había advertido que llevaba una cesta de malla de plástico en el bolso y que probablemente se metería en el primer comercio que encontrara.

Me encogí de hombros y me metí en la CIA.

Lady Bird,
¿de qué color es el fondo del mundo,
el centro de la tierra,
el confín izquierdo del universo?
Yo amo las preguntas más intolerables,
pero no tolero su olor de extranjero.

Lady Bird,
¿conserva el déshabillé *de la primera noche,*
las bragas ducales, la bacía de oro,
el pájaro disecado que cantó al amanecer?

Deme un trago largo y márchese lento,
cargado de cosas que me han dado miedo.

Lady Bird,
¿en sus cuatro horizontes cabe el deseo,
el terror, el recuerdo, la pasión, el olvido,
los relojes rotos, el alfiler sangriento?

Poseerán la tierra, pero yo no lo veré;
he nacido vieja para amar las ruinas,
amo mi rancho, mi poder y mi gloria.

Disparé primero.

Eso está por ver.

El día que nací yo reinaba Saturno;
anillado el despeñadero,
pintado de púrpura macabra, fingía homenajes.

Qué sucia gente,
ha pasado usted y ha pasado la muerte,
no sabría apreciar una barbacoa.

Me encantan las fiestas campestres.

Me lo pensaré.

He llegado a Dallas cuarenta y ocho horas antes que Kennedy. Mis contactos con la policía local han sido rutinarios. Yo ya conocía las pocas simpatías de que goza Kennedy en Texas, quizá el Estado de la Unión donde la superestructura ideológica de los petroleros más haya impregnado la sabiduría convencional de la gente. Hasta los guardacoches tienen una postura moral de hacendado con profundos intereses en Venezuela o Argentina. Estoy convencido de que este país se merece una emisión especial de dólares con el mismo valor, pero más grandes y plastificados, dólares tejanos con la grandeza de un buque cisterna. Como a través de un proceso aristotélico, aquí se vive la última causa de efectos que he presenciado en otros viajes y misiones especiales. Recuerdo a los niños limpiabotas de Río de Janeiro, a los indígenas ventrudos de Pará y Manaos, a aquel quechua boliviano que Barrientos interrogó personalmente en mi presencia. El orden de los hombres y las cosas es el primer efecto de esta última causa. El equilibrio de la oferta y la demanda entre los hombres y los pueblos tiene su fiel en estas tierras, en estas oficinas rotuladas a plena fachada, en estos hombres empurados, sombrerados, altos, rectangulares, que al hablar expresan todo el desprecio que sienten por cualquier forma de otredad: hormiga, peón mejicano, muchacha cigarrera filipina, peón caminero de Jaén, esas barcas viejas que los pescadores de Veracruz embrean una y otra vez, o esa colilla que los presos se pasan con el manipulado cuidadoso del que juega con la última oportunidad.

La policía local se ha limitado a darme una credencial especial y a acompañarme durante doce horas seguidas, una y otra vez, a lo largo del recorrido que hará Kennedy. Un solo punto peligroso. Un momento en el que el coche atravesará un amplio espacio dominado desde lo alto de un puente. He telegrafiado a Washington mis conclusiones y Morrison ha dispuesto un servicio de seguridad normal. Mi misión prácticamente ha terminado con este estudio previo. Durante el recorrido de Kennedy debo estar un poco en todas partes, supervisar, observar. En fin, nada. Yo sé que lo difícil es estar al lado del «paquete». Sé que el comportamiento de un «paquete» sufre cambios radicales durante estos viajes. Recuerdo mi última misión junto a Trujillo. Jamás he visto a un hombre más receloso, pero con más orgullo para disimular su miedo o su recelo. Usted, viejo, mire al norte. Vigíleme el norte, amigo. Que yo por mi cuenta ya vigilo el este, el sur y el oeste. Esta frase Trujillo la había dicho a todos sus agentes especiales anteriores, pero no estaba deteriorada por el uso porque el Benefactor hablaba con una gran plasticidad y aunque se repetía siempre parecía improvisar. De la corte del Gran Tamerlán a la corte de Federico II *el Arabizado,* en un año había recorrido un largo camino histórico-cultural. La única conclusión sincera que había sacado es que por mí podían reventar Samarcanda y Sicilia, Trujillo y Kennedy con toda su fotogénica familia.

Durante mis paseos por Dallas comprobé que no se había extinguido en mí lo que Muriel llamaba mi «séptimo sentido pequeño burgués»: la tendencia a echar raíces, adaptarme a una norma de vida. Sentía nostalgia de Washington, de los lugares conocidos, de mis recorridos habituales. Deseaba que llegara cuanto antes Kennedy para ver a mis compañeros, al propio presidente, a Jacqueline. No hay nada tan triste como comer solo. Comer solo rodeado de tejanos aguerridos ante un bistec de dos palmos cúbicos. Comer un bistec tejano es realizar una contraescultura cúbica, ir variando la forma de un cubo de carne en un acto de improvisación gastronómico-surrealista. Cada pedazo arrancado a la materia carne libera un lugar en el espacio y la nueva forma tiene casi una vida propia en espera del nuevo asalto. Es la guerra. O, al menos, una batalla complementaria de la gran guerra contra la gran vaca. En la gran sociedad de la abundancia postindustrial, en los restaurantes servirán a la gran vaca entera, despellejada, erudita, y uno se la irá comiendo en los ratos de ocio. Un programa para el ocio. He descubierto un programa para el ocio. Comer vacas tejanas tostadas, con un suave aroma petrolífero. Ganadería e industria petrolífera, la vieja pugna de la inacabable novela de Erna Fober. Estos tejanos deberán exportar vacas congeladas al alcance del ocio del último peón guatemalteco, del último camarero español. Tal vez por entonces, dentro de cien años, los españoles hayamos perdido el respeto reverencial que nos sugiere un bistec de cien gramos, lejana estrella en aquellos oscuros cielos de la posguerra. La liquidación del recuerdo de la guerra civil y de la posguerra es la condición sine qua non para que los españoles nos integremos para siempre en el limbo de la sin sustancia y la mediocridad. Es la última vez que hicimos algo digno de aparecer en la primera página del *New York Times*.

La papelera tenía la cadena y el candado según lo previsto. Comprobé que dentro estaba el fusil con el teleobjetivo y volví a cerrar rápidamente para impedir la intromisión de cualquier mirón. La distancia de la papelera hasta el inicio de las escaleras del puente era ideal. Me bastaba coger el fusil, saltar dos o tres tramos de escalones y tendría un ángulo de tiro propicio.

Recordé mis primeras experiencias de tiro a blancos vivientes en la Escuela de Reconversión Profesional. Tenía ya tres meses de adiestramiento psicológico sobre mis espaldas y me soltaron a una vieja gorda tunecina. La vieja corrió según lo convenido, dando vueltas en torno a un punto determinado. Yo debía apuntar en la tercera vuelta, cuando estuviera frente a mi objetivo. Pero la vieja de pronto salió en línea recta hacia la puerta del vallado, tropezó y cayó varias veces con aparatosidad de vieja y gorda. El instructor contuvo mi actitud de cazarla en plena escapatoria, en sus facciones leí claramente el insulto que me dedicaba: sanguinario.

La vieja se quedó junto a la tapia, empapada en fatiga. El instructor subió a un *jeep* y fue hasta ella. Bajó y le mostró el papel del contrato. A distancia supuse que le estaba leyendo las cláusulas, todo con una amabilidad depuradísima. Con una mano el instructor sostenía la póliza, con la otra se ayudaba en la argumentación de los párrafos determinantes. La vieja le discutía alguna cosa porque juntos miraban el papel y volvían a discutir. Por fin parecieron llegar a un acuerdo. El instructor dio una palmada en la espalda de la mujer, la ayudó a subir al *jeep* y la descargó en el círculo de tiro.

Esta vez sólo le di tiempo a que diera una vuelta. El tiro la convirtió en un saco de gelatina que se fue venciendo hasta recostarse totalmente en el suelo sin el menor prurito estético.

Al instructor no le gustó mi precipitación.

—Este hombre estará allí porque aquél es su sitio —me aseguró Morrison con la quijada más acentuada que cuando ordenaba desembarcos.

—¿No se moverá?

—No sé si usted me ha entendido. Creo que no. No

tiene otro sitio. Usted, que tiene cultura, tal vez podría decirlo mejor que yo. Ese hombre, sin ese puente, sin esa *roulotte,* sin el permiso municipal que le hemos dado para que sitúe su *roulotte* y su comercio, precisamente en ese puente, no es nada. Ahora, en cambio, es un trotamundos cargado de agradecimiento.

—Por poco tiempo.

—No se enterará nunca de su torpe fortuna.

Morrison tiene los pies sobre la mesa que no es suya. Temo por el palisandro de una manera irracional. De buena gana daría un manotazo a esos pies para que cayeran al suelo que es su sitio. Pero mister H no dice ni una palabra. Se limita a mirarnos desde su sillón gerencial, curioso o perplejo. En sordina, la radio va preparando al pueblo de Dallas para la recepción a Kennedy.

—Ya está aterrizando. Vaya a su puesto.

Tal vez he volado por un raro cielo de recuerdos. Me acompaña Muriel en una mañana de otoño, junto a un estanque con lotos, o tal vez sin lotos, algo vencida su habitual ronquera mental por el bienvenido calor de un día bueno bajo el sol. El mismo sol que me sorprende a la salida y me aplasta bajo la evidencia de que estoy en Dallas, de que he elegido ser un verdugo y no una víctima. Tan elementales debieran ser los títulos en las tarjetas de visita: víctima, verdugo. Nada más.

Con el dinero que cobre dejaré todo esto. Buscaré una muchacha no muy lista, fresca y huraña. Me la llevaré a una isla de poca presencia. Quemaré las naves. Sólo me quedaré algunos libros y algunos discos. Sólo me quedaré las naves del recuerdo.

—Tengo ya el suficiente dinero para ser libre.

Grité casi más que dije en voz alta para sorpresa de caminantes. No sólo os apunto con mi pistola, imbéciles. Además puedo compraros algo, a casi todos os puedo comprar la cara de babosos que tenéis.

Y casi sin darme cuenta, el puente cruza el final del horizonte. Está allí.

Aquél era el puente.

Paseé arriba y abajo. Nada objetivo motivaba mi desazón. Pero el puente me atraía y lo recorría una y otra vez, sin saber por qué. En el extremo izquierdo dormitaba una *roulotte.* La rodeaban algunos niños y gritaban: «¡Que salga, que salga!». Un hombre viejo quedó enmarcado en el dintel de la puerta de plancha. Iba medio maquillado de payaso y se llevó una mano plana sobre las cejas, como oteando un inmenso horizonte. Los niños se pusieron a reír y se daban codazos entusiasmados. El viejo hacía viejas payasadas. Fingía dormir. Fingía caerse. Se caía. Fingía llorar, pero no lloraba porque sus ojeras rojas no se diluían y sus ojos se adivinaban secos tras el arácnido rímel. En la camioneta había un rótulo: «Fred, el amigo de los niños». Y Fred se metía en la *roulotte* una y otra vez y una y otra vez reaparecía con algo nuevo: un loro, un mono, una silla de tres patas sobre la que no conseguía sentarse. Después sacó una alfombra mágica y se montó encima. La alfombra dio cuatro o cinco vueltas a la *roulotte* en un vuelo perfecto. Los niños querían subir, pero Fred hizo una cómica mueca de prohibición y se metió la alfombra mágica en un bolsillo. Después vi cómo tragaba el fuego que despedía un alambre y cómo se ponía un viejo traje de baño para lanzarse dentro de un gran barreño sin agua. Fred empezó a gesticular como si pronunciase un sermón o un discurso, pero no decía nada y a los niños aquella sustitución les hizo mucha, muchísima gracia.

Abandoné el puente y al llegar a su base seguí contemplando las payasadas de Fred, allá arriba, cada vez más rodeado de niños. Faltaba una hora escasa para la llegada de Kennedy. De vez en cuando pasaban parejas de motoristas rumbo al aeropuerto y los policías se iban situando cansinamente a lo largo del trayecto. Me rozó el codo de una muchacha vestida de amarillo. Sobre la sucia agua contenida en un tonel destartalado flotaban cáscaras de almendras y un estuche desvencijado de Lucky Strike. Hundí el estuche empujándolo con un dedo y me quedó un cerco de grasa negra en torno a la primera falange. Me metí en un bar para utilizar el lavabo. Frente al espejo imité algunas payasadas de Fred. Dije con los labios algunas frases de Kennedy, pero mi voz no las elevaba a la categoría de proclama. Dije: «La conquista del espacio es la gran aventura de nuestra generación». «Somos demócratas porque hemos aprendido a respetar el valor de la persona.» «Los pueblos pobres del mundo miran hacia nosotros con rencor, pero con esperanza»... El espejo me devolvía manchas de vapor que difuminaban mis rasgos y manchas de óxido junto al marco metálico. Tiré varios palmos de toalla y siempre salía rota. Me sequé las manos con mi propio pañuelo y cayeron al suelo las llaves del coche. Las tres llaves quedaron separadas, con el llavero absurdamente abierto y sorprendido. Tardé en superar mi irritación y en decidir que no cabía otra salida que agacharme y rehacer la relación entre el llavero y las llaves. Mis dedos tenían una desacostumbrada torpeza. Tardaron en pasar las tres llaves por el aro y luego el conjunto quedó en la palma de mi mano, sin que ni él ni yo supiéramos qué había que hacer.

Con el llavero en el bolsillo me fui a la barra y pedí un vodka con *ginger ale*. El camarero era mejicano y le hablé en castellano. Pero apenas si sabía algunas palabras sueltas. Con el vaso en la mano fui hasta la puerta. La gente iba formando hileras compactas a ambos lados de la calle. Ni una pancarta en aquel sector. Bebí rápidamente y me dirigí hacia una de las centrales de control. Di la clave y me informaron que no había ninguna anomalía. Alguna pancarta ofensiva, pero ya estaba rodeada por policías de paisano. Los helicópteros sobrevolaban las azoteas y en algunas ventanas vi la inconfundible cara cuadrada con sotabarba que caracteriza a un 70 por 100 de la policía estadounidense. Me encaminé hacia el puente. Había más gente caminando al albur que alineada en espera de Kennedy. Pasaron varias camionetas con altavoces que pregonaban consignas publicitarias. Divisé una pancarta a lo lejos, pero no podía leer su contenido. De un coche patrulla estacionado salía la voz alterada de un locutor. Enseñé mi credencial y metí la cabeza por la ventanilla: «... y en estos momentos el presidente Kennedy va a iniciar el recorrido por la ciudad...».

—Ya ha llegado —dije para mí, pero en voz alta.

—A ver cuándo se va —contestó sin mirarme uno de los policías sentados en el coche.

—¿Le molesta la visita de Kennedy?

—Prefiero a Bop Hope.

Los otros tres se echaron a reír. Uno alcanzó el punto de las lágrimas y se sujetaba el vientre con las dos manos. Sobre un dedo, a semejanza de un botón que cerrase el secreto de aquel vientre inmenso, un enorme sello de oro que reproducía la cabeza de un romanche.

—No se enfade, «fede». ¿Usted es un «fede»? Aquí, en Texas, no nos dejamos impresionar por los presidentes de Washington. Por eso vienen tan pocas veces de visita. Eso les gusta a los caballeros del este. Y a las tías del este. Hay que ver cómo les gusta John a las tías del este.

Saqué la cabeza y me vi envuelto en una girándula de gentes bicolores y tricolores, banderas del Estado, algunos cantos, papelinas de maíz tostado, surcos de reactores en el cielo, un estrato de sol roto sobre las cabezas, y sobre el estrato, el puente. Fui hacia el puente, cada vez a mejor paso. Mi cabeza se dividía entre la contemplación balanceante del puente que se acercaba y el ruido de las sirenas que avanzaban a mi espalda. Cerca de la base del puente me detuve porque el ruido de las sirenas casi me despellejaba el cogote.

Vi los insectos motorizados rompiendo el túnel de aire entre el gentío. Al fondo avanzaban los ojos muertos de los primeros coches de la caravana. Las motos rasgaron mi inmediata zona de visión y por el jirón se metió un coche, y otro, y otro..., en el que iban John, Jacqueline y Connally avanzaba a marcha algo más lenta. Estaba a unos cien metros.

Entonces me eché el fusil a la cara y apunté con seguridad de robot. De mi ojo brotaba un cañón metálico que brilló mil veces más que el sol. El estampido llegó a mis oídos mucho después que el griterío de la gente. Vi a Jacqueline tendida sobre el cuerpo inclinado del presidente y a un agente saltar de su coche al presidencial casi sin que se detuviera la marcha. Pero yo no estaba quieto. Desde que había desaparecido el estampido ya corría hacia el puente y sólo cuando agarré la baranda de la escalera metálica para dar impulso a mi subida, me di cuenta de que en el otro extremo la estela del gas se iba del tubo de escape de una berlina.

—No hay duda de que ha trabajado usted muy bien, Morrison. Ni siquiera yo era uno de los entusiastas de su plan. Pero las cosas han salido muy bien. Pepe Carvalho ha actuado en el momento oportuno, ha estado donde usted quería que estuviera. Se ha comportado como usted, como yo, queríamos que se comportara...

—Como él mismo quería comportarse. No lo olvide.

—Es cierto. Incluso eso. Como él mismo quería comportarse. Es un final feliz.

Mister H enciende las luciérnagas de sus ojos y despide rayos dentales. Tira a un blanco de corcho dianas de plumas caras, pintadas de verde de *music-hall.* Morrison se trabaja las manos con un cortaúñas cromado.

—Ha trabajado usted muy bien, Morrison. Desde el instante en que metió a ese hombre en nuestro plan hasta el instante en que está a punto de salir. Alguien pintará esta noche de purpurina triunfal las mejores estrellas de Texas. Ha llega-

do el día de la liberación y el oxígeno. Fíjese, fíjese. Respiro como si tuviera quince años y en mis pulmones pudiera entrar todo el aire del mundo y salir un huracán sin piedad.

Mister H derrumba pisapapeles y encendedores pesados como catedrales. Le basta respirar para introducir el vaivén en el cuerpo de su mesa palisandro, los globos de opalina pendulean y hasta los tabiques prefabricados se comban como velas de una nave imaginaria.

—Me comería una vaca.

—Cómasela.

Morrison se pasa las manos por la cara, pero no se le borran las pecas. Se estremece por el viento provocado por mister H y hunde el cuello entre las solapas de su chaqueta a cuadros.

—El hijo de perra ha muerto.

—Quiero cobrar y marcharme.

—Ahora sería contraproducente. Todo el mundo olería el pastel.

—Sé disimular. Mi oficio es, básicamente, saber disimular. Quiero cobrar y marcharme. Queda poca cosa por hacer. No se preocupe, lo haré y en paz. Después me iré.

—Déjeme soñar a su lado, Morrison. El mundo sin Kennedy es más mío, no sé cómo explicárselo.

—El mundo sin Mussadecq también fue más suyo.

—Gracias, gracias, Morrison.

—El mundo sin Enrico Mattei también fue más suyo.

—Gracias, gracias, Morrison.

—Pero aún le queda mucho por hacer. Y esta vez no seré yo el que lo haga. Estoy cansado. Este montaje ha excedido mi capacidad de aguante. Lo termino y en paz. Quiero cobrar y marcharme. Ya queda poco por hacer.

—¿Se quiere jubilar?

—Llámele como quiera. Quiero recuperar mi capacidad de relación con los demás. No quiero volver a tratar con gentes como usted o Pepe Carvalho. Quisiera ser farmacéutico o croupier, *padre de familia o* playboy *de medio tono.*

—Y sin embargo, tiene un raro talento para dirigir intrigas. Es usted temible.

—Soy un técnico. Eso es todo.

—Con lo que cobre tendrá el futuro asegurado.

—Si usted lo dice.

—Yo pago bien. No puede usted quejarse.

—Yo quiero la parte de Pepe Carvalho.

—¿Por qué?

—No estaba previsto que yo le matara. Su muerte le cuesta a usted su parte.

—Aún no lo ha hecho.

—Es cuestión de minutos.

Morrison desenfunda el reloj de la manga que lo ocultaba y sale un sonido de información horaria telefónica. Morrison da las gracias sin sorprenderse y vuelve a frotarse las pecas sin que desaparezcan. Se pone en pie para acercarse a un cuadro-cromo en el que unas bañistas saltan sobre olas esmeralda en una playa caliente bajo la luz de un mar del sur.

—Tal vez me vaya ahí.

—No se está mal, pero le recomiendo Acapulco.

—¿Tiene usted hoteles allí?

—Alguna cosa.

Del cuadro empieza a salir música mediterránea. Una voz en *off* relata las excelencias turísticas de la Costa Azul italiana.

—¿Se irá usted con Nancy Flower?

—Es posible. Sobre todo si puedo ocultarle que he sido yo el que ha matado a Pepe Carvalho.

—¿Se había encariñado con él?

—No es exactamente la palabra. Si sabe que yo le mato es demasiado evidente la posible fealdad de su juego.

—¿Fealdad?

—Llámelo como quiera. Nosotros, al fin y al cabo, no defendemos poder ni ideas, como usted. Defendemos un tren de vida aceptable.

—Nancy Flower... Nancy Flower...

Mister H ha adoptado maneras de poeta lakista evocador y aparece Nancy Flower desnuda, como la Venus de Botticelli, naciente de lo alto de un pozo petrolífero. Nancy Flower se tapa un seno con la cabellera y el sexo con una mano. Aparta el cabello del seno y sale un chorro de leche evaporizada. Aparta la mano del sexo y sale una ráfaga de ametralladora. Todo ello a los acordes del segundo concierto para piano y orquesta de Rachmaninov.

—Me desagrada que evoque usted a Nancy con tanta familiaridad.

—Reacciona usted como un adolescente, Morrison.

—Usted no paga por controlar mis reacciones. Además, su imaginación erótica no me interesa. Yo quiero cobrar y marcharme.

—Primero ha de matar a Carvalho.

—Primero, Carvalho ha de matar a Carvalho.

Se enciende un televisor gigante disfrazado de ventana abierta a una inmensidad de torres petrolíferas. En el televisor, un hombre conduce un coche de matrícula oficial por una carretera de tierra. Morrison se acerca a la agrandada imagen y juega a entorpecer los giros del volante.

—*Este desgraciado no sabe a dónde va.*

—*A veces he pensado que era demasiado inteligente para usted.*

—*Me ha favorecido esa impresión. Sobre todo porque él participaba de ella. Su espíritu de superioridad me ha ayudado mucho. Moralmente, ha constituido un estímulo inapreciable para mí.*

Mete un dedo en el ojo del conductor del coche. Pero continúa su marcha sin darse por aludido. Diríase que silba una melodía, aunque la imagen no tiene sonido.

—*¿Cómo sospechó usted de él?*

—*Por una información de Phileas Wonderful. Usted no le conoce. Fue un viejo agente nuestro y ahora vive retirado en España. Su única actividad es intelectual. Defiende con la pluma la estrategia universal de los Estados Unidos. Wonderful había sido director de la escuela donde se había formado Pepe Carvalho antes de ser Pepe Carvalho. Allí mantuvieron cierta relación por su paisanaje. Nuestro hombre tenía todo el encanto del joven intelectual nihilista que asume su pesimismo hasta el punto de invertir su moral y su conducta. De ser un aprendiz de revolucionario pasó a ser un aprendiz de contrarrevolucionario. Después, al salir de la escuela tuvo una irregular trayectoria de apariciones y desapariciones. Trabajos muy efectivos por cuenta nuestra en Santo Domingo, en el Líbano. Mientras tanto crecía la leyenda de Pepe Carvalho. Las grandes acciones de Pepe Carvalho coincidían con los períodos de descanso de nuestro hombre. Él justificaba sus desapariciones como lógicos períodos de desintoxicación y retorno a las fuentes. Lo cierto es que sus reapariciones eran éxitos seguros. Sabíamos que Pepe Carvalho trabajaba por cuenta de Bacterioon y lo más misterioso de su conducta era precisamente lo misterioso. Normalmente tenemos ficha completa de agentes amigos y enemigos. El jaque mate es cuestión de situación, las fichas nos las sabemos de memoria. Pero no la de Pepe Carvalho. La primera sospecha de que podía tratarse de una doble vida la tuvimos cuando estuvo a punto de ser asesinado Frondizi durante su gira europea. Pepe Carvalho era el encargado de matarle y nuestro hombre era jefe de la guardia personal del presidente. Wonderful se encontró a su ex alumno en Madrid y mantuvieron un breve encuentro. Fue lo suficiente para que Wonderful advirtiera algo desconcertante en el personaje: llevaba una cápsula de veneno adosada a los dientes delanteros.*

Mister H sonríe con malicia de ama de llaves y crispa la mano y el antebrazo en un clarísimo gesto indicativo de la última rigidez que precede al orgasmo. En su pantalla cinematográfica cerebral, mister Wonderful besa apasionadamente a un agente secreto y le descubre una cápsula adosada a las encías.

—No, no. Simplemente, compartieron en noches sucesivas la misma secretaria de embajada. A pesar de la diferencia de edad, la muchacha era mucho más fiel a Wonderful, un viejo garañón de galope espaciado y seguro. Pero tenemos otra fuente de comprobación, la esposa del agregado cultural de la embajada austríaca. Es una trituradora de hombres, cuando los deja no hay rincón que desconozca. Los deja limpios de cuerpo y alma. Ella también confirmó lo de la cápsula.

—Pero supongo que esas cápsulas deben ser muy frecuentes entre nuestros propios agentes secretos.

—Sólo cuando realizan misiones en territorio enemigo. No era éste el caso de nuestro hombre. En Madrid cumplía una misión en tierra amiga. ¿Y aquí? La cosa era evidente: un agente de doble juego.

—Pero de ahí a deducir que fuera Pepe Carvalho.

—Nos está saliendo perfecto, mister H. Estamos componiendo un perfecto diálogo deductivo entre Sherlock Holmes y el doctor Watson. Elemental, mister H. Nuestras sospechas habían nacido y yo tomé personalmente el caso. En seguida comprendí sus aplicaciones prácticas. En seguida adiviné para qué podía servirnos un agente doble puesto al descubierto y en el séquito de Kennedy. Me limité a comprobar los silencios de nuestro hombre con las acciones de Carvalho. Eran de coincidencia total. Fue entonces cuando hice circular el rumor de que Carvalho quería matar a Kennedy y pedía al propio Carvalho si quería encargarse personalmente de la defensa del presidente. Hizo alguna comedia.

—Pero había un margen de error, Morrison. Podía ser un agente doble y no Carvalho.

—Su tibieza era evidente. Tenía maneras de vencido. No es un espectáculo agradable. Carvalho era uno de ellos y los datos que nos facilitó Nancy Flower, Robert Kennedy, Edward.

—Los Kennedy también.

En el televisor aparece ahora la foto colectiva de los Kennedy. En el lugar de John hay una vacía silueta con su pose fotográfica. Robert musita con los dientes apretados: Yo nunca me fié de él.

—Los Kennedy no podían saber si era Carvalho. Desconfiaban de su eficacia. Por eso le pegaban de vez en cuando y él jamás se volvió. Es difícil que usted entienda este dato, mis-

ter H. Usted tal vez haya subido desde la más absoluta pobreza hasta la nada, pero siempre ha sido americano. Nunca ha dejado un golpe por devolver. En Carvalho era muy coherente que no se volviera. Tenía que proseguir su empresa sin llamar la atención, y la llamaba precisamente por su sentido de la sumisión. Inexplicable. Como era inexplicable que lo aceptara todo sin inmutarse. El presidente pegaba a Allan Dulles: él ni pestañeaba. Jackie le enseñaba poemas de protesta..., no se inmutaba.

—¿Jackie escribía poemas de protesta?

—Eran míos, mister H. Yo se los daba a Jackie para que se los pasara a Carvalho y así comprobaba su identidad. Era grotescamente imperturbable.

En la pantalla aparece un hombre de traje bicolor, sentado sobre una maleta de madera, con la fiambrera abierta y pugnando con la navaja para pinchar algo de su contenido. Cuando sonríe a Morrison y mister H enseña la bandera de la nicotina y las mellas de sus dientes bailones y delgados: ¿Gustan? Les ofrece un pedazo de lengua estofada que gotea salsa fría desde la punta de la navaja que lo sostiene.

—Nancy Flower...

Morrison se interrumpe y se estremece: Nancy Flower reaparece desnuda, sentada en cuclillas, de frente, con los brazos semitendidos, como en espera de un cuerpo que se le complementa a la usanza del coito balanza de la iconografía hindú. Morrison parece algo angustiado y solloza con histeria liberadora, controlada.

—Nancy Flower. Decía que Nancy Flower fue un personaje decisivo para la evidencia. Si hay algo que distinga al hombre fuerte del débil es su comportamiento en la cama.

—Ya lo puede usted decir, Morrison.

Nancy Flower ya tiene acompañante. El propio mister H la bascula. Morrison llora completamente arrodillado e intenta separar a la pareja de la pantalla sin llegar a tocarles, es una gesticulación muerta en el aire, blanda, como los intentos fallidos de los sueños.

—No hay mejor test para un hombre, Morrison. ¿Qué tal es usted?

—Discreto.

—¿Suave?... Psssseeeee... ¿Insuficiente? Tiene usted cara de irregular.

—Soy normal y en ocasiones algo superior a lo normal.

—Yo me cuido mucho. Era de las cuestiones que más me preocupaban a medida que llegaba la madurez. Afortunadamente, vengo preparándome hace tiempo. Lo importante es no caer en trampas sicológicas. La última vez que fracasé estrepitosamente fue la última vez que me enamoré. Yo se lo dije a mi hijo mayor cuando se casó. Ahora te saldrán bien las cosas porque las hormonas no conocen sus propias motivaciones. Pero en cuanto se sepan el camino de memoria... A partir de cierta edad hay que mecanizar totalmente el asunto. Cuanto más mecánico, más fisiológico, más seguro el buen resultado.

Mister H viste de hawaiana y baila agitando los collares. En sus sobacos crecen flores de papel violeta y de sus manos gotea la sangre de los rubíes majados por el calor de un cercano volcán.

—Estoy cansado. Quiero acabar este asunto cuanto antes. Quiero cobrar y marcharme.

—Decía usted que los Kennedy habían sospechado de él.

—Ya ha quedado claro todo. No me paga usted por entrete-

nerle, ni para darle conversación. Quiero el dinero en Suiza dentro de quince días. Ya sabe usted a dónde enviarlo.

—Se llevará usted a Nancy Flower, lo veo venir.

—¿Y a usted qué más le da? Nancy Flower ya ha hecho por usted todo lo que podía.

—Es deliciosa, algo patética. Pero es un mal asunto mezclar la conspiración con todo eso. Usted y Nancy trabajan muy bien. Muy coordinados. Pero a usted le mortifica que Nancy sea como es. No encaja con el resto de sus ideas y sus acciones.

—Es usted más sabio que yo. Aún no sé si me mortifica o no. Pero en el fondo no me importa lo suficiente. Hasta ahora nos ha ido bien así y usted no es el primero, ni el último. En cambio, yo soy el de siempre. En cierta manera, al final gano yo.

—Jamás escuché mejor filósofo.

Morrison se revuelca por el suelo y muerde la estructura metálica de la mesa. Da golpes con la cara contra las sillas hasta sangrar. Nancy Flower le seca el rostro con un paño de lienzo.

—El pobre tonto va camino de su propia muerte. Cree cerrar el ciclo con la muerte del viejo y no tiene en su mano el último disparo.

—¡Nancy!

—Puede estar bien seguro, mister H. No vacilaré y estaré allí en el momento oportuno. Entonces sí estará el ciclo cerrado.

—¿Ha observado usted que Nancy se depila algo el borde de las ingles?

—Nancy suele hurgarse la nariz continuamente y a veces no es muy discreta en la utilización del Tampax. Más de una vez he encontrado los canutos flotando sobre el agua del si-

fón del retrete. En cierta ocasión, su canuto de Tampax flotaba junto a un cigarro puro de usted. Un viaje en balde.

—No, no fue un viaje en balde. Nancy es una muchacha de recursos y supo satisfacerme pese a su estado.

—No me negará que la idea del viejo ha sido el último toque de genialidad.

—Yo le molesto como tercero, pero ¿y él?

—Lo de usted es vicio. En cambio, la relación de Nancy con él fue técnica, profesional. Nancy casi le arrancó una confesión completa. Jamás llegó a revelarle que Pepe Carvalho era él mismo, pero dejó entrever su doble juego. Un día, Nancy le dijo que por qué no pedía un destino en Europa.

Siempre he deseado ir a Europa. Podías pedir un destino. No mucho tiempo. Un año me basta. A un país donde no se me note demasiado que soy americana. Tal vez a Inglaterra o a Alemania. A ti te da igual.

—Él se puso grave. Era una ocasión propicia para la gravedad. Estaba satisfecho en cuerpo y alma. Yacía en la oscuridad junto a un cuerpo de mujer que había penetrado con acierto.

No sé si será posible. Yo no dependo de mí mismo. Ni siquiera de ellos. Algún día te lo contaré. Bacterioon. ¿Qué te dice esta palabra? Probablemente nada. También me gustaría a mí. Europa, un año, dos.

—Bacterioon.

—Bacterioon.

—Pepe Carvalho trabajaba para Bacterioon y al nosotros contratarle también sabía que seguía trabajando para Bacterioon. En definitiva, iba hacia su primer fracaso evidente y Bacterioon quiso asegurarse la jugada.

—Tal vez hubiese sido más sencillo que Bacterioon nos hubiera conectado.

—¿Y le hubiera clarificado su papel de verdugo y víctima? Él lo hubiera sospechado inmediatamente.

Algo he leído sobre Bacterioon. Hay quien dice que existe. Que es la energía del mal convertida en omnipresente y formalizada y encarnada de muy distintas maneras.

—Bacterioon es la contrarrevolución, le contestó Carvalho. Es la antihistoria. Su tiempo es distinto. A veces rápido como el centelleo de un disparo. A veces lento como la contaminación atmosférica.

—Kennedy debía morir.

Mister H se santigua. Viste de cruzado medieval y camina hacia Jerusalén con los brazos en cruz. Se detiene ante la muralla y el cielo se abre. Resuenan los clarines y caen las murallas.

—Kennedy era peligroso. Un notario del capitalismo. El albacea testamentario. Tan estúpido como para ignorar su papel de gran liquidador de existencias. Engreído como un cabeza de huevo y moralista como un cura. Gentes así arruinan los mejores negocios con la excusa de ponerlos al día. Yo tengo un hijo que es igual. Le envié a Maracaibo para que vigilase la marcha de la compañía. El primer mes introdujo quinientas quince reformas. Según él, debíamos mejorar de aspecto, adaptarnos a la marcha de los tiempos. Al mes siguiente, cuatrocientas diez reformas. Tres meses después los trabajadores venezolanos habían linchado a cinco capataces. Mandé llamar a mi hijo y le he montado una asociación filantrópica destinada a regalar langosta congelada a los parvularios de Thailandia. Pero cosas así ocurren en las mejores familias. El viejo Joe no era así. Yo conocía sus secretas aficiones por Hitler. Pero era un esteticista y quiso que sus hijos fueran una mezcla de estoico romano y record-

man *de Juegos Olímpicos. Le pirraban los intelectuales y los artistas decadentes. De esa gente no se aprende nada bueno. Sus hijos heredaron su orgullo y su confusionismo mental. John no era tan temible como su* trust *de cerebros. Son una pandilla de marañeros, quintacolumnistas, rojos.*

—Bacterioon eligió el momento oportuno.

—¡O Kennedy o yo! Su política petrolífera era un desastre para nuestros intereses. ¡Qué manera de liquidar el asunto de la Steel! En cuanto a la alianza para el progreso, era el canto de una catarata por la que todos nos hubiéramos despeñado.

—Johnson da la talla del presidente que usted necesita. Y sobre todo lady Bird. Usted se ha perdido el espectáculo de lady Bird en sus relaciones con Carvalho. La tía no había visto nunca a un español y casi creía que no era gente de este mundo. Hablaba con él un lenguaje especial. Carvalho le contestaba como si nada. Un desastre de hombre, mister H. Se lo aseguro, nunca he visto camaleón más tierno.

Nuevamente Carvalho al volante de su coche. Se transmuta sucesivamente en viajante de comercio de Cleveland en ruta por el Middle West, en chica de conjunto de Las Vegas, en mistress Universo, en Lemmy Caution, en Jefferson, en un sicópata de telefilm, en Joe Di Maggio, en Mary Pickford.

—Imbécil. Cree que la sangre de ese viejo lavará todas sus huellas. No me ha elogiado usted la idea del viejo.

—Genial. Como todo lo suyo, Morrison.

—Él mismo hizo el montaje lógico.

Pero si yo disparo contra Kennedy soy el autor material, hemos de acumular pruebas contra un autor material y matarle también a él. Cerrar el ciclo, en una palabra.

Trujillo así lo hizo con el vasco Galíndez. Lo raptó, lo subió a una avioneta, lo tiraron desde la avioneta y después la avioneta explotó en pleno vuelo. El ciclo está cerrado. Yo debo matar al asesino visible de Kennedy.

—Un vagabundo.

—¿Decía usted?

—El viejo escogido es un vagabundo de origen irlandés. Su huella histórica apenas si existía. Ahora ya nada. Ninguna pista real conduce a su Londonderry natal, ni siquiera los registros de nacimiento de su ciudad. Todas las pistas actuales son falsas. Conducen a España, conducen a los orígenes de un falso Pepe Carvalho. El auténtico morirá segundos después.

Nadie puede hablar mal de mí, señor. Recorro los Estados Unidos con mi *roulotte* y paro allí donde sé que el ayuntamiento ha de darme facilidades. Me llaman Freddy, el amigo de los niños, y no le diré a usted que soy realmente amigo de los niños porque no los puedo soportar, no señor, más bien me dan un cierto asco y me irritan, no quiero negarlo, no señor, pero nunca les he hecho el más mínimo daño y en cambio les hago reír, les entretengo y los padres me lo agradecen, en todos los estados, en todos tengo padres agradecidos a quienes solucioné el problema de una tarde, el no saber cómo entretener a esos hijos de puta, perdóneme la dureza de la expresión, pero es que cada día son más hijos de puta los niños, si ustedes tienen me darán la razón y a este paso los niños del futuro no harán ni caso de los payasos, no ya de los payasos ambulantes que impresionamos menos porque se piensan que somos algo así como gitanos, sino ni siquiera de los payasos en la nómina de los circos más importantes del mundo. Si ustedes me dan permiso para situarme en un lugar céntrico de Dallas, yo les prometo que aquel día haré felices a muchos ciudadanos. Mis chistes son honestos. Apenas si trabajo con palabras. No diría yo que mi trabajo sea demasiado fino, más bien de sal gruesa, diría yo. Pero es eficaz y no voy a la desesperada como más de uno que conozco. Tengo algún dinerito ahorrado. Tal como oyen. No cometan el error de suponerme un vagabundo sin donde caerme muerto. La *roulotte* es mía, casi nueva. Tengo algún dinero en un banco de Los Ángeles y un apartamento comprado en San Francisco. Como California no hay nada.

—Tunante de la mierda. ¿Qué tiene que envidiar Texas a California? ¿Lo sabe usted, Morrison?

Cuando ya no pueda ir por ahí dando tumbos, me retiraré a mi apartamento. California es un país bendito.

—¡Grandísimo cerdo! ¡Eres de esos maricones que consideran que en Estados Unidos sólo existen Nueva York, Washington y San Francisco!

Mister H se abalanza sobre el payaso. Engarfia sus manos en el cuello del viejo y las hunde entre los pellejos maltratados por el *after shave.* Morrison les separa. El viejo se derrenga con las piernas abiertas y los ojos alucinados.

—No fue un encuentro muy afortunado.

—Convenga que fue una grosería. A un tejano no se le puede decir que California es un país bendito. Usted lo ha comprobado. Como Texas no hay nada.

—Pero el viejo era un excelente comparsa. Ni él mismo supone lo útil que ha sido su vida, lo útil que va a ser su muerte.

Si a usted no le gusta California, no tenía más que

decirlo, señor, no vamos a pelear por eso. Ya soy viejo para peleas, lo habrá comprobado usted, pero no siempre ha sido así. Mire. Una navaja automática. ¡Snik! Ya está. ¿Qué me dice? Flusssss. Y es usted hombre muerto. O a veces, me conformaba cortando un buen par de huevos. Pero usted es un pez gordo y a los peces gordos no hay que pincharles. Es algo que sé desde muy joven. Pero por si acaso no me vuelva a poner las manos encima.

—Una cierta entereza.

—No lo dude usted, mister H. Un hombre de cuerpo entero.

—Espero que Carvalho sea rápido y piadoso en el instante justo.

—No es un sádico y es un excelente tirador. Estoy seguro de que su bala ha sido más determinante que la que ha disparado el otro.

Mister H tiembla como un rascacielos en el terremoto de San Francisco. Se le desploma el puro en ralentí. El sombrero de alas anchas se le echa a volar y de sus ojos salen círculos concéntricos de color malva.

—¿Otro? ¿Ha participado otro en el asesinato? Por qué no me advirtió. ¿Por qué yo no sé nada?

—Bacterioon así lo dispuso.

—Pero entonces el ciclo no está cerrado. Al fin y al cabo, yo soy el que pago. Al fin y al cabo, nuestro compromiso con Bacterioon es puramente espiritual y los cuartos son míos, nuestros, de particulares que apostamos a la carta Bacterioon. No es justo. Ese otro es un cabo suelto. Ya me dirá usted.

—Ese disparo no pasará a la historia. Sólo pasará uno y hay muchos aspirantes mudos a papel de asesino: Freddy, el propio Carvalho. En cuanto al otro tirador, en estos momentos

debe estar muerto. El agente Sean Poverty ya debe haberle dado caza. Tampoco sabía de la misa la mitad.

Sean Poverty se desploma con lentitud. Frente a él un hombre joven sostiene una pistola movida por el pánico, como una veleta loca que apunta a todo y a nada.

—No quedará ningún cabo suelto. Sean Poverty...

—¡Mire!

Morrison se vuelve a tiempo de ver la escena de la muerte de Poverty. Corre hacia el teléfono. Da instrucciones sobre la localización del joven tirador. Después llama otra vez. Da instrucciones para que vayan a comisaría y silencien al joven tirador: bien, que lo haga ése. Está garantizado el silencio.

—Ya está.

—No lo veo muy claro.

—Ya ha jugado usted bastante a conspirador. El oficio es mío. Usted es un amateur. *Yo no le aconsejo una determinada política de inversiones. Estoy tan cansado de aguantarle a usted como de montar todo el tinglado.*

—No le soy simpático. Lo de Nancy Flower le ha sentado muy mal.

—Ya quedan pocos minutos de convivencia. Recuerde lo del dinero y no se extralimite.

—No peleemos, Morrison, es usted una de las personas más eficaces que me he echado en cara. Es sorprendente cómo ha podido jugar con un pájaro viejo como Carvalho.

—Desde el siglo XV, *al menos, mi dinastía está mejor alimentada que la suya. Desde los tiempos de mi abuelo Edgar, en mi familia se ha hecho deporte y nos hemos duchado, al menos, una vez por semana. La balanza se inclina de mi lado fatalmente.*

—Y, sin embargo, Carvalho había conseguido gran crédito en la corte de los Kennedy. Jacqueline le apreciaba mucho y el propio John le había distinguido en público con sus respetos.

—Les parecía muy taurino todo. Para ellos, Carvalho era como un torero. En cierta manera, tenía el don del desplante y una cierta cultura. Estas cosas impresionan mucho a los chicos de Harvard, sobre todo a John. En cambio, a Robert no le impresionaba tanto.

No tanto. Nada. No me impresionaba nada. Me molestaba su aire huidizo. Su estar en todo. Su silenciosa ironía. Siempre que podía, le pegaba y luego me justificaba diciéndole que era para comprobar sus reflejos. Más de una vez le había dicho a John que aquel hombre no era el más adecuado. Un guardaespaldas ha de ser de otra pasta.

—Ya ve usted, Robert Kennedy recelaba y de hecho sólo John y Jacqueline habían claudicado ante el hechizo del guardia de corps. El viejo Joe miraba de reojo al gorila.

—Siempre creí que lo más difícil sería el desvelamiento parcial del plan. Varias veces le insinué que yo pertenecía a grupos de extrema derecha y que mi admiración por Kennedy no conseguía eliminarme el recelo por su exceso de confianza frente al peligro comunista. Por fin llegó el día en que le llevé a una reunión de la John Birch Society. A la salida me dijo que nuestro fascismo le parecía muy subdesarrollado.

Vuestro fascismo abierto es como la quinta variedad de dedales que vuestra industria puede producir. Es algo así como vuestras izquierdas: un lujo de una economía de superproducción en la que el desperdicio es condición sine qua non para que continúe la mecánica de la superproducción. Tenéis de todo: desde el fascismo operante de algunos de vuestros militares y de Foster Dulles o Barry Goldwater, hasta fascistas poéticos que se disfrazan de Ku Klux Klan o cotizan a la John Birch. Igual que tenéis marxistas espiritistas y socialdemócratas de salón. Todo esto es un supermercado.

—Le contesté que me interesaba mucho su opinión y hasta qué punto le repugnaba el fascismo como estilo de vida.

Me repugnan pocas cosas. Ya casi nada. ¿Cuánto dinero te dan esos fascistas? Yo tengo un precio. Quiero jubilarme a los cuarenta años y ya me falta poco. Quiero agonizar después otros treinta años sin sobresaltos, coleccionando algo y dedicándome a la pesca.

—Algo muy parecido a lo que usted pretende, Morrison.

—Éramos del mismo oficio. Es lógico que los dos tengamos los mismos sueños de huida. Aquella conversación aclaró mucho las cosas.

—Después nuestro encuentro a trío.

—Carvalho salió muy impresionado por usted y muy despreciativo conmigo. Me comentó que siempre había estado equivocado sobre la verdadera valía de Hemingway y Scott Fitzgerald. En cierta ocasión, Scott Fitzgerald le dijo a Hemingway: «Los ricos son diferentes». Hemingway contestó: «Sí, tienen más dinero».

Siempre había estado equivocado. Yo creía que el más listo era Hemingway y Scott Fitzgerald un advenedizo con complejo de vivir a este lado del paraíso. Pero el sabio era Scott Fitzgerald. Los ricos son diferentes. Bastaba ver a H en diálogo contigo y conmigo. Él era diferente. Tenía más dinero. Todo el dinero. Y ya es diferente por eso. Es el único poder sólido.

—La corrupción de Carvalho se acrecentaba día a día. Su

disgusto por el trabajo que hacía era un acicate para dar el golpe definitivo. Cuando le propusimos matar a Kennedy vio la oportunidad de cobrar un doble sueldo con un solo tiro: el que ya había estipulado con Bacterioon y el que le ofrecía usted.

—La oportunidad de toda una vida.

«Pepe, hijo mío. ¿Es verdad todo lo que dice este señor? Nosotros siempre habíamos sido pobres, pero honrados. Tu abuelo paterno fue campesino. Yo fui modista desde los doce años y cuando la modistería se daba mal me dedicaba a la confección de ropa interior de caballero. Tu padre fue emigrante, de la UGT, policía secreta durante la guerra, preso político y mozo de almacén hasta el último suspiro. Cuando te aprendiste de memoria el Diccionario Ilustrado Spes comprendimos que estabas llamado a hacer grandes cosas. A los once años leías *El criterio,* del padre Balmes, y *La vuelta al mundo de un novelista,* de Blasco Ibáñez. A los quince años eras profesor de párvulos y cobrador dominguero de recibos del seguro de entierro. Cuando entraste en la Universidad yo misma te hice unos pantalones nuevos, te compraste una chaqueta todo-tiempo en los almacenes más prestigiosos del barrio y tu padre te fue a ver en secreto cuando hacías cola para matricularte. Después te dio por la política y una noche se te llevaron porque habías ido pintando las paredes de toda la ciudad. Después te casaste y a los cinco meses volvieron a llevársete y no te soltaron hasta un año y medio después. Nada en tu vida respondía a las esperanzas que tu padre y yo habíamos concebido. No nos habías comprado un piso, aunque hubiera sido a plazos. No nos habías comprado un coche para ir al pueblo a enseñarlo a los parientes. Tu mujer fumaba y enseñaba las piernas como yo nunca las había enseñado. Te contestaba mal en nuestra presencia. Venías a comer a casa más para ahorrarte una comida que para hacernos compañía, y cuando tu padre te propuso enchufarte en un banco a través del señorito Paco, el hijo de don Licinio Prat, te pusiste hecho una fiera y dijiste que el pobre hombre no entendía nada de nada. Pero, Pepe, por todo habríamos pasado de no haberle hecho aquella marranada a Muriel. ¿Por qué te fuiste de pronto y la dejaste plantada con la nena? Desde que tú te fuiste apenas si hemos visto a la niña, de ti sólo sabemos de tarde en tarde, cuando escribes dos letras o envías algún dinero que yo ingreso en una cartilla de ahorros para la niña. Y ahora nos enteramos de que has matado al presidente de América. Ya no me quedan lágrimas para llorarte. Además no entiendo cómo con tus ideas has atentado contra un presidente de la República. Tu padre siempre había sido republicano y aunque mi padre era de derechas (se metió en un lío de la CEDA nada menos que en 1937 y en zona roja) a mí siempre me había tirado políticamente la república y sentimentalmente la monarquía. La república es más cosa nuestra, pero la monarquía es, cómo te diría yo, más bonita. ¿Qué te había hecho el presidente de América, Pepe? ¿No te das cuenta de que dejas una viuda y dos hijos sin padre? No sabes tú, desgraciado, la falta que hace un padre en una casa. Yo tuve que sacarte adelante mientras tu padre estaba en la cárcel y sé lo que cuesta. Ya sé que la familia del presidente tiene dinero, pero el dinero no lo es todo. He estado engañada hasta el final. Ya debía suponer que si eras capaz de dejar abandonadas a tu mujer y a la niña eras capaz de todo. Sin embargo, pase lo que pase, ya sabes que estoy a tu lado. Te envío una manta y una fiambrera con carne empanada para cuando te detengan. Dime si te dejan meter termos y te haría un buen caldo gallego. Ya hablaré con Muriel por si quiere ayudarme a encontrar un abogado. Escríbeme pronto y dime si te parece bien el señor Ruiz Jiménez como abogado. Estuvo muy simpático y comprensivo en las anteriores ocasiones.

»Te abraza tu madre que te quiere.»

—Santa mujer.

—Muy emotivo.

Mister H solloza a hurtadillas mientras finge arreglar unos papeles sobre la mesa palisandro. Morrison mira entristecido la falsa ventana donde las falsas torres de petróleo lanzan falsos chorros de oro negro. Entra en la estancia un caballero de la Orden de Malta que recauda fondos para los niños poliomielíticos de Guinea Ecuatorial. Morrison le da mil dólares y mister H un millón.

—¿Qué debe hacer nuestro hombre?

En el televisor, Pepe Carvalho prosigue su decidida conducción. Probablemente se estén forjando una falsa opinión de mí. En realidad, más que ganar dinero persigo destruir cualquier asomo del obsceno sentido de la solidaridad. La conducta perfecta es la más aséptica y predico con el ejemplo. No hay mejor prueba de asepsia que el asesinato. Predico con el ejemplo.

—¿Ha oído usted a ese cínico?

—Le he oído. Es inadmisible.

—¡Qué desfachatez!

Y si acepto cobrar es porque de esta manera destruyo en mí mismo cualquier coartada de moralidad convencional. Si ustedes tienen una formación religiosa y cultural sólida, ya me entenderán. Voy a matar a ese viejo.

Nadie me lo impedirá y después dejaré todo esto. Entre lo que me paga Bacterioon y lo que me paga mister H tengo una espléndida madurez y una tranquila vejez aseguradas. Como en las películas bonitas, volveré a mi tierra, intentaré recuperar a Muriel y a la niña, cambiaremos de nombre y emprenderemos una nueva vida sin que nada nos falte. Disculpen la torpeza de mi madre. Los proletarios son impúdicos, cometen la cotidiana obscenidad de su miseria objetiva, para decirlo en términos que ustedes, con la formación religiosa y cultural que les supongo, sabrán degustar con tan exquisito paladar.

—¡Morrison! ¡Mátele! ¡Inmediatamente!

—Cada cosa a su tiempo. Aún no me han avisado de la llegada del helicóptero. En diez minutos estoy allí. Dos después de que él haya liquidado al viejo Fred.

—Por favor, Morrison, le pagaré mejor, pero no se vaya con Nancy. Le he cobrado afecto a la muchacha. Morrison, por favor. A mi edad esas cosas se agradecen tanto que no es preciso ni comprobar su sinceridad. ¿Usted me comprende?

—¿Cuánto paga por Nancy Flower?

—Dos millones.

—Bien. Pero quiero también algo para ella. No sería justo que no sacara algo.

—Otros dos.

—Trato hecho.

—No sabía cómo decírselo. Le he dado vueltas y vueltas. Todo lo demás era secundario. Bueno, hasta cierto punto. Pero yo quería a Nancy Flower.

—Coloque usted un renacuajo en su escudo de armas: la cabeza de Kennedy y la cola de Nancy Flower.

El renacuajo nada en el aire de la habitación. Tiene el cabezón sólido y aperillado, como los cabezones de las monedas, y la cola carnal y casi transparente, blanda y con un rojo intermedio entre la sangre y la carne despellejada. Huele a loción capilar y a flujo. Diríase que su talante es pensativo de no agitar tanto la cola y lanzar tantas esporas de renacuajos que crecen al calor de los ceniceros, las papeleras y las vacías fundas de las máquinas de escribir.

—Sólo queda algo por aclarar, Morrison. El asesinato de un presidente de los Estados Unidos traerá mucho lío. Habrá investigaciones. Será precisa una explicación lógica de todo ante la opinión pública.

—Si la explicación puede montarse por la línea Carvalho-Fred, ahí se para todo. En el misterio de un ajuste de cuentas en una roulotte, *en un descampado. Si la torpeza de Poverty ha dejado el otro cabo suelto, cualquier idea de conspiración será sofocada desde el poder. En este país las alarmas ponen en marcha, automáticamente, los proyectiles dirigidos de cabeza atómica. A nadie le interesan nuestras alarmas. Cuatro o cinco moralistas protestarán y exigirán la verdad. Pero envejecerán y dentro de cuarenta o cincuenta años el caso Kennedy será un tema curioso del* Reader's Digest *o lo que sea. Los nombres de usted y Carvalho no querrán decir nada a nadie, y Kennedy será en la memoria de las gentes un renacuajo con la cabeza del rey Midas y la cola del rey Arthur de Bretaña.*

—Habla usted como un buen vendedor, Morrison. Le hago una oferta especial como vendedor. La jefatura de la costa Oeste. Jefe de ventas. Ya está dicho.

—Lo siento. Cobro y me marcho.

¿Por qué te vas y me dejas con este viejo rico y asqueroso? Todo lo he hecho por ti. Desde hace casi diez años toda mi vida la he puesto a tu disposición. He corrido peligros por tu culpa. He ido con otros hombres cuando tú me lo pedías.

Eso no es cierto. Nadie te pidió que te acostaras con mister H y lo hiciste. Nunca te he dicho nada, pero me sentó muy mal, Nancy. Una cosa era todo lo que conllevaba nuestro trabajo, otra el capricho, y el acostarte con mister H fue muy mortificante para mí.

—Nancy y yo le escribiremos.

—No pienso darles mis señas.

—Vamos, Morrison, no sea usted quisquilloso. Soy tan feliz que quiero compartir con todo el mundo mi felicidad.

Estaba harta de tus juegos. Estaba harta de que me utilizaras sin ninguna esperanza de final feliz, sin ninguna esperanza de que aquello realmente nos uniera algún día, al fin solos, tú y yo.

Sabías que éste era el final de la aventura. Que aquí ponía punto final. Te lo dije: Nancy, he pescado algo gordo, si me ayudas, ésta es la definitiva. Lo sabías y, sin embargo, te acostaste con mister H.

Me fascinó su prepotencia. Tiene demasiado dinero para merecer un no, Morrison, debes entenderlo. No me dejes con él. Llévame contigo. Si me dejas no sabré decirle que no.

Lo siento. Ya estoy decidido. Me ha ofrecido demasiado dinero. Si no me hubiera enterado de que fingías ante él orgasmos patéticos aún habría podido prescindir de la tentación de los dos millones. Pero ha sido excesivo. Además te dejo bien arreglada. Él te da otros dos millones.

—¿Dos millones?

¡Dos millones!

No lo sabía. Me ha desconcertado tanto tu actitud que no he escuchado lo que yo sacaba ganando. Así la cosa cambia.

Considerablemente.

Pero me cuesta renunciar a ti. Podríamos dejar pasar un año. Después me deshago de mister H y voy en tu busca.

No está mal pensado.

Espérame.

Lo intentaré.

Entra en la estancia un chófer de Dodge español. Lleva la gorra respetuosamente sobre el brazo en ángulo recto.

—Señor, el helicóptero ha llegado.

—Gracias, Paco: la hora de la verdad, Morrison.

—Ha llegado.

—No falle.

—No fallaré. Será casi instantáneo y simultáneo. Aún no haya matado a Fred, yo ya habré disparado sobre Pepe Carvalho. Adiós, mister H, y no olvide lo del dinero.

Se va volando por la ventana falsa, seguido del chófer, que luce ahora unas bruñidas alas metálicas. Nancy Flower sale entonces desnuda del tintero y besa líquidamente a mister H.

La *roulotte* estaba aparcada en un pequeño prado, junto a una hilera de álamos que seguían la ruta de un seco canal. Era una *roulotte* verde, con letreros publicitarios de ungüento de serpiente de los Apalaches. Puñados de vencejos perseguían el rastro de la noche cercana y en los desmontes envejecía la tierra a medida que el sol se retiraba tras las colinas. Al cerrar la portezuela del coche pensé que el ruido era muy similar al que se oía en las películas americanas cuando el protagonista cierra la portezuela del coche. Es el ruido más característico del cine americano; prueba de ello es que cuando en el resto del mundo se realizan películas con pretensiones de perfección norteamericana, el ruido del cierre de portezuelas de coche se multiplica sin ton ni son. Mientras descendía por el prado hacia la *roulotte* pensaba que hay dos clases de ruido de cierre de portezuela de coche, según dos clases de significados dentro del contexto de la trama-intriga. Uno es el ruido de secuencias de enlace dentro de la descripción: secuencias conjunción, en general, copulativa. Por ejemplo: Doris Day llega a un gran supermercado. Aparca el coche. Sale del coche. Se inclina ofreciendo al espectador la perspectiva de su culito proporcionadísimo y cierra la portezuela. Toe. Es un ruido que promete la compra de un gran bistec y de latas de cerveza. Otra secuencia. La misma Doris Day ya ha hecho la compra, vuelve a subir al coche, con el consiguiente ruido y se va a su casa. Llega a la casa. Primer plano de una ventana abierta (Doris Day la había dejado cerrada).

Plano medio de Doris Day sentada al volante y con el ceño fruncido. Doris Day sale del coche. Ahora ofrece al público sus pechos acuarentados, su rostro preocupado de adolescente de cuarenta años, sus pecas con cuarenta años a cuestas. Cierra la portezuela. Toe. Ese ruido promete el hallazgo de un cadáver en el *hall,* el cadáver de Raymond Burr, pongamos por caso, con un hilillo de sangre descendiente de cada juntura de labios, como si se tratase de un bigote mongol de defectuoso arranque.

El extractor de la *roulotte* empezó a expeler humo. Saqué la pistola de la sobaquera y quité el seguro. A unos cinco metros de la *roulotte* pensé en lo que diría: ¡No oponga resistencia! O, tal vez: ¡Manos arriba y mucho ojo! Tal vez no dijera nada y me limitara a pincharle los riñones con la punta de la pistola. Pero algo tendría que decirle para que acabara de interpretar mi acto. ¿Un culatazo? Quizá recurriría a la voz del juego infantil: ¡Manos! Nunca el lenguaje gangsteril ha llegado a tal economía expresiva como en el lenguaje de los niños que juegan a *gangsters* y policías. Ya no dicen ¡manos arriba! Les basta el ¡manos! Dentro de la convención del juego, ¿para qué otra cosa pueden servir las manos sino para ponerlas arriba? De pie, con la pistola en la mano, a cinco metros de la *roulotte,* me di cuenta de que estaba a tiro, bastaba que el viejo hubiera oído el ruido del coche. Di dos ridículos saltos para situarme tras la parte ciega de la *roulotte* y me senté en el suelo. Con unas piedrecitas desvié la ruta de un hormiguero; me planteé una vez más el tema de las relaciones familiares entre las hormigas. Si frustras el recorrido de las hormigas puedes provocar tragedias familiares. Madres hormigas que pierden a sus hijos. Padres hormigas que nunca más se reúnen con su familia. Parejas de hormigas recién casadas que quedan separadas por kilómetros y kilómetros de hormigueros. Las hormigas me fascinaban desde pequeño. Mi padre las adoraba. Se ponía en cuclillas ante el pueblo errante y malgastaba algunas oraciones líricas que el pobre hombre guardaba para estas situaciones. Tenía una cierta manía (más verbal que práctica) al género humano y eso le llevaba a entusiasmarse excesivamente por las hormigas, las abejas y los gatos pequeños. También le gustaban las estatuas de escayola, las ciudades a lo lejos y andar por alamedas en compañía de doscientas cincuenta mil personas con gustos muy afines a los suyos. Le gustaba con locura la cerveza con gaseosa, el caldo gallego, el escaso fresco barriobajero de una noche de verano, quedarse en camiseta sin mangas, limpiarse los zapatos, limpiarme los zapatos, pelar manzanas al resto de los comensales, ofrecer su pañuelo para que los demás se sonaran, hacerse chancletas con zapatos viejos, defender a Stalin, recomendar la lectura del padre Balmes y del barón de Holbach, estimular el ahorro entre los niños, regalar relojes a todos sus parientes, quedarse callado con los codos apoyados sobre la baranda de un estrecho balcón, los ojos juguetones sobre las gentes que pasaban por la calle con la confianza del que atraviesa un desfiladero formado por nichos de viejas familias comanches muertas.

El fresco del césped me enfrió el culo. Me puse en pie. Volví a meter la pistola en la sobaquera. Palpé la plancha de la *roulotte* por si a ella llegaba algún eco de la escasa vida que se desarrollaba dentro. No recibí ninguna sensación digna de que le dedique una línea. Amigo lector, usted, con su inteligencia innata y con la costumbre de la coparticipación literaria que ha adquirido bajo la influencia de los profetas de la hora del lector, ya habrá adivinado que yo no tenía ningunas ganas de consumar mi propósito. Que por eso me hacía el remolón, agotando los últimos rincones de mi capacidad de recuerdo y olvido. Y si usted, amigo lector, es un apasionado de la literaturametría, o ciencia de medir la literatura, ya se habrá dado cuenta de que la presente parrafada se alarga más que las inmediatamente anteriores, precisamente para aplazar todo cuanto puedo el momento de enfrentamiento con el viejo.

La noche había subido desde mis pies hasta el cielo enlunado. Sentí el suficiente frío como para cruzar los brazos sobre el pecho y complacerme con mi propio calor. Me acerqué hasta la primera ventanilla. Pero las cortinas estaban corridas y nada se veía. Un débil ruido de cosa en estado de fritura. Un olor. O tal vez el olor lo suponía porque no supe diferenciarlo. Seguí andando hasta llegar a la portezuela. Probé con el pomo. Cedía y retiré la mano con precipitación. Pensé en volver atrás, en dejar la cosa para la policía o para Morrison y los demás. De hecho me aparté unos pasos de la *roulotte*. Me detuvo el paso veloz de un coche por la carretera. No. Aquél era un asunto mío. Un asunto que me interesaba a todos los niveles. Me volví resueltamente hacia el cajón metálico. Desanduve lo andado, empuñé el pomo con decisión y mi brazo se tensó para tirar de la portezuela, mientras mis pies se afirmaban en el suelo para dar el salto. Algo hizo que toda mi estructura física se relajara y que protegiera mi cabeza contra un hombro. Traté de pensar algo, pero no pensaba nada. Ante mi imaginación una laguna negra sin agua, mis ideas rotas, ni palabras ni sonidos en ningún rincón de mi cabeza más que regular. Me metí las manos en el bolsillo. Saqué una mano, la dejé colgada del pomo. La mano cobró libertad de acción, manipuló y tuve que apartarme para dejar sitio a la portezuela abierta. El rectángulo iluminado estaba poblado por una pequeña cocina de gas, por la bombona, por la sartén de la que salía poco humo y olor a tocino frito. Zambullí la cabeza en el rectángulo. A mi izquierda, las cortinas corridas sobre la gran ventana central; a mi derecha, la espalda enchaquetada de un hombre sentado y sin pantalones que tenía los pies metidos en un barreño humeante. Subí quedamente, pero sin propósito. El techo me obligaba a inclinar la cabeza. Me quedé con el techo por sombrero, empotrado entre techo y suelo, con la mano a medio camino hacia la espalda del hombre o hacia su cabeza cana. Di un difícil paso, sin abandonar el ficticio raíl entre techo y suelo. Mis dedos rozaron primero la vieja hombrera izquierda, después se posaron sobre ella. El hombre volvió la cara. Sus arrugas, sus ojos deformados por las lentes de hipermétrope, me miraban a la cara. Volvió la cabeza hacia el barreño y chapoteó suavemente con los pies. Sacó los pies del agua y se los miró cuidadosamente. Eran unos pies desvencijados. Con venas a punto de estallido. Llenos de lomas y de rojeces.

Los dos primeros tiros se insertaron casi en el mismo orificio, bruscamente abierto entre los sucios pliegues del cogote. Se derrumbó casi al mismo tiempo que se derramaba el agua jabonosa por toda la *roulotte.*

El tercer tiro arrancó un jirón de ropa quemada a la altura espaldar del corazón. Sólo se estremeció una vez.

Barcelona, La Garriga, 1967-1971

Títulos de la Biblioteca Manuel Vázquez Montalbán en Booket:

MANUEL
VÁZQUEZ
MONTALBÁN
EL LABERINTO
GRIEGO
CARVALHO

MANUEL
VÁZQUEZ
MONTALBÁN
SABOTAJE
OLÍMPICO
CARVALHO
50 AÑOS de PEPE CARVALHO
MANUEL
VÁZQUEZ
MONTALBÁN
ROLDÁN,
NI VIVO
NI MUERTO
CARVALHO
50 AÑOS de PEPE CARVALHO

MANUEL
VÁZQUEZ
MONTALBÁN
EL PREMIO
CARVALHO

MANUEL
VÁZQUEZ
MONTALBÁN
QUINTETO DE
BUENOS AIRES
CARVALHO

MANUEL
VÁZQUEZ
MONTALBÁN
EL HOMBRE
DE MI VIDA
CARVALHO

MANUEL
VÁZQUEZ
MONTALBÁN
MILENIO
CARVALHO
I. RUMBO A KABUL
CARVALHO

MANUEL
VÁZQUEZ
MONTALBÁN
MILENIO
CARVALHO
II. EN LAS ANTÍPODAS
CARVALHO